베네수엘라와 차베스

Venezuela and Hugo Chávez

이 저서는 2008년도 정부(교육부)의 재원으로 한국연구재단의 지원을 받아 연구되었음(NRF-2008-362-B00015).

이 도서의 국립중앙도서관 출판예정도서목록(CIP)은 서지정보유통지원시스템 홈페이지(http://seoji.nl.go.kr)와 국가자료공동목록시스템(http://www.nl.go.kr/kolisnet)에서 이용하실 수 있습니다. CIP제어번호: CIP2017018546

라틴아메리카 지정학 09

베네수엘라와 차베스

포스트신자유주의의 도전과 좌절

서울대학교 라틴아메리카연구소 기획 ㅣ 박정원 엮음

한울
아카데미

차례

제1부 차베스주의의 등장과 그 성격

제3부 차베스 사후의 베네수엘라

표 차례

그림 차례

21세기의 첫 번째 돈키호테를 이해하기 위하여

.

글로벌 미디어를 통해 재현된 베네수엘라의 우고 차베스(Hugo Chávez) 대통령은 정치가라기보다는 오히려 기인(奇人)에 가까웠다. 풍차를 향해 앞뒤를 가리지 않고 돌진하는 돈키호테와 같이 자신의 이상을 향해 좌충우돌 하면서 '21세기의 사회주의'를 향한 위태로운 행보를 거듭하였다. 국민의 열광적인 지지를 얻은 쿠데타를 성공시킨 후 선거에 당선되어 대통령직에 오른 차베스는 석유산업의 국유화 등 급진적인 방식을 통해 부의 불평등을 개혁하면서 역사의 화석으로 묻혀 가던 사회주의를 되살려내고자 했다. 반면, 과두층과 엘리트가 소유하던 신문사와 방송사를 폐지함으로써 언론의 자유를 탄압하는 독재자라는 비판을 받기도 했다. 대외적으로는 세계 초강대국인 미국에 대한 공공연하고 노골적인 비난을 서슴지 않았다. 심지어는 유엔 연설에서 당시 미국 대통령인 부시(George W. Bush)를 사탄으로 묘사함으로써 제멋대로인데다 통제 불가능한 인물이라는 인상을 전 세계에 심어주게 된다. 이렇게 혁명가와 독재자, 몽상가와 광인, 영웅과 광대 사이를 가로지르며 차베스에 대한 모순적 이미지는 증폭되었다.

한 가지 분명한 사실은 차베스가 대통령직을 수행한 21세기의 처음 십여 년 동안 인구 3000만 명의 이 나라가 세계적인 관심의 대상이 되었다는 점이다. 그를 통해 우리에게는 '미인(美人)의 나라'로만 알려 졌던 베네수엘라를 조금 더 이해하게 되었다. 풍부한 석유자원을 바탕 으로 라틴아메리카에서 가장 소득 수준이 높은 나라 중 하나지만, 그 수입의 대부분은 외국계 석유회사와 국내 과두층에 편중되는 등 빈부격 차가 컸던 나라였다. 차베스는 토지와 자원의 국유화를 통해 이 뿌리 깊은 불평등 구조를 혁파하려고 했으며, 2000년대 초반 석유를 비롯한 국제 원자재 가격의 상승은 자원민족주의를 통해 반세계화의 기치를 내걸며 미국 중심의 세계 질서에 대한 대항 헤게모니를 형성하는 계기 가 되었다.

차베스는 비웃음과 조롱에도 불구하고 지배질서에 무모할 만큼 맞서 는 자신을 돈키호테와 동일시했는지도 모른다. 실제로 2005년, 세르반 테스의 『돈키호테』 출간 400주년을 맞아 차베스는 이 책 100만 권을 국민들에게 무료로 배포하였다.[1] 모든 베네수엘라인들이 그의 도전과 모험에 동참할 것을 원했던 것이었을까? 차베스는 이 공동의 목표를 이루기 위한 운동을 볼리바르주의(Bolivarianism)로 명명한다. 베네수엘 라 출신으로 19세기 라틴아메리카 독립의 영웅인 시몬 볼리바르(Simón Bolívar)를 21세기로 소환하면서 베네수엘라의 변화를 추동했을 뿐만 아니라, 이 해방자의 이미지를 통해 라틴아메리카 국가들 사이의 새로 운 연대를 꿈꾸었다. 미국이 주도하는 전 지구적 자본주의의 슈퍼 파워

---

1) *El Pais*, 2005년 4월 18일 자.

를 공개적으로 비판하고 서방으로부터 고립되어 경제적인 어려움을 겪던 쿠바를 적극적으로 지원했다. 그뿐이 아니었다. 당시 라틴아메리카 좌파 정부들(볼리비아, 에콰도르, 우루과이, 아르헨티나, 브라질, 칠레 등)의 단결을 주창하며 이들의 리더 역할을 자임했다.2) 차베스는 더 나아가 이란 등 다른 산유국들과 협력하는 한편, 중국과 관계를 돈독히 하면서 미국을 포위하고 압박하는 대항 블록을 형성한다. 이렇게 차베스는 북반구의 강대국들에 의해 고착된 전 지구적 불평등과 위계구조를 남-남(South-South)의 협력을 통해 극복하려 했다.

차베스가 제기한 미국 중심의 신자유주의에 대한 비판은 소극적인 개혁 주장이나 현 상황에 대한 부분적인 수정 요구가 아니었다. 오히려 신자유주의 체제를 극복하고 넘어서는 것을 전제로 했으며, 국가라는 근대적 제도를 활용하여 국가를 넘어선 대안적인 체제를 모색하였다. 이런 측면에서 차베스주의는 포스트신자유주의의 첫 번째 유의미한 흐름으로 평가받는다. 그는 재선에 성공한 후 대중의 지지를 기반으로 '21세기 사회주의' 건설에 본격적으로 착수하면서 과두층과 엘리트의 경제적·정치적 독점을 제한하는 한편, 주민자치와 새로운 경제모델에 기초한 급진적 민주주의 모델의 구축을 시도한다.

이와 관련하여, 차베스주의를 설명하는 주요한 용어 중 하나가 포퓰리즘(populism)이다. 대중의 인기에 영합하는 권모술수적 정치라는 부정적인 의미를 내포하는 포퓰리즘은 현재 좌파와 우파를 막론하고 다양한 정치가와 정부, 그리고 그 정치 형태를 포함하고 있다. 프랑스의 철학사

---

2) 2000년대 초반 베네수엘라를 위시한 많은 라틴아메리카 국가에서 좌파를 표방하는 정치 세력이 동시에 당선되었다. 이러한 새로운 흐름은 분홍빛 물결(Pink tides)이라 불렸고 2010년을 전후하여 일부 국가에서 우파 정부로 정권이 넘어가게 된다.

상가 자크 랑시에르(Jacques Rancière)는 실체 없이 유령처럼 떠도는 이 포퓰리즘 담론이 세 가지 방식으로 나타난다고 설명한다. 첫째는 대표자나 유력 인사가 인민에게 직접 호소하는 대화의 스타일이다. 둘째, 정부와 지배 엘리트들이 공적인 이해보다는 자신들의 사적인 이해에 몰입한다. 셋째는 외국인과 이민자에 대한 공포와 거부를 정치적 의제로 설정한다.3) 하지만 랑시에르는 언급된 세 가지 사이에 연결되는 어떤 구조적 지점도, 필연성도 없다는 사실을 지적하면서, 현재의 포퓰리즘 논의에서 빠진 것은 바로 '인민' 혹은 '민중'이라고 불리는 'people'의 존재와 중요성이라고 주장한다.

현재의 왜곡된 포퓰리즘 논의를 비판하면서 랑시에르는 베네수엘라의 차베스가 라틴아메리카의 '고전적 포퓰리즘'을 계승했다고 재평가한다. '고전적 포퓰리즘'의 핵심은 대리 정치라고 할 수 있는 의회정치를 거부하고 인민의 재구성을 통해 이를 극복하려는 의도에 있다.

> 1930년대와 1940년대 라틴아메리카에서, 이 말은 의회수의적 재현 형태를 넘어 인민과 정부의 수장 사이의 직접적 구현 관계를 수립하는 어떤 통치 양식을 지칭하는 데 쓰였다. 브라질의 바르가스(Getúlio Vargas)와 아르헨티나의 페론(Juan Perón)을 원형으로 삼는 이러한 통치 양식은 우고 차베스를 통해 '21세기의 사회주의'라는 이름으로 다시 나타났다.4)

의회주의와 대리정치에 대한 극복이라는 측면에서 우리는 현재 미디

---

3) 자크 랑시에르, 「찾을 수 없는 포퓰리즘」, 알랭 바디우 외 지음, 『인민이란 무엇인가』. 서용순·임옥희·주형일 옮김(현실문화, 2014), 175쪽.
4) 같은 책, 173쪽.

어의 사냥감이 되어버린 포퓰리즘에 대하여 심도 있는 논의를 할 필요가 있다. 포퓰리즘은 단지 이데올로기나 리더의 정치적 스타일을 지칭하는 것을 넘어서기 때문이다. 따라서 차베스라는 인물의 성격을 논하는 것으로 시작하는 이 글도 포퓰리즘에 대한 오해의 함정에 빠진 것일지도 모른다. 일방적으로 정치가가 국민을 동원하는 것이 아닌, 포퓰리즘의 핵심은 리더와 인민의 역동적인 형성 과정과 상호작용에 놓여 있다.

이와 관련하여 이 책의 1부와 3부에는 차베스 포퓰리즘의 성격을 규정하고 연구하는 여러 개의 글이 담겨 있으며, 베네수엘라의 예를 통해 어떻게 새로운 대중정치, 민중 정치의 가능성이 형성되는가에 대한 논의를 확인할 수 있을 것이다.

그럼에도 불구하고, 이 '고전적 포퓰리즘'의 21세기적 부활이 포퓰리즘에 내재하는 문제점과 한계를 온전히 극복한 것은 아니었다는 점도 간과해서는 안 된다. 무엇보다 문제적인 지점은 차베스라는 인물이 가지는 압도적인 카리스마가 불러온 모순이다. 민중, 군중, 대중 혹은 인민으로 불리는 정치적, 경제적, 사회적으로 소외되었던 사회 주체들이 역사를 추동하는 행위자로서 차베스를 뒷받침하고 차베스주의를 실현시키는 강력한 발전기가 된 것은 부정할 수 없다. 하지만 역설적으로 이 구도는 차베스라는 인물의 필수 불가결함과 대체 불가능성으로 귀결되고 만다. 그 결과 차베스의 포퓰리즘은 차베스 개인에게 상당 부분 의존할 수밖에 없었다.

미국의 대표적 스페언어 방송국인 우니비시온(Univisión)에서 방영한 차베스와의 인터뷰는 앞서 언급한 역설을 설명하는 데 있어 유의미한 시각을 제공한다.[5] 진행자는 1998년 대통령이 되기 직전의 차베스를 만나 그의 일상을 따라다니며 대화하는 형식을 취한다. 기자가 만난 차베스는 지극히 소탈하고 서민적인 사람이었다. 또한 대중 친화적이며, 열린 마음의 소유자로 이 멕시코 출신의 미국인 저널리스트를 환대한다. 2년이 지난 후 앵커는 다시 차베스를 찾아간다. 이번에는 매우 어렵게 성사된 인터뷰에 묘사된 차베스의 모습은 전혀 달랐다. 완고하고 독선적이며 기자에 대해 종종 노골적인 적대감까지 드러내었다. 프로그램은 이 차이를 차베스가 권좌에 오른 후 자신의 절대 권력에 취해 인간성마저 변해버렸다는 것으로 설명하고 있다.

그러나 인터뷰의 의도와는 상관없이 차베스에 대한 이 상반적 태도는 우리에게 복합적인 감정을 불러일으킨다. 많은 분석가들이 지적하듯이 차베스주의의 '정서적' 변곡점은 2002년에 일어난 반차베스 세력의 쿠데타 시도일 것이다. 자신들의 기득권을 무너뜨리려는 정책과 시도에 대한 불만과 불안감을 갖고 있던 국내 자본가와 과두층은 미국을 등에 업고 차베스 정권을 무너뜨리려는 시도를 감행한다. 이들이 소유하는 주류 언론과 미디어는 생방송에서 쿠데타가 성공했다고 날조하면서 국민들을 현혹시켰고 다급해진 차베스의 항복 선언을 받아내려 했다.[6] 결과적으로 쿠데타의 기도는 실패로 돌아가고 차베스는 복귀하지만 기득권층의 공격과 모반에 대한 경험은 그에게 일종의 트라우마로 작용한다. 그리고 이들에게 다시는 역습의 기회를 제공하지 않는다는 명목으로 차베스는 반대파에게 눈과 귀를 막게 되었고, 자신에 대한 비판에 방어적으로 또한 동시에 공격적으로 반응하게 되었다.

---

5) <1998년과 2000년, 호르헤 라모스의 우고 차베스와의 인터뷰(Entrevistas de Jorge Ramos a Hugo Chávez en los años 1998 y 2000)>.

6) 2002년의 반차베스 쿠데타에 관련해서는 2003년 킴 버틀리와 도나차 오브리아인(Kim Bartley and Donnacha Ó Briain)이 감독한 다큐멘터리 <혁명은 방송되지 않을 것이다(The Revolution Will Not Be Televised)>를 참조하라.

한편으로 우리는 이러한 변화를 우파 기득권 세력의 엄청난 저항 속에서 혁명을 지속시키기 위한 고육지책으로 이해할 수 있을 것이다. 개혁이 아니라 혁명을 지향점으로 설정한다면 과거와의 급진적 단절과 명확한 청산이 필요할 것이다. 그럼에도 불구하고, 대중의 자치를 지원하고 새로운 공동체를 만드는 과정에서 개인의 역동성과 창의력을 보장하려는 운동이 폐쇄적이고 억압적이라면 그 실천은 자기모순에 빠지는 것이 아닐까? 비록 그 억압이 '열린 사회의 적(敵)들'을 향한 것이라도 말이다.

이 딜레마는 2013년 차베스의 사망을 계기로 새로운 국면을 맞이한다. 카리스마를 가진 리더가 사라지고 그와 함께 혁명의 롤러코스터에 몸을 실었던 베네수엘라인들은 또 다른 현실에 직면해야 했다. 그의 후계자인 니콜라스 마두로(Nicolás Maduro)가 대통령이 되었지만 유가가 급락하면서 경제는 최악의 상황에 이르렀고 이 상황을 타개할 리더십이 부족했다. GDP 성장률, 재정수지, 소비자물가 상승률, 국가신용등급 등의 경제지표가 라틴아메리카 주요 국가들 사이에서 거의 최하위를 기록한다. 경제적 위기는 곧이어 마두로 정권의 위기로 이어졌다. 2015년 말 실시된 총선에서 집권 여당은 야당에 참패했고 탄핵 요구가 높아졌다. 이제 외신을 통해 보도되는 베네수엘라의 모습은 더 이상 거리를 메우는 차베스파와 반차베스파의 시위가 아니다. 생필품 부족으로 상점 앞에 길게 줄을 늘어서 아귀다툼을 벌이는 시민들과, 급기야는 국경을 넘어 콜롬비아와 브라질로 향하는 베네수엘라인들의 장면이 카메라에 포착되고 있다.

이 책은 차베스주의가 가진 어려운 딜레마를 해결할 수 있는 즉답을 제공하지 못한다. 오히려 복잡한 모순을 끝까지 붙잡으려는 노력으로 기획되었다. 신자유주의적 흐름에 대항하여 새로운 대안을 추구했던 베네수엘라의 돈키호테적인 시도를 우리는 어떻게 평가할 것인가? 신자유주의 체제의 너머, 즉 포스트신자유주의를 향한 비전을 제시했는가, 그렇지 않으면 또 하나의 판타지로 귀결되고 말았는가? 사실 국내에도 지금까지 차베스에 관한 상당수의 저서와 연구가 진행되었다. 각각의 연구는 차베스를 지지하든 그렇지 않든 유기적이고 통합된 방식을 통해 그의 정치기획을 일목요연하게 설명하려 노력하고 있다. 하지만 이 책은 통일적인 해석을 피하는 대신, 차베스와 대중운동에 대한 상반되는 해석과 입장을 한 곳에 모아 복합적이면서 모순적인 베네수엘라의 현실을 드러내고자 한다. 또한, 정치와 이데올로기 논쟁에서부터 텔레비전 연속극이라는 대중의 일상에 이르기까지 국민적 생활세계의 지도를 드러내는 글들을 수집했다.

'제1부 차베스주의의 등장과 그 성격'에서는 차베스주의 등장의 세계사적 의미와 함께 그 정치적 본질을 드러내는 포퓰리즘과 민주주의의 논쟁에 초점을 맞추고 있다. 2007년에 발표된 첫 번째 글 「베네수엘라: 라틴아메리카 나쁜 좌파의 좋은 예」는 우고 차베스가 이끄는 볼리바르 혁명의 전반적인 성격을 (재)규정하고 있다. 마이클 레보비츠(Michael A. Lebowiz)는 급진좌파의 관점에서 차베스주의의 등장을 바라본다. 일군의 학자들은 21세기의 첫 10년 동안 '분홍빛 물결' 현상을 이끈 좌파 정부를 둘로 분류한다. 칠레, 브라질, 아르헨티나와 같이 세계 질서와 타협하면서 개혁을 이끌려는 정부를 '좋은 좌파'로 분류하고, 반대로 여기에 정면으로 반기를 들면서 급진적 변혁을 요구하는 베네수엘라 정부를 '나쁜 좌파'로 명명했다. 이러한 분류 방식의 이데올로기를 비판하면서 레보비츠는 차베스주의를 분석한다. 그는 차베스가 처음 집권할 당시 베네수엘라는 자본주의의 문제점을 보완하려는 태도를 취했지만 시간이 흐르면서 자본주의의 보완이 아닌 자본주의에 대한 대안을 찾는 노력을 보여주었다고 주장한다. 그러나 차베스는 단지 사회주의 이데올로기나 담론을 반복하는 것이 아니었다. 사회적 경제 개념의 도입과 실천, 공동체위원회 설치와 아래로부터의 민주주의 구축을 통해서 근본적으로 새로운 길을 향해 나아간다고 주장한다. 이런 측면에서 '나쁜 좌파'로 규정되는 차베스의 포퓰리즘은 광포한 신자유주의의 속도를 늦추는 데 만족하지 않고 그 방향을 근본적으로 수정한다는 점에서 불온하지 않으며, 정반대로 우리 시대 좌파의 희망으로 바라볼 수 있다는 결론을 내린다.

스티브 엘너(Steve Ellner)는 「예측할 수 없는 베네수엘라」(2003)를 통해 라틴아메리카에서 그 전례를 찾아보기 힘들었던 차베스주의가 가진 세 가지 성격을 설명해준다. 차베스의 집권과 그의 정치가 가져온 충격은 그의 연설이 보여주는 논쟁적인 스타일 때문만이 아니었다는 것이 엘너의 분석이다. 오히려 정치적·경제적·계급적 영역에서 나타난 베네수엘라 사회의 극단적인 양극화에 기인한다고 진단한다. 이런 측면에서 차베스주의는 포퓰리즘으로 분류된다. 하지만 1930~1940년대의 고전적 포퓰리즘, 그리고 후지모리(Alberto Fujimori)와 메넴(Carlos Menem)으로 대표되는 최근의 네오포퓰리즘과는 다른 급진적 포퓰리즘의 성격을 지닌다. 또한, 엘너는 차베스가 전 지구적으로 진행되는 세계화를 거부할 수 없는 거대한 힘으로 파악하고 이에 휩쓸리거나 혹은 완전히 거부하기보다는 오류와 실수에도 불구하고 새로운 방식으로 세계화의 흐름에 도전한다는 점에 주목하고 있다.

「2012년 10월 7일 베네수엘라 대통령선거와 라틴아메리카 민주주의에 관한 논쟁」을 통해 마르가리타 로페스 마야(Margarita López Maya)와 루이스 란데르(Luis E. Lander)는 선거와 민주주의의 함수관계를 조명한다. 새로운 국가 모델인 '코뮌 국가'를 표방하며 후보로 나선 차베스의 마지막 대통령선거는 자유선거와 비밀선거가 보장되었지만 정당과 후보들 사이에 평등의 원칙이 지켜졌느냐에 관해서는 심각한 의문을 품을 수밖에 없었다고 이들은 지적한다. 이를 규명하기 위해 차베스가 집권한 이후 권력이 점점 더 정부, 특히 차베스 자신에게로 집중되는 과정을 추적하는 동시에 이것에 영향을 받은 선거 과정의 전후를 분석한다. 이를 통해 최근 베네수엘라 정치 지형의 특징인 양극화와 복수성을 읽어낼 수 있다. 필자들은 차베스 정부가 실천에 옮긴 사회변화 프로그램과 급진 정치의 가치에 일정 정도 동의하지만, 이를 시행하기 위한 과정에서 민주주의적 과정이 배제되었다고 지적한다. 즉, 개혁과 빈곤 퇴치의 요구 등 오늘날 라틴아메리카에서 일어나는 정치적 변화는 '민주주의를 민주화'하는 과정을 동반해야 하며, 민주주의에 대한 근본적인 성찰과 토론을 해 나가야 한다는 것이다.

'제2부 볼리바르 혁명의 사회, 문화, 인종적 관점'은 베네수엘라 정치체제와 차베스라는 인물에 대한 분석을 넘어 베네수엘라 사회의 전반적인 변화를 담아낸다. 도시, 폭력, 불평등, 이주, 인종 등의 다양한 사회문제를 다루면서, 이를 통해 형성되는 새로운 사회집단이 차베스주의와 맺는 관계에 주목할 것이다. 차베스에 대해 매우 부정적인 진영에서도 인정하듯이 차베스 집권 후에 베네수엘라 사회의 빈부격차는 상당한 정도로 완화되었다. 이렇게 과두층의 경제독점으로 인한 고질적인 불평등이 개선되었음에도 불구하고 폭력이 확대, 심화되는 아이러니한 상황이 전개되었다. 베로니카 수비야가(Veronica Zubillaga)의 「줄어든 불평등, 늘어난 폭력: 카라카스의 모순」(2012)은 최근 베네수엘라의 이러한 복합적인 사회현상을 수도 카라카스라는 대도시의 전경을 통해 풀어내고 있다. 수비야가는 특히 저소득층 내에서 폭력이 만연되는 현상에 주목한다. 2002년의 쿠데타 시도, 2004년의 석유파업 등에서 보이는 반차베스파의 준동과 이에 대항하여 스스로를 무장하게 된 친정부파의 거리시위로 경찰력 등의 시스템은 탈제도화되었다. 그 결과 비공식 부문과 무기 소유가 전 사회로 확대되었고 도시는 '안전'이라는 명목으로 스스로를 분리하는 방식으로 고립된다. 특히, 빈민가에서는 보호 수단의 부족과 무관심 속에서 살인, 상해 등의 폭력 현상이 확대되어 공포와 두려움이 도시의 공기를 감싸게 되었다. 수비가야는 이 폭력의 문제야말로 베네수엘라 사회가 직면한 과제임을 지적하고 있다.

루이스 두노(Luis Duno)의 「군중의 색(色): 인종 정치학, 인종 포퓰리즘, 그리고 차베스 시대의 재현」은 최근 베네수엘라 역사에서 대중을 재현하고 호명하는 방식을 통해 국민, 인종정치 그리고 포퓰리즘의 역동적인 (재)형성 과정을 미디어 담론과 이미지를 통해 분석한다. 베네수엘라의 역사는 백인 과두층과 다수의 흑인(글에서는 아프로-베네수엘라인으로 명명됨)으로 '인종화'되어왔다. 따라서 두노는 현대 베네수엘라에서 나타나는 대중의 인종화에 대한 다양한 과정을 식민성의 개념적 틀과 헤게모니를 위한 투쟁으로 바라보자고 제안한다. 그는 사회적 주도 세력과 지배계급이 거리를 점거하는 어두운 피부의 군중에 대해 부정적 이미지를 반복적으로 투사함으로써 대중운동에 대해 낙인을 찍는 방식을 분석한다. 다른 한편으로는, 차베스주의 역시 포퓰리즘적 호출을 통해 대중을 인종-주체에서 국민-주체로 변화시키는 '인종화' 담론을 사용하고 있다. 인종 담론을 전략적으로 활용하고 있다는 점에서 양자는 모두 비판의 대상이 되는가? 두노는 그렇지는 않다고 말한다. 흑인과 원주민 등 유색인에 대한 역사적인 차별과 소외 속에서 차베스의 인종 포퓰리즘은 이들을 베네수엘라 국민의 주도적 행위자로 위치시킨다는 점에서 가치를 지닌다고 주장한다.

빅토르 카레뇨(Victor Carreño)는 「휴대용 정체성: 문학과 영화에 나타나는 이주와 국경 넘나들기」에서 베네수엘라의 문화적 정체성을 세계화와 이민의 경험을 통해 드러내기 위해 문학과 영화 텍스트를 읽는다. 1980~1990년대의 정치적·경제적 격랑을 겪으면서 베네수엘라를 떠나 미국이나 유럽 등으로 향하는 이민이 본격적으로 시작되었고, 차베스주의가 본격화된 21세기에 들어서도 이 현상은 수그러들지 않았다. 카레뇨는 베네수엘라를 떠나온 이들의 삶을 재현하는 문학 텍스트가 단순히 멀리 떨어져 있는 고국에 대한 향수를 그리는 데 제한되지 않는다고 설명한다. 오히려 민족국가의 경계를 넘나드는 상황에서 극단적으로 나뉜 베네수엘라의 사회정치적 상황이 반영되거나, 새로운 환경에 적응하는 과정에서 분열된 현실이 더욱 증폭되어 나타난다. 이런 측면에서 이들의 이주 경험은 단절이라기보다는 오히려 베네수엘라 정체성의 확장이고 재구성이다. 카레뇨가 보기에 문학과 영화는 대중의 정서적 변화와 감성의 분할을 보여줌으로써 21세기의 베네수엘라를 이해하는 데 중요한 역할을 한다.

루이스 두노는 「반(反)묵시록의 사회적 이미지: 베네수엘라의 바이커와 민중 정치의 재현」에서 자신의 오토바이로 카라카스의 거리를 누비는 바이커(모토리사도)를 통해 차베스 시대를 해석한다. 그가 보기에 바이커는 서구적인 개념과 이미지와는 거리가 멀다. 오히려 기존의 계급 관계나 사회적 범주로 설명될 수 없으며, 자신의 목소리를 인정받을 수 없었던 '하위 주체'로 볼 수 있다. 오토바이 택시기사이자 배달부로 도시의 공식 경제와 비공식 경제를 연결해주는 메신저인 이들은 차베스에 반대하는 2002년 쿠데타 상황에서 자신들의 목소리를 규합하고 도시의 시민들에게 이를 전달하고 소통하는 역할을 하게 된다. 중산층과 우파 진영으로부터는 범죄자 취급을 받아왔지만 두노는 이들에게서 새로운 정치적·사회적 주체로서의 가능성을 본다. 바이커들이 차베스가 추구하는 이데올로기나 프로그램과는 직접적 관련이 있지는 않다. 그렇지만 기존의 권력 구도에서 배제된 이들은 차베스 시대를 통해 자신의 존재를 증명하고 역사적 과정에 적극적으로 참여하는 모습을 보여준다는 것이다.

'제3부 차베스 사후의 베네수엘라'에서는 2013년 차베스 사망 이후 전개된 상황과 차베스주의에 대한 평가를 담는다. 「차베스 이후 베네수엘라의 상황과 선례」는 차베스가 사망하기 전후의 베네수엘라 정치 지형을 상세하게 설명해주고 있다. 라파엘 우스카테기(Rafael Uzcátegui)는 차베스 사후 치러진 일련의 전국선거와 지방선거에서 차베스파와 그 후계자인 니콜라스 마두로가 승리한 것은 한 사람의 숭배에 기초한 현상으로서의 볼리바르운동이 종교적 측면에 기대고 있다는 점을 지적한다. 그러나 다른 한편으로 볼리바르주의는 정치 현장에서 그 지도자가 사라져버리면서 1998년 이후 가장 커다란 위험에 직면하게 되었다고 설명한다. 이런 조건에서 정치는 점점 더 양극화와 불확실한 상황에 이르게 되었고, 베네수엘라의 미래는 기존 차베스를 따르던 대중의 반응과 다양한 사회운동의 등장, 마지막으로 향후 국내외 경제 상황에 달려 있다고 주장한다.

라파엘 우스카테기의 또 다른 글 「베네수엘라 학생운동: 차베스의 카리스마로부터 네트워크를 통한 갈등으로」는 강력한 카리스마를 가진 우고 차베스가 사망한 이후 지속되는 학생 시위를 바라보며 베네수엘라 학생운동의 역사를 반추한다. 학생운동은 이 나라의 다른 사회운동의 연장선상에 있으면서도 독특한 측면이 존재한다. 1980년대 이래로 학생운동은 비교적 잘 조직된 독립적인 형태를 통해 정치권에 영향력을 발휘했으며, 이후 볼리바르주의 운동에 결합하면서 차베스 정부의 탄생에 기여한다. 그렇지만 차베스의 재임 시 오히려 자치적 성격을 잃어버리고 정치에 종속되는 현상이 발생한다. 학생들은 이 과정에서 탈중심화되었고 차베스가 죽자 이들은 과거의 대표 조직보다는 네트워크와 다양한 사회적 관계망을 통해 재조직되는 경향을 보여준다. 우스카테기는 일견 무질서해 보이면서도 진영 논리에 갇히지 않는 현재 학생운동의 성격을 규정하고, 이 상황을 유발한 베네수엘라의 사회적 위기를 분석하고 있다.

넬리 아레나스(Nelly Arenas)의 「차베스 없는 차베스주의」는 베네수엘라에 대한 가장 최근의 학문적 탐색으로 현재 발생하는 복잡한 상황을 이해하는 데 도움을 준다. 포퓰리즘을 구성하는 주요한 요소인 강력한 카리스마를 소유했던 차베스는 죽기 전 그 후계자로 마두로를 선택한다. 넬리 아레나스는 막스 베버를 인용하면서 마두로에게는 신이 내린 은총과도 같은 카리스마가 없지만, 그는 여전히 차베스의 포퓰리즘을 반복하거나 혹은 오히려 이를 강화하는 방식을 채택한다고 분석한다. 특히, 버스 운전기사였던 과거의 모습을 부각시키며 민중의 친구로 자신을 드러낸다. 하지만 국제유가의 폭락으로 인해 생필품을 구하기 어려울 만큼 국민들의 삶은 악화되고 민심의 이반은 가속화되었다. 이런 상황 속에서도 이분법적 분리정책을 밀어붙이는 정치 환경 속에서 마침내 야당이 의회의 다수를 차지했고 마두로의 집권은 위기를 맞이하고 있다.

마지막 글인 「포스트신자유주의의 이해와 차베스의 유산」에서 앤서니 스파나코스(Anthony Petros Spanakos)와 디미트리스 판툴라스(Dimitris Pantoulas)는 차베스 시대를 포스트신자유주의 범주로 파악한다. 이들은 포스트신자유주의에 대한 정의가 쉽지 않음을 고백하는 동시에, '포스트'라는 수식어 안에는 신자유주의의 단점과 문제점을 수정하려는 시도, 신자유주의에 대한 전면적인 극복, 그것을 대신하는 대안적인 이념의 기획뿐 아니라 기존 틀의 유지를 포함한 다양하고 모순적인 의미가 담겨 있다고 설명한다. 우고 차베스는 대통령 재임 중에 제정 헌법, 낡은 정당 주도 정치, 베네수엘라의 '제4공화국', 미주자유무역지대(FTAA) 등에 종말을 선언하면서 신자유주의에 도전했지만, 이를 완전히 극복하고 새로운 급진 정치의 모델을 현실 속에 구현해내는 데는 실패했다는 비판을 받고 있다. 스파나코스와 판툴라스는 기존 신자유주의 정책에 대한 보완과 개선으로 더 나은 민중의 삶을 위한다는 점에서 차베스를 변호하며, 그의 집권 후반기에는 본격적으로 시민권과 정치 참여의 개념을 확장시키는 성과를 가져왔다고 평가하고 있다. 반면에 여전히 위에서 아래로 전달되는 테크노크라트와 엘리트 정치라는 신자유주의 방식을 답습한다는 점에서 한계를 지적한다.

이렇게 차베스의 등장 배경에서 차베스 사후의 정치 상황까지, 포퓰리즘에 대한 긍정적 해석에서부터 이에 대한 비판까지 때로는 모순적이고 대립되는 다양한 글이 포함되어 있다. 이 책의 목적은 차베스에 대한 호불호 혹은 찬반을 선택하는 데에 있지 않다. 그보다는 차베스주의에 대한 빛과 그림자를 다각적으로 살펴보는 방식을 통해서 베네수엘라의 경험이 라틴아메리카와 더 나아가서는 전 세계에 제공하는 시사점을 규명하는 것을 그 목표로 했다.

책이 나오기까지 생각보다 긴 시간이 걸렸다. 본래의 계획대로라면 훨씬 이전에 출간되어야 했지만, 번역작업을 진행하는 도중에 차베스의 사망 소식이 전해졌다. 편집진의 의견을 받아들여 차베스 사후에 관련된 글을 싣는 것이 좋다고 판단하여 일정을 늦추게 되었고, 그 후 베네수엘라의 상황은 더욱 급박해졌다. 차베스 사후 국제유가가 폭락하면서 현재 베네수엘라는 대내외적으로 혹독한 시련에 직면해 있다. 혁명의 지속 가능성이 혁명의 성공 여부만큼이나 중요한 고려 사항이 된 현대적 관점에서 차베스주의에 대한 평가는 회의적일 수밖에 없다. 이에 대해서는 두 가지 반응이 존재한다. 볼리바르 혁명은 결국 혁명이라는 허울을 쓴 개인적인 권력투쟁일 뿐이었다는 냉소적 시각이 그 하나이다. 다른 한편으로는 차베스주의는 진정한 의미의 혁명이 아니었으며, 또 다른 혁명이 마침내는 도래할 것이라는 낙관적 태도이다. 비록 이 두 태도는 상반되지만 근본적으로는 '역사적 현실'로 존재했던, 그리고 존재하는 차베스주의를 쉽게 부정해버린다는 점에서 공통점을 지닌다.

돈키호테의 좌충우돌은 실패로 돌아간다. 그는 환상에서 깨어나 현실을 자각하면서 자신의 침대에서 쓸쓸히 생을 마감하지만, 그의 이야기는 근대라는 새로운 시대로 나아가는 과정의 긴장과 갈등, 이상과 현실, 기대와 환멸이라는 역사적 성찰을 가능하게 해주었다. 21세기의 돈키호테로 불리길 원했던 차베스는 워싱턴 컨센서스(Washington Consensus) 이후 신화화된 신자유주의적 세계 질서에 문제를 제기하며, 사회주의권 몰락 이후 폐기되었던 국가권력의 획득을 경유하여 급진적인 방식으로 경제적 불평등과 권력의 모순을 해결하고자 했다. 차베스가 과거 유토피아 기획을 그저 답습한 것은 아니었는지, 베네수엘라의 시도가 비록 실패했지만 여전히 신자유주의의 모순 속에서 살아가는 현 시대에 새로운 방향타를 제공할 수 있는지, 우리는 차베스의 사망과 함께 오히려 지난 20여 년 동안 차베스와 베네수엘라의 도전과 좌절의 과정을 더욱 냉철하게 돌아볼 필요가 있다. 이런 측면에서 이 책은 차베스와 볼리바르 혁명에 대한 결론이 아니라 새로운 논쟁의 시작점이 되고자 한다.

이 책이 출간되기까지 인내를 가지고 격려해준 우석균 선생님께 감사드린다. 경제용어에 관해서는 한양대학교 경영학과의 이창민 교수가 조언을 아끼지 않았다. 편집에 애써주신 조수임 선생님께도 감사드린다. 또한 번역 과정에서 많은 도움을 준 데이브 치(Dave Chee), 엄경용, 이지수, 오소혜 학생에게도 고마운 마음을 전하고 싶다.

박정원

제 1 부
차베스주의의 등장과 그 성격

제1장

베네수엘라, 라틴아메리카 나쁜 좌파의 좋은 예*

마이클 레보비츠 _박정원 옮김

'분홍빛 물결'을 형성한 라틴아메리카의 좌파 정부는 둘로 구분되어왔다. 칠레, 브라질, 아르헨티나 정부가 점진적 개혁을 달성하려 했다면, 볼리비아, 에콰도르, 베네수엘라는 신자유주의 세계 질서를 정면으로 비판하면서 급진적 변혁을 요구했다는 점에서 '나쁜 좌파'로 정의되곤 한다. 이 글은 집권 초기 자본주의의 문제점을 보완하려는 태도를 취했던 차베스 정부가 이후 근본적인 체제의 변화를 모색하게 되는 변화의 과정을 살펴본다. 기존의 마르크스주의 이데올로기나 담론을 반복하는 것이 아닌, 사회적 경제 개념의 도입과 아래로부터의 민주주의 구축을 통해 신자유주의적 자본주의의 방향을 급진적으로 수정한다는 점에서 베네수엘라의 예는 소위 '나쁜 좌파'라는 낙인에도 불구하고 새로운 미래를 기획하는 대안적 모델로서 주목해야 할 것이다.

마이클 레보비츠 Michael A. Lebowiz 『자본을 넘어: 노동계급의 마르크스 정치경제학(Beyond Capital: Marx's Political Economy of the Working Class)』(2003), 『지금 건설하라: 21세기를 위한 사회주의(Build It Now: Socialism for the Twenty-First Century)』(2006), 『사회주의적 대안: 진정한 인간의 발전(The Socialist Alternative: Real Human Development)』(2008)의 저자이다.

* 이 에세이의 일부는 2006년 7월 21~23일 브라질 상파울루 대학에서 열린 제4회 국제연대 경제회의에서 「생존을 넘어서: 사회경제를 진정한 대안으로 만들기」라는 제목으로 발표되었다. 이 글은 *Monthly Review: An Independent Socialist Magazine*, Vol 59, Issue 03(2007)에 게재되었다.

적정한 임금, 적정량의 노동! 노동자와 시민들은 자본주의 내에서 투쟁을 통해 종종 사회적 노동이 주는 혜택을 공유할 수 있었다. 그러나 자본주의 세계화와 공격적인 신자유주의 국가 정책은 과거의 투쟁으로 이룩한 이 모든 성과를 무력화시켰다. 그리고 그 승리가 일시적이었다는 사실에 놀라는 이들에게 다음과 같은 대답이 돌아왔다. "더 이상 대안은 존재하지 않는다."

하지만 자본주의의 공격이 황폐화시킨 결과는 명확해졌고 이에 반대하는 흐름이 나타나는데, 이와 같은 현상은 특히 라틴아메리카에서 두드러졌다. 혹자는 이를 예상하고 경고했다. 호르헤 카스타녜다(Jorge Castañeda)에 따르면 1980년대 이후 라틴아메리카는 신자유주의라는 처방전이 약속한 것처럼 좋은 시절이 도래하는 대신, "혹독한 가난과 불평등, 높은 실업률, 경쟁력 부족, 열악한 인프라를 지속적"으로 경험해야 했다.[1] 그리고 마침내 (예언가들이 '정확하게 예고했듯이') 좌파가 돌아왔다.

이것은 희망이 돌아왔음을 의미하는 것이기도 하다. 세계의 일하는 자들은 대안은 존재하며, 더 나은 세상이 가능하다는 것을 증명해주는 오늘날의 라틴아메리카로 눈을 돌린다. 이렇게 라틴아메리카를 주목하는 것은 옳은 판단인가? 진정한 대안이 나타난 것일까, 혹은 자본주의 세계화와 우회적으로 합의한 단지 더 나은 방식의 협상의 형태인가? 라틴아메리카는 자본주의를 깨뜨리고 있는가, 그렇지 않으면 현재보다는 나은 상황을 위한 투쟁인가?

---

[1] "Latin America's Left Turn," *Foreign Affairs*(2006 May/June).

1. 좋은 좌파, 나쁜 좌파

물론 우리는 모든 좌파가 다 같지는 않다는 사실을 알고 있다. 그 다양함 속에서도 일관된 흐름이 있다. 알바로 바르가스 요사(Alvaro Vargas Llosa)가 식습관에 빗대어 피델 카스트로(Fidel Castro), 우고 차베스(Hugo Chávez), 에보 모랄레스(Evo Morales)를 '육식성' 좌파로 묘사한 것처럼, 비록 소수만이 라틴아메리카를 구분하고 있지만 대부분에게는 단순히 좋은 좌파와 나쁜 좌파만이 존재할 뿐이다. 카스타네다는 좋은 좌파가 공통적으로 강조하는 것은 (거시경제의 숭배, 부의 증식, 세계적 협력, 정부가 주도하는 효율적 패키지에 정확히 반대되는) '사회의 향상', '부의 공정한 분배', '주권'과 '민주주의'이라고 지적한다. 그러나 나쁜 좌파를 만드는 것은 근본적으로 한 단어에 의해서 결정된다. 그것은 바로 '포퓰리즘'이다.

라틴아메리카 지식인들은 포퓰리즘이라는 단어를 설명하기 위해 찬사의 단어를 찾는다. 왜냐하면 일견 이것은 민중, 혹은 대중이라는 순수한 이미지를 떠올리기 때문이다. 카스타네다가 포퓰리즘을 '소란스럽고, 민족주의적이며, 시야가 좁은' 사상으로 간주할 때, 이를 대중에 대한 그의 평가로 생각하는 것은 어렵지 않다. 하지만 이보다 더 큰 무언가가 있다(혹은 이에 대한 다른 측면을 생각해 보아야 한다). 그가 포퓰리스트로 분류한 성격 중에서도 무엇보다 권력의 측면에서 살펴보자. 국가 경제의 상당 부분을 공유화하고, '자연자원이나 부동산을 독점하여' 소위 뜻대로 조종할 수 있는 것 이상으로 자신의 권력을 확장하는 것은 중산층에 대한 세금을 올리지 않고도 화이트칼라가 아닌 이들에게 더 많은 돈을 쓸 수 있다는 것을 의미한다. 이렇게 볼 때, 나쁜 좌파를 정말로 나쁜 것으로 만드는 것은 바로 자본을 공격하기 때문이다.

여기서 조금 놀라운 것은 좋은 좌파의 예로 드는 나라가 칠레, 우루과이, 브라질과 아마도 네스토르 키르츠네르(Néstor Kirchner)의 아르헨티나 정부이다. 반면에, 나쁜 좌파는 의심의 여지없이 베네수엘라의 우고 차베스와 볼리비아의 에보 모랄레스가 되겠다. 차베스와 가까운 사이인가 그렇지 않느냐가 모든 것을 결정하는 척도가 되는 상황으로 볼 때, 에콰도르의 라파엘 코레아(Rafael Correa) 정부도 아마 나쁜 좌파로 분류될 것이다. 그러나 이런 사고는 이 분류체계가 보이는 허점이라고 말할 수 있다. 어떻게 자본주의 그 자체에 관한 공격과 자본주의의 정책과 실행에 관한 공격을 구분할 수 있는가? 반면에 새로운 경제체제의 구축을 위해 투쟁하는 것과 국제무역, 자원의 분배에 대한 공정함을 위해 투쟁하는 것 사이를 구분하는 방법은 무엇일까? 이를 구별하는 것은 보이는 것과는 달리 그리 쉽지 않다.

결국, 자본에 관한 어떠한 과격한 공격 ─ 마르크스와 엥겔스의 언어로 정리하면 "모든 측면에서 부르주아가 축적한 자본을 공격하는 지속적인 노력" ─ 도 모든 것의 통제를 노동자들에게 맡기는 국유화라는 최상급의 조치를 즉시 취하지 않는다면, 국제적 자본을 묵인하는 일정 정도의 개혁주의로 보인다는 사실이다. 내부와 외부의 세력 관계와 '과정'에 대한 개념이 단순히 그들의 주장을 담는 선전물 이상으로 생각하지 않는 추상적 이상주의자들은 이름만 바꾸면서 항상 같은 어조로 배반에 대해 노래할 것이다. 하지만 구체적인 경우에서 그들이 틀렸다는 것을 의미하지는 않는다. 그렇다면 우리는 자본에 대한 공격을 어떻게 정의할 것인가? 라틴아메리카의 새로운 좌파 정부들에서 자본주의에 대한 대안을 찾을 수 있을까?

2. 자본주의의 대안을 정의하는 방식

무엇이 자본주의에 대한 진정한 대안을 구성하는가? 나는 그것의 명백한 목표가 자본 혹은 생산수단의 증식이 아니라, 오히려 인간의 발전 - 인간 능력의 성장 - 그 자체라고 생각한다. 우리는 베네수엘라의 볼리바르 헌법에서 이 정신을 확인하게 된다. 제299조에서 "광범위한 인간의 발전을 도모하고", 제20조의 선언에서는 "모든 이가 스스로의 개성을 자유롭게 발전시켜 나갈 권리를 지닌다"고 기록되어 있으며, 제102조의 핵심은 "민주사회에서 인간 개인의 창조적 잠재력을 발전시키고 이를 최대한 펼쳐나가는 것"이라고 밝히고 있다.

(전부라고 말할 수는 없지만) 이 조항들에는 자본의 논리가 아닌, 또 다른 경제적 논리를 포함한 진정한 대안적 개념이 포함되어 있다. 그것은 바로 '사회적 경제'이다. 2003년 차베스 대통령은 '사회적 경제'가 "인간, 노동, 말하자면 일하는 사람들과 그들의 가족, 궁극적으로 인간에 기초하는 것"이라고 설명한다. 이 '사회적 경제'는 교환가치에 의한 이윤을 추구하는 것이 아니며, '사회적 경제는 주로 사용-가치'를 생산한다. 그것은 '새로운 인간과 사회를 건설하는 것'임을 확인하고 있다.

이는 멋진 사상이고 수사이다. 하지만 반드시 사고와 말만을 지칭하는 것은 아니다. 우선 헌법에서 알 수 있고, 일종의 교육 프로그램이자 정기적 세미나라 할 수 있는 <안녕, 대통령!(Aló Presidente)>에서도 드러난다. 그렇다면 문제는 어떻게 그러한 사고와 언어를 실현할 수 있는가이다. 이에 자본주의의 대안을 위해 필요한 네 가지 전제 조건에 대해 이야기해보자.

① 구조 변화에 관한 모든 논의는 '현존하는' 구조에 대한 이해로부터

출발해야 한다. 즉, '현존하는' 구조는 자본주의를 지칭한다. 우리는 자본의 논리가 인간의 요구를 만족시키는 데 기초한다기보다는 이익을 극대화시키는 논리라는 사실과 이 체제가 억압을 이용하고 노예의 비율이 증가하는 곳에서 증식한다는 것을 알 필요가 있다.

② 자본의 논리를 이데올로기적으로 공격하는 것이 근본적이다. 현재의 상황은 자본이 집단적 노동자의 사회적 노동의 결과로 나타난다는 본질에 대한 광범위한 이해가 부재한다. 인간의 얼굴을 한 야만인 신자유주의의 파괴적 힘과 억압적인 정책이 가져온 결과는 공정한 사회를 향한 열망을 낳으며, 착취당한 이들과 소외된 이들을 위해 더 나은 분배를 요구하게 된다.

③ 자본주의를 넘어서려는 투쟁에서 비판적으로 인지해야 할 것은 인간 능력은 오직 인간의 활동을 통해서만 발전한다는 점이다. 이를 마르크스는 자신과 자신을 둘러싼 환경을 동시에 변화시키는 것을 '혁명적 실천'이라고 표현했다. 진정한 인간의 발전은 민중적 정부가 교육과 보건 영역에 지출하고 생존을 지원하는 방식, 달리 말하면 돈의 형태로 하늘에서 떨어지는 형태로는 실현되지 않는다. 국가에게 모든 해결을 요구하는 사람들과 이를 약속하는 리더가 짝패를 이루는 포퓰리즘과는 다르다. 사상투쟁에서 자본의 논리에 대항하기 위해서는 인간 잠재력의 분출을 통해 작업장 내에서의 자주 관리와 공동체의 자기 경영을 21세기 사회주의의 수단으로 인정하는 것이다.

④ 하지만 사회주의 **사상**은 진정한 자본주의를 대체할 수 없다. 협력이 실현되는 작고 고립된 섬이 자본주의적 대기업과 대항하고 경쟁하면서 성공적으로 세상을 바꿀 수는 없다. 자본주의 생산관계의 재생산 구조를 해체하는 동시에 새로운 생산적 관계를 배양할 수 있는 힘이 필요하다. 자본으로부터 국가를 분리시킬 힘이 필요하고, 자본이 공격에 대응할

때-즉, 자본이 파업을 일으킬 때-그 힘을 이용할 필요도 있다. 양보하기보다는 움직일 준비를 해야 한다. '민주주의 전투'에서 이기고 '부르주아 계급과 자본을 두고 싸우기 위해 정치적 우월감'을 활용하는 것은 마르크스와 엥겔스가 『공산당 선언』을 집필하던 당시와 마찬가지로 현재에도 유효하다.

한편으로는 선행조건들을 고려해야 한다. 라틴아메리카의 새로운 좌파 정부가 이런 조건들을 충족하고 있는가? 사실 그와는 반대로 대부분의 경우 사회민주주의와 유사한 성격들을 보게 된다. 사회민주주의는 자본의 본질을 이해하지도, 자본의 논리를 이데올로기적으로 비판하지도 않으며, 자본주의에 대한 진정한 대안이 존재한다는 것을 믿지 않는다. 따라서 자본이 파업으로 위협할 때 양보하고 마는 것은 결코 놀라운 일이 아니다. (내가 당 정책위원회의 의장이었던 1970년대에) 캐나다 브리티시컬럼비아(British Columbia) 주의 사회민주당 수상은 "우리는 황금알을 낳는 거위를 죽일 수 없다"고 말했다. 이것이 바로 자본의 논리를 강화시키고 이데올로기적으로 민중을 무장해제하는 사민주의의 결정적 지혜가 함축된 표현이다.

그러나 베네수엘라는 현재 다른 방향으로 움직이고 있다. 볼리바르 혁명이 (시시각각으로 도전받으면서) 사회주의적 대안을 가시화하지는 못하고 있지만, 실제로 자본의 논리를 거부하고 또한 그 대안을 구축하기 위해 민중들을 이데올로기적으로 일깨우고 있다.

3. 베네수엘라가 초기에 선택한 길

1999년의 볼리바르 헌법이 인간 능력을 향상시키는 것에 초점을 맞추고 있었지만, 이전의 헌법이 가진 자본주의에 대한 지원 또한 포함하고 있었다. 그 헌법은 사유권을 보장하고(제115조), 성장과 고용을 일으키는 데 있어 개인의 역할을 인정했으며(제299조), 국가로 하여금 사유권을 보장하고 증진하도록 요구한다(제112조). 그리고 2001년부터 2007년까지 진행된 초기 계획은 자본주의 발전을 위해 지원하는 것이었다. 신자유주의를 반대하고 전략적 산업에 대한 국가의 역할을 강조했지만, 그 계획의 초점은 '신뢰의 분위기'를 형성함으로써 국내외의 사적 자본의 투자를 촉진하려는 것이었다.

인간의 능력을 배양하기 위해서는 사적 영역과 공적 영역에 대한 '상호 보완적이고 대안적인 길'인 '사회적 경제'의 발전이 함께 실행되어야 한다. 하지만 사적인 경영과 기업의 활동을 얼마나 **최소화**할 수 있는가가 중요하다. 본질적으로 이것은 비공식 영역을 공식 경제로 통합하기 위한 프로그램으로 "비공식 영역의 노동자들을 소경영주로 전환시키는 것"이 필요했다. 따라서 가족, 기업, 그리고 자기 경영이 이루어지는 소형 사업체에서는 훈련과 함께 (여성개발은행과 같은 기관으로부터) 작은 규모의 융자가 이루어지고 규제와 세금 부담을 덜어주었다. 이렇게 '신흥 경영계급을 창조'하는 것이 국가의 명백한 목표의 하나가 되었다.

따라서 이 사회적 경제는 브라질과 다른 여러 나라에서와 마찬가지로 국가, 비정부기구, 그라민은행(Grameen Bank)[2]과 유사한 은행, 그리고

---

2) 1983년도에 설립된 방글라데시의 은행. 무하마드 유누스(Muhammad Yunus)가

교회 자선기구가 협력하는 형태로, 자본주의 세계화가 가져온 정치적·경제적 쇼크를 흡수하는 긍정적인 기능을 수행했다. 물론 이를 본격적으로 추구할 경우 베네수엘라 노동계급의 절반에 해당하는 비공식 영역에 속하는 인구, 실업자와 소외된 계층에게 더 나은 기회를 제공하는 결과를 가져올 것이다. 하지만 2001년부터 2007년까지 기획·실시되었던 사회적 경제는 (자본주의라는 체제의 갈라진 틈 안에서 나타난 작은 대안적 징후라는 사실을 제외하고는) 자본주의의 대안적 형태로 볼 수 없다.

신자유주의에 등을 돌리게 될 경우 그것은 국가 내부의 국가인 베네수엘라석유공사(PDVSA)에 반대하는 행위나 다름없기 때문에 석유 공급의 변화를 야기할 것이다. 베네수엘라가 택한 세 번째 길은 구조주의 경제학자들이 지지하는 '토착 발전'의 방향으로 국가를 견인하는 것이었다. 간단히 말해 그 목표는 다른 자본주의였다. 볼리바르 혁명의 시작은 분명히 좋은 좌파에서 시작한다.

그러나 다른 한편으로 인간의 발전이라는 과제는 잠재적으로 급진적인 요소를 담고 있다. 볼리바르 헌법은 인류가 자신의 행위를 통해 능력을 발전시킨다는 점을 명시하고 있다. 헌법 제62조에서 민중의 참여는 "개인적이고 집단적인 측면 모두에서 발전을 확인하는 필수적인 방식"이라고 적혀 있다. 그뿐 아니라 헌법은 구체적으로 사회의 모든 분야에서 기획된 바를 민주적 방식으로 진행하고 예산 결정에 참여를 보장하는 데 초점을 맞추며, 제70조에서는 "상호 부조와 연대의 가치가 인도하는 회의의 형태"의 예로 "자기 경영, 공동경영, 그리고 모든 형태

설립한 그라민은행은 빈곤 퇴치를 위해 기존 거대 은행들로부터 혜택을 받지 못했던 빈민들에게 담보 없이 소액 대출을 제공했으며, 이러한 공로로 2006년 노벨 평화상을 공동 수상했다. —옮긴이

로의 협력"을 강조한다. "민주적이고, 참여를 보장하며, 주체적"인 사회에 대한 강조를 통해 볼리바르 헌법은 명백하게 사회경제와 21세기 사회주의를 향한 씨앗을 품고 있다.

그런 씨앗은 하늘에서 떨어진 것이 아니다. 그것은 우고 차베스가 (새로운 입헌의회의 일원으로서 그 씨앗을 직접 헌법 제정에 도입하면서) 제4공화국을 무너뜨리려는 투쟁과 결합한 사회운동의 노력으로 만들어진 것이다. 또한, 자신을 '대통령 궁의 반항아'로 명명한 차베스로부터 잉태되었다. 1993년 감옥에서 그는 "주권 권력은 스스로를 권력의 대상인 동시에 주체로 변환시켜야 하며, 이 선택은 혁명을 위해 필수불가결한 것이다"라고 썼다.

물론 볼리바르 헌법에서 발견되는 모순적 요소가 독특하다는 것은 아니고, 잠재적으로 급진적인 씨앗이 종종 결국에 가서는 아무것도 생산하지 못하기도 했다. 우리는 또한 노동계급의 행위자로서 선출된 정부가 일단 당선이 되고 나면 다음 선거를 위해 사람들을 집으로 돌려보낸다는 사실을 잘 알고 있다. 더욱이 그러한 사회운동이 자기 방어로 귀결되어 그 씨앗이 결실을 맺지 못한 경우도 알고 있다. 그러나 베네수엘라는 계급투쟁이 사회적 경제의 씨앗이 되었으며, 그로 인해 자본주의 발전에 대한 대안으로 등장하게 되었다.

우선, 차베스는 그를 지지했지만 역시 기회주의적이었던 분파를 비롯한 많은 이들의 기대와는 달리 그가 약속한 상당수의 공약을 실천에 옮겼다. (석유 생산을 통한 자신감 상승으로) 탄화수소 생산에 대해 세금을 부과한 것은 정부로 하여금 자본주의 그 자체에 관한 공격은 아니었지만 제3의 길을 향해 나아가는 기반을 구축했으며, 이로 인해 정부가 주도권을 쥐는 것 이상으로 효과를 가져왔다. (미 제국주의가 지지하는) 과두층−이들은 2002년 4월에는 반차베스 쿠데타로, 그리고 2002년과 2003년

겨울에 걸쳐 지주들은 봉쇄 정책으로 맞섰다―과 같은 진영 내부의 반대에도 불구하고 단행한 차베스의 결정은 직장과 공동체에서 대중을 정치적으로 각성시켰을 뿐 아니라, 자본주의는 인간개발을 위한 체제가 될 수 없다는 사실에 확신을 주었다. 이를 기점으로 볼리바르 혁명은 점점 자본주의와 멀어지는 쪽으로 나아간다.

4. 새로운 길

국영 석유회사인 PDVSA를 효과적으로 국유화한 2003년 하반기부터 정부의 수입이 생겨나면서, 이전부터 안고 있던 엄청난 빚을 청산하겠다는 것을 약속한 볼리바르 정부는 보건과 교육 분야에서 새로운 프로그램을 추진했다. 봉쇄 기간 동안 식량을 분배했던 정부의 경험에 기반하여 만든 '국민 영양을 위한 위대한 임무(Mission Mercal)' 프로그램은 2004년 초반에 시작해 가난한 이들에게 음식을 공급하는 데 상당한 공헌을 했다. 곧이어 새로운 인간 능력을 함양하기 위해 기획된 급진적 프로그램인 '민중의 복원 위한 위대한 임무(Mission Vuelvan Caras)'는 전문기술도 가르치고, 개인 사업에 대해 교육하고 새로운 직업을 구하도록 도와주는 과정을 담당했다. 그 효과는 드라마틱했다. 차베스가 처음 선출되었던 1998년에는 800개에 지나지 않던 사업체가 2005년에는 8만 4000개로 늘었다.

이 모두가 자본의 '사악한' 논리를 공격하고 대안을 찾기 위한 시도의 일환이었다. 이 대안은 이른바 사회적 경제를 구축하려는 목적이 '새로운 남자와 여자, 그리고 새로운 사회 건설'을 하기 위함이라고 밝혔다. 그리고 그 사상을 더욱 심화하기 위해서 사회적 경제를 사회주의로 명명하게 되었다. 2005년 1월 '세계사회포럼(WSF)'에서 차베스는 소비에트와는 다른 사회주의를 재구성할 것을 구체적으로 제안했다. "우리는 사회주의를 하나의 명제로, 기획으로, 그리고 우리가 가야 할 길로 만들되, 그것은 기계나 국가를 모든 것의 앞에 놓는 것이 아니라 그 자리에 인간을 넣은 인간주의적인 사회주의를 지향한다."

그로부터 6개월 후, 이슈트반 메사로시(István Mészáros)가 발표한 『자본을 넘어서(Beyond Captial)』에 영향을 받은 차베스는 공동체의 필요에 의해 결정되는 교환 형태에 합당한 생산과 소비 분야에서의 새로운 공동체적 시스템의 구축을 강조한다. "우리는 대중적 기반 위에서 공동체의 참여와 함께 공동체 조직과 사업체 그리고 그 시스템을 창조하는 데 있어 지금까지와는 다른 방식을 사용하여 그 실현을 앞당겨야 한다." 그 결과 사회적 생산기업(Empresas de Producción Social: EPS)이라는 새로운 제도가 탄생한다. 집단의 자기 이익보다는 공동체에 기여하도록 요구받는 기존의 기업체와 정부가 추진하는 소규모 사업, 그리고 이것을 수임하기 위해 노력하는 사기업 등 모두가 공동체의 필요를 해결하고 노동자들의 참여를 이끌어내는 데 기여하고 있다.

2006년에는 (도시 공동체에서는 200~400개의 가구, 그리고 농촌 지역에서는 20~50개의 가구에 기초한) 공동체위원회(communal council)라는 새로운 블록이 추가되었다. 이 조직은 공동체의 우선적인 요구를 민주적 절차를 통해 달성하기 위해 설립되었다. 시 차원에서 공동체 차원으로 실질적 재원의 이동이 일어나면서 지역 단위의 프로젝트를 지원하는 지역 은행이 만들어지고, 선출된 대표자보다 의회가 결정 과정에서 주된 역할을 담당하게 되었다. 공동체위원회는 구조를 개혁하는 과정에서 사람들을 변화시켰을 뿐 아니라, 공동체의 요구와 목표를 달성하기 위한 진정한 기반을 구축하는 데 있어 효과적인 제도로 인정받았다.

새로운 사회주의를 건설하려 한다는 슬로건을 걸고 2006년 겨울, 차베스는 재선에 성공했다. 이후 공동체위원회는 볼리바르 사회주의와 새로운 국가를 형성하기 위한 기반과 동의어가 되었다. "모든 권력을 공동체위원회로!"라고 차베스는 강조한다. 그리고 '공동체 권력의 분출'은 새로운 사회주의를 향해 나아가는 데 필요한 '다섯 개의 동력' 중 마지막이자 가장 결정적 요소로 간주되었다. 그 목적은 권력과 의사결정을 탈중심화하는 것이었다. 그리고 그 과정에서 교육과 이데올로기 캠페인에서 강조하는 세 번째 요소인 '도덕과 계몽'은 혁명적 실천의 중요성을 지속적으로 알린다. 마르크스와 체 게바라(Che Guevara)를 인용하면서 차베스는 (2007년 3월 27일 <안녕, 대통령!> 연설에서) 새로운 사회주의적 인간이 만들어지는 방식은 오직 실천을 통해서 가능하다고 주장했다.

혁명적 실천이 요구하는 것은 (자본주의의 바이러스에 의해 감염된) '사적인 이익'과 교환이 아니다. 오히려 본질은 사회적 요구를 생산 과정으로 연계시키고 공동체적 연대를 구축하는 데 있다. 이런 측면에서 이데올로기 투쟁이라는 세 번째 동력과 공동체 권력의 발현 과정에서 민주주의적 실천은 동전의 앞뒷면과 같이 서로가 서로를 요구한다. 이데올로기 투쟁 없이 공동체적 요구의 달성만을 강조한다면 자본주의 사회에서 만들어진 오래된 가치와 요구를 얻기 위해 투쟁하는 것과 다를 바가 없다. 마찬가지로, 민주적 실천 과정이 빠진다면 이데올로기적 호소는 종국에는 강제적 명령과 그에 대한 냉소라는 결과로 귀결될 수밖에 없다.

그러나 사회주의적 실천은 공동체에서만 일어나는 것으로 판단해서는 안 될 것이다. 재선 후 차베스는 사회주의의 '기본 삼각형(elementary triangle)'을 구성하는 요소로 사회적 재산의 개별 단위, 사회적 생산,

그리고 공동체 요구를 설정했다. 사회주의가 가난한 아이들을 위한 신발을 제공할 수 있을까? 자본주의는 시장이 해결해줄 것이라고 하지만, 차베스는 사회주의의 경우 좋은 신발을 원하는 아이들을 위해 직접적으로 신발을 제공할 계획을 세워야 한다고 지적한다. 그리고 여기에서 차베스는 한 발 더 나아간다. 노동자의 참여를 지속적으로 강조하는 한편, 그것만으로는 충분하지 않다고 말한다. 예를 들어 기업이 점점 더 사회적 성격을 강화할 것과 공동체의 요구사항을 직접적으로 생산에 반영할 것을 주장했다.

'기본 삼각형'을 강조하는 것에는 차베스의 자기비판이 담겨 있다. 사회적 생산기업(EPS)이 기존의 공장을 구제하는 데 있어서 정부가 잘못한 점에 대한 반성적 측면에서 나온 것이다. 그 과정에서 실수가 있었으며 자본주의를 넘어서지 못했다고 차베스는 고백한다. 그리고 주목해야 할 것은 사회적 생산의 문제가 아니라 사회적 소유임을 강조한다. 여기서 국가는 사회적 소유권을 보장해주는 주체가 되는데, 그것은 "부르주아 국가나 자본주의 국가가 아니라 사회적 국가이다"(2007년 1월 28일 <안녕, 대통령!> 연설에서).

자본주의에 대한 투쟁과 새로운 가치를 탑재한 사회주의를 건설하려는 노력이 계속되고 있다는 사실에는 의심의 여지가 없다. 21세기 사회주의를 보여주는 예가 점점 더 많이 나타나고 있을 뿐 아니라, 차베스의 방송 연설과 새로운 이데올로기 캠페인을 통하여 대중의 의식이 성장하고 있다. 물론 위에 언급된 것처럼 "사회주의에 대한 **생각**만 가지고 실재하는 자본주의를 대체할 수는 없다."

5. 새로운 생산관계를 구축하기 위해 정치적 권력을 이용하다

실제로 베네수엘라에는 사상투쟁 이상의 상황이 일어나고 있다. 석유와 생필품 산업으로 공적 영역이 팽창한 것과 함께, 2007년에 시작된 차베스의 새로운 임기 동안에는 미디어와 전기 분야에 국유화가 진행되었고, 이전에는 다국적 기업이 소유하던 중유 분야에서 국가의 주도적 위치가 회복되었다. 더욱이 최근에 집행된 토지 압류를 통해 대농장 소유에 대한 공격이 재개되었고, 트랙터와 같은 생산수단을 만드는 (이란과 같은 국가와 마찬가지로 국영기업과 벤처기업이 협력한 형태의) 새로운 국영기업이 창설되었다.

그러나 더 많은 조치가 필요하다. 베네수엘라의 경제가 변화하고 석유에 의존하는 상황에서 탈피하려면, (농업과 산업의 분야와 같은) 새로운 생산 영역에서 국가기구와 광대한 국토를 연결하는 인프라가 구축되어야 하는데, 이를 위한 사회적 자원은 이미 존재한다. (예를 들어 노동예비군으로서) 상당수의 실업자 혹은 비공식 경제의 종사자들이 있다. 볼리바르 혁명이 확장성을 가지고 광범위한 발전을 꾀한다면 불가피하게 국가가 위로부터 이 과정을 계획하고 관리해야 할 것이다.

그렇다면, 과연 어디에서 "상호 협동과 연대의 가치를 실현한 연합의 형태"인 자기 경영, 공동경영 그리고 노동자 경영과 결합될 수 있을까? 실제로 공공 분야에서의 경험이 그렇게 괄목할 만한 성공을 거둔 것은 아니었다. 노동자 경영 측면에서는 알루미늄 공장과 안데스 전기공급사를 제외하고는 (특히, PDVSA의 경우에서 알 수 있듯이) '전략적인' 국가 산업으로 불리게 된 결과에서 알 수 있듯이 왜곡되고 후퇴하는 결과를 낳았다. 노동자들이 자기 경영 과정에서 스스로를 변화시키는 대신에 국가자본주의나 국가기업이라는 위계적 틀에서 벗어나지 못하고 위로부터의 방식에 의한 통제를 반복했다. 노동운동가들은 자본주의 체제에서 겪었던 상황과는 정반대의 위치에서 통제를 담당하게 되었다. 그리고 오래된 자기 합리화 경향이 베네수엘라에서 다시 나타나기 시작했다.

차베스는 이러한 패턴이 이제는 바뀔 것이라고 약속한다. 도덕과 계몽이라는 기치 아래 모든 사업체에서 (하루 일과에 훈련 과정을 포함함으로써) 노동자가 자기 경영 방식에 대해 습득하게 된다. 또한 노동자들이 더 많은 기능과 책임을 맡고 공동체의 요구에 부응하기 위하여 노동자위원회를 모든 사업장에 설치할 것이다. 이러한 조치는 확실히 흥미진진하다. 민주적이고 참여를 보장하며 노동자들이 주인공이 되는 생산 형태로의 방향 전환은 자본주의가 만들어낸 파편적이고 불구가 된 인간형의 재생산을 중단시킨다. 그러나 베네수엘라의 경우 위로부터의 약속과 그 약속이 실현되는 것 사이의 간극을 인지해야 한다. 오늘날까지의 경험으로 볼 때 상부의 통제력이 손실되면서 경영자와 관리자들로부터 상당한 저항이 있었다는 사실을 알 수 있다.

불행하게도 약속을 실천하기 위해 위로부터의 저항에 현명하게 대처하면서도 노동자에 의한 경영을 요구하는 아래로부터의 요구를 통합시킬 수 있는 집단 주체가 부재하다. (지난 반세기에 걸친 경제발전의 형태와 신자유주의로 인해) 국가 경영의 바깥으로부터 조직된 노동계급의 힘이 미약하며, 차베스를 따르는 노동운동(UNT) 내의 심각한 분열은 현재 조직된 노동계급을 주요한 행위자로 만들지 못하는 실질적 요인이다.

그렇다면 누가 혁명 과정의 주체인가? 이제는 공동체 발전을 위해 새로운 공동체위원회를 만들고, 이들을 이어주며, 이들의 요구를 만족시키는 과정과 경로로 관심을 돌리게 된다. 확실히 공동체 내부에는 개인적인 방식으로 혹은 집단적 작업에 참여하면서 이를 발전시켜온 활동적인 주체가 존재한다.

하지만 어떤 사회주의가 작업장 내에서의 노동의 관계보다도 공동체의 요구를 우선시하는가? 21세기 새로운 사회주의에서는 공동체의 관계가 생산관계를 대체하는가? 여기서는 필요의 시스템이 노동의 시스템을 지배하게 되는가?

우리는 여기서 그 정의에 주목할 필요가 있다. 확실히 자본주의에서 소비에트의 국가주의에서 그리고 유고슬라비아의 자기 경영 사업체에서의 공통점은 이들의 목표가 생산 영역이 시스템을 이끌며, 생산 영역이 시스템을 지배한다는 것이다. 그러므로 『자본을 넘어서』 835쪽에서 메사로시가 강조한 것은 새로운 사회주의로 세계를 변화시키는 데 있어 적절한 방향타의 필요성이다.[3]

생산에 초점을 맞추는 과거에 반하여 공동체위원회와 공동의 요구에 초점을 맞추게 될 경우 차이는 훨씬 더 명백해진다. 집단적 생산과정에서 연대를 추구하는 이 형태를 새로운 사회적 관계의 탄생으로 생각하지 않을 이유는 무엇인가? 상업자본과 투자자본이 생산과정에 침투하기 이전에 사회적 관계로서 등장했던 사실을 기억해보자. 그렇다면, 왜 자기의식을 가진 집단 노동자들이 최종적으로 생산의 영역을 지배하는 사회적 관계가 나타날 수 없겠는가? 확실한 것은 조직된 생산자라는 개념은 **항상** 사회주의적 형태로 볼 수 있다. 그러나 어떻게 이런 관계가 등장하게 되는가, 더 정확히 말하자면 그것을 발전시키는 **방식**은 과연 무엇인가는 확실하지 않다.

일단 우리가 공동위원회를 공동체의 요구를 해결하는 장소뿐 아니라, 집단의 노동자로서 자신을 실현할 수 있는 공간으로 생각할 수 있다면,

---

3) Istvan Mészáros, *Beyond Capital: Towards a Theory of Transition*(New York: Monthly Review Press, 1995), p.835.

집단의 권력이 발현되는 지점과 '도덕과 계몽' 등 현재 진행되는 정치 캠페인 사이에 공통점이 있다는 것을 알게 될 것이다. 그리고 그것은 바로 통합사회주의당(PSUV)의 건설을 의미한다. 나는 『지금 건설하라 (Build it Now)』에서 새로운 사회주의에 필수적인 혁명적 민주주의를 지속적으로 담아낼 수 있는 새로운 정당의 필요성을 지적했다. 그러나 필자를 비롯한 소수만이 차베스가 재선에 성공한 직후의 상황을 맞이할 준비가 되어 있었다. 즉, 새로운 정당은 기존의 친차베스 정당들을 통합하는 방식이 아니라 전적으로 다른 것이어야 했다. 베네수엘라 역사에서는 처음으로 가장 민주적인 방식으로 공동체와 마을로부터 출발한 아래로부터 건설된 정당이어야 할 것이다.

현재 정당을 민주적으로 구축하는 과정은 기대 이상이다. 전국에서 이 정당에 가입을 신청하는 국민의 수가 예상 수치인 400만 명에 미치지 못하지만, 이 새로운 사회주의 정당은 베네수엘라 역사에서 가장 큰 정당이 될 것이다(구좌파의 다양한 분파가 요구한 수준을 훨씬 넘어섰다). 일단 200명 단위의 그룹이 결성되면 이들의 대변인이 (그룹과 계속적으로 대화하면서) 8월에 당의 프로그램을 발전시키는 과제에 착수할 것이다. 그리고 모든 구성원이 12월 2일의 국민투표에 참여하게 될 것이며, 2008년 중반에 당의 지도부가 구성될 예정이다. 그것은 어떤 형태로 나타날 것인가? 이 과정을 통해 자연스럽게 공동체의 리더가 나타날 것으로 차베스는 기대한다. 12월에 그는 이렇게 말한다. "새로운 당의 모습이 오래된 얼굴들의 집합으로 이루어진다면 그것은 기만이다."

공동체의 권력이 분출하는 것과 새로운 당을 건설하려는 이러한 과정에는 많은 공통점이 있다. 둘 다 많은 사람들을 정치영역으로 끌어들이고 제5공화국을 괴롭혔던 후견주의(clientalism)와 부패를 공동의 적으로 삼는다. 또한 대중의 능력과 잠재력을 끌어올리기보다는 가족의 안위나 권력의 축적에 매달리는 이들에 대해 잠재적으로 도전한다. 또한 차베스와 대중 사이의 결합을 반영한다. 그리고 차베스는 이들에게 권력을 획득하도록 공개적으로 호명("대중이여, 대중이여")하며, 이들은 이에 화답하여 자신들의 요구와 필요를 추구하는 변증법적 과정을 실현한다.

하지만 사회주의적 생산관계는 무엇을 지칭하는가? 앞서 언급한 두 가지 동력과 (PSUV에서 이전에 보여준) 베네수엘라 통합사회주의당 건설은 대중의 잠재력을 향상시켰다. 집단적 생산자의 노력으로 새로운 사회적 관계를 구축하는 데 어느 정도 성공했고 이러한 관계의 발전으로 인해 생산관계의 변화가 불가피해졌다. 공동체에서 "권력의 주체이자 대상"으로 자신을 변화시킨 사람들은 일터나 사회 전반에 이 문화를 정착시키려 노력했다. 이미 지역에 기반을 둔 기업과 공공 사업자들이 직접 생산과 지역민들의 요구를 충족시키기 위하여 공동위원회와 협력했다는 점에서 이 과정은 이미 시작되었다고 볼 수 있다. 노동자위원회와 공동체위원회가 협력해 활동하면서 집단적 생산자들은 생산의 권리를 소유하는 방향으로 나가기 시작했다.

하지만 이 과정이 성공을 보장하지는 않는다. 볼리바르 혁명 과정과 마찬가지로 원심력 또한 강력하다. 주요 공공 영역에서 모든 것을 위로부터 기획하고 지도하려는 정부 관료와 (독립 노동자들의 운동을 불구로 만든) 경영자들이 새로운 과두층을 형성하도록 허용하는 계속된 부패와 후견주의 문화가 존재한다. 그러나 그뿐 아니라 국내 자본가의 성장을 통해 볼리바르 혁명의 미래와 방향을 감지할 수 있다.

물론, 차베스를 지지하는 어느 누구도 21세기의 사회주의가 자본에 의존해야 한다고 주장하지는 않는다. 오히려 모두가 현 상태에서는 볼리바르 혁명의 임무는 새로운 규약을 제정하여 이를 바탕으로 '사회주의적 조건'으로 사적 자본을 길들이는 것이라고 주장한다. 낙관적으로 이를 해석하자면 부르주아로부터 자본을 점차적으로 가져오는 전환과정으로 볼 수 있다. 확실히 함께 책을 읽고, 노동자위원회를 설립하고, 공동체위원회에 신뢰성을 요구하며, 노동자 경영을 위해 노동 일과에 학습 시간을 도입하는 방식들은 자본주의에는 매우 낯선 방식으로서 사기업에 과거와는 다른 사회주의적 생산관계의 논리를 도입하는 것이다.

하지만 이러한 기본적 규칙이 명확하지 않기 때문에 매우 혼란스러운 해석이 양산되었다. 전환기라는 논리를 '현실적'으로 해석하자면 베네수엘라가 오랫동안 '혼합경제'를 유지한다는 것이다. 또한 볼리바르 혁명에서도 사적인 영역이 존재한다는 것, 자본이 공동체의 이익에 봉사한다면 국가 산업과 경영에 참여하기 위한 충분조건이 된다는 것, 그리고 노동자들은 사적 자본을 사회주의 소유라고 해석하고 옹호하면서, '사회주의기업체연합(CONSEVEN)', 그리고 다른 자본주의 조직을 형성하려는 풍조가 나타났다. '생산적 사회주의'란 말이 전국의 '차베스를 지지하는' 자본가들 모임에서 사용되기 시작했으며, 사적 자본주의를 사회주의 모델의 일부로 인정해야 한다고 주장했다.

이런 경우에 (사회적 소유의 통합, 사회적 생산을 통한 노동자들의 조직, 공동체 요구의 충족이라는) 사회주의의 '기본 삼각형'보다 강조되는 것은 (생산수단의 사적 소유, 임금노동자의 착취, 그리고 이익의 목적이라는) 자본주의의 삼각형이다. 그 결과 사회적 책임이라는 언어가 강조되지만, 실제로는 이익 추구가 지배한다. 그리고 공동체를 위한 헌신은 결과적으로 세금을 의미하며, 노동자의 참여는 회사에서 이익을 창출하는 데 도움이 되는 행위로 해석된다. 이 패턴을 따르는 사회적 생산기업(EPS)의 경험에서 볼 수 있듯이, 자본은 **자본주의의 조건과 틀을 강제할 정도로 강력해질 때까지 착취를 위한 권리를 인정하고 이익을 창출하게 된다.**

다른 모든 혁명과 마찬가지로 볼리바르 혁명은 자기 무덤을 파는 조건들을 만들어왔다. 자본의 논리가 강화되는 만큼 볼리바르 혁명은 두 발로 걷지 못하고 한쪽 발은 뒤를 향하고 있다. 앞서 언급한 경향이 심화되면서, (은행업, 수입 과정, 토지 소유와 미디어에서) 구 자본주의의 세력이 다시 일어나는 한편, 미제국주의의 위협이 계속된다면 베네수엘라는 새로운 사회주의 건설에 있어 중대한 장벽에 부딪힐 것은 명백하다.

그러나 여전히 혁명은 전진한다. 그 앞에 놓인 장애물을 계속 넘어서고, 리더와 대중운동의 변증법적 과정을 통해 질적인 발전을 이룩했다. 이와 함께 앞으로 나아가기 위해서는 공동체 힘의 분출과 '도덕과 계몽' 캠페인의 확산, 그리고 아래로부터의 새로운 정당 건설을 위한 노력이 필수적이다. 자본이 본질상 이 노력을 방해할 때 볼리바르 리더십과 대중의 지지는 혁명을 전진시킬 것이다. 식량가격 통제에 도전(생산을 중단하거나 최대가 이상의 가격으로 판매하여)하는 자본에 대한 최근 대응을 살펴보자. 슈퍼마켓이 임의로 가격을 조정, 담합하면 정부는 이를 고지하고 공동체위원회가 슈퍼마켓의 소유권을 넘겨받아 이를 경영하도록 해야 한다. 이러한 방식으로 아래로부터 리더십과 대중운동의 변증법을 실현할 것이다.

6. 공정함을 넘어서

그렇다면 다른 라틴아메리카의 새로운 좌파는 어떠한가? 차베스와 같이 자본주의를 공격하고 있는가? 몇몇 경우에 있어서 갈등은 전혀 없다. 진정으로 처신을 잘하는 좋은 좌파들이다. 하지만 현재의 질서와 갈등하는 징후를 찾을 수 없다면, 이들에게서 새로운 경제 시스템 구축을 위한 노력과 공정함을 위한 투쟁이 존재하는 것일까?

다른 라틴아메리카 정부를 변호하는 이들은 좋은 좌파가 집권하지 않았다면 자본주의가 더 심각한 폐해와 전제적인 방식으로 흐르는 것을 막을 수 없었을지도 모른다고 말한다. 이러한 주장은 일리가 있으며, 정부가 변화의 속력을 늦출 것을 요구하는 조건이 존재한다. 하지만 문제의 핵심은 언제나 속력이 아니라 **방향**이다. 과연 그들이 취한 조치들이 자본의 본질을 밝혀내면서 이데올로기적으로 공격하거나, 노동계급을 지지하고 이들의 능력과 잠재력을 배양하려 노력하고 있는가? 그렇지 않으면 사회운동을 길들이려고 시도하며 자본을 신화화하여 혼란을 주고, (아무리 경제적으로 불충분해 보일지라도 국가를 이 운동에 참여시키는 대신) 국가를 자본을 대신하는 도구로 이용하고 있지는 않는가?

결론적으로 쟁점은 좋은 좌파의 정부가 공정한 상태를 이루기 위해 싸우는 데 있지 않다. 볼리바르 혁명이 처음에는 태도의 문제를 가지고 있었다 해도 좋은 좌파로 시작했다는 사실을 기억할 필요가 있다. 최초의 개혁안이 자본주의를 넘어서진 않았지만 실질적인 변화를 이끌어냈다. 이 현상은 마치 혼돈이론과 유사하다. 최초의 작은 변화가 드라마틱한 결과를 낳을 수도 있다.

무엇이 이 드라마틱한 결과를 가져왔는가? 부분적으로는 라틴아메리카 국가들과 전 세계의 많은 나라가 겪는 엄청난 가난과 불평등, 높은 실업률 때문이었다. 또한 부분적으로 베네수엘라에만 국한되지 않는 특권층과 기생적 과두계급의 오만 때문이었다. 이들의 **허약함**을 드러내고 볼리바르 혁명의 운명을 결정한 것은 현실을 바꾸려는 투쟁이었다. 그리고 그 노력은 내용면에서 부르주아-민주주의적인 형식이었다 하더라도 가히 혁명적인 것이었다. 마찬가지로 투쟁에 나설 준비가 된 대중과 이들 대중을 앞으로 이끄는 리더십을 결합한다는 의미에서 혁명적이었다.

상대적으로 짧은 기간 동안 볼리바르 혁명은 먼 길을 걸어왔다. 또한 여전히 많은 문제에 직면하고 있다. 그리고 그 성공은 오직 미제국주의에 대한 투쟁으로 평가받는 것을 넘어, 대안을 제시하는 것을 위협으로 받아들이는 전 세계적 야만에 대한 투쟁의 결과로서 판명될 것이다. 또한 자본주의와 결합한 미디어, 은행, 대농장 등의 국내 과두층에 대항한 싸움을 넘어선다. 내가 주장해온 것처럼 가장 어려운 투쟁은 볼리바르 혁명 내부에 있다. 그것은 볼리바르 혁명을 통해 새롭게 과두층이 되려는 세력과 거기에서 배제된 대중 사이의 간극이다.

이러한 문제는 모든 라틴아메리카가 직면한 도전이다. 그러나 『지금 건설하라』의 결론에서 내가 주장한 것처럼, "현재 진행되는 투쟁은 이전에 이를 겪었던 이들과 앞으로 경험하게 될 사람들 모두에게 영감을 제공한다." 베네수엘라의 예는 전 세계적으로 확산되고 이해되어야 할 것이다. 인간 능력의 계발과 혁명적 실천, 교육과 보건에 대한 투자, 그리고 혁명적 민주주의 국가의 기반이 되는 공동체위원회를 건설하려는 열망은 세계 곳곳의 대중에게 영감을 불어넣는 동시에, 혁명적 리더십의 조건이 태동하는 데 도움을 줄 것이다. 그러나 볼리바르 혁명의 진정한 교훈은 무엇보다 포기하기보다는 전진의 중요성을 일깨우는 혁명적 리더십과 대안을 추구하는 대중 사이의 변증법에 있다.

어떤 이는 이를 포퓰리즘이라고 부를 것이다. 하지만 나는 이들을 정말로 나쁜 좌파라고 부른다.

제2장

예측할 수 없는 베네수엘라

급진적 포퓰리즘과 세계화

스티브 엘너 _박정원 옮김

베네수엘라 정치적 위기의 복잡한 성격은 차베스의 대통령의 연설과 논쟁적 스타일 때문이라기보다는 경제적, 사회적, 대외적 그리고 석유와 관련된 정치로 인해 기인한 바 크다. 이 위기가 독재와 민주주의 사이의 이분법을 반영하고 있다는 단순한 사고를 지속시키기는 대신 이 글은 현재의 상황을 고전적 포퓰리즘, 그리고 신포퓰리즘과 비교하고자 한다. 세계화의 맥락에서 차베스주의의 모순적 성격은 이미 알려져 있다. 세계화를 급진적으로 밀어붙이는 세력은 모든 정치적 측면에서 자유시장을 찬양하는 동시에 이것이 강력하고 거스를 수 없는 대세라고 강조한다. 그리고 현재의 체제는 그렇지 않을 수도 있다는 증가가 될 수 있다. 한편, 정부 여당의 조직적 결함과 반대파의 무능은 오랫동안 위기와 동의어가 된 정치적 환경을 훨씬 더 강화시키는 결과를 가져왔다.

스티브 엘너 Steve Ellner 1977년부터 오리엔트 대학 푸에르토 라크루스 (Universidad de Oriente, Puerto La Cruz)에서 경제사학 교수로 재직해왔다.『게릴라의 실패에서 혁신적 정치로: 민주정 시대(1958-1994) 베네수엘라의 사회주의 운동과 조합주의(De la derrota guerrillera a la política innovadora: Movimiento al Socialismo y El sindicalismo en Venezuela en el contexto democrático)』의 저자이며, 『라틴아메리카 좌파: 아옌데의 추락에서 페레스트로이카로(The Latin American Left: From the Fall of Allende to Perestroika)』의 공동 편집자이다.

* 이 글은 *Nueva Sociedad*, No. 183(2003.1-2)에 실린 글을 옮긴 것이다.

우고 차베스가 권력을 획득하고 베네수엘라에 변화를 가져오기 위해 채택한 전략을 둘러싼 환경은 다양한 측면에서 라틴아메리카 정치사에 있어 비교할 대상이 별로 없다. 장군으로서 출발하여 대통령으로 선출되었지만 차베스의 선거 승리는 예외적이었다. 왜냐하면 급진적 사상을 가진 중간급 지위를 가진 장군이 쿠데타를 이끌었던 예는 별로 없었기 때문이다. 민주체제에 충성을 약속하는 동시에 현존하는 민주주의적 제도를 열정적으로 공격한 라틴아메리카 대통령은 거의 없기 때문이다.

2002년에 벌어진 놀라운 사건들, 특히 4월에 벌어진 일시적인 쿠데타와 12월 2일 시작된 파업은 차베스 현상의 독특하고 예측할 수 없는 성격을 배가시켰다. 이 4월의 쿠데타는 적어도 라틴아메리카에서는 동일한 예가 없었다. 정부의 전복 기도에 참여했던 많은 장군이 이후에는 차베스가 돌아올 자리를 마련했고, 4만 명이나 되는 민중들이 군사지역과 대통령궁을 둘러싸고 리더의 복권을 요구했다. 12월에 시작되어 국가의 주요한 수입원인 석유의 생산을 마비시켰던, 하지만 정부를 무너뜨리지는 못했던 파업과 유사한 예는 없다. 파업의 조직자들은 '차베스 없는 크리스마스'라고 말할 때 계산을 잘못했다. 그럼에도 불구하고 정치적 행위자들만 헷갈린 것은 아니었다. 학자들이나 분석가들은 정치적, 경제적 재난의 결과와 그 직후 차베스에게 출구를 제공한 상황을 비교하기 위해 2001년의 보고서를 사용한다(Weyland, 2001).

이 글에서는 첫 번째로 4월의 쿠데타와 12월에 시작된 파업에 대해 논의하며 갈등을 통해 드러난 구체적인 문제를 밝혀보고자 한다. 그리고 베네수엘라의 정치적 위기가 보여주는 복잡한 양상을 드러내겠다. 필자는 논란을 일으킨 차베스 대통령의 연설이나 스타일과 그것이 가져온 갈등보다는 석유를 비롯한 경제적, 사회적, 대외적 정치와 더 관련이 깊다고 파악한다. 또한 (정부에서 비롯된 것이든 반대파에서 시작되었든) 독재 혹은 '파시즘'과 민주주의 사이의 이분법을 반영하는 베네수엘라 위기에 대한 기존의 단선적인 진단을 극복하고자 한다. 즉, 이 연구는 차베스 현상을 1930년대와 1940년대의 고전적 포퓰리즘, 그리고 알베르토 후지모리(Alberto Fujimori)와 카를로스 메넴(Carlos Menem)으로 대표되는 최근의 네오포퓰리즘과 비교하고 분석할 것이다. 유사한 측면이 존재하지만 차베스주의는 독특한 성격으로 인해 기존의 포퓰리즘과는 그 특징을 달리한다. 포퓰리즘에 대한 에르네스토 라클라우(Ernesto Laclau)의 연구는 예측 불가능성을 그 특징적 요소의 하나로 부각시킨다. 세계화에 대해 논의하는 마지막 부분에서는 차베스주의의 특징을 다시 이야기한다. 모든 정치적 측면에서 세계화 과정에 대한 열렬한 찬성자들은 그 저항할 수 없이 강력한 논리를 내세우면서 자유의지를 박탈했다. 차베스 체제는 세계화는 멈출 수 없다는 논리에 반박할 수 있는 구체적 증거가 된다.

1. 4월의 쿠데타와 차베스주의 운동의 균열

2002년 4월 9일 페드로 카르모나(Pedro Carmona)가 대표로 있는 베네수엘라 연방 상공회의소(Fedecámaras)와 베네수엘라 노동자연합(Confederación de Trabajadores de Venezuela)은 이틀 후부터 무기한 파업을 시작하겠다고 선언했다. 셋째 날 운동의 지도자들은 카라카스 동쪽의 푸디엔테스 구역에서 행진을 시작해 차베스의 사임을 요구하면서 대통령궁으로 향했다. 도시의 중심에 도달했을 때 새로운 희생자를 발생시킨 한 방의 총성이 들려왔다. 반대파는 차베스파의 민병대 그룹에게 잘못을 돌렸고, 대통령의 지지자들은 먼저 발포한 사람은 극좌파의 멤버인데 이들은 반차베스주의자인 카라카스의 시장의 지시로 실행된 것이라는 증거를 제시했다.

군부의 고위 공직자들은 시민들에 대한 진압을 사용할 준비가 되어 있지 않았으며, 혼란이 계속되는 것을 피하기 위해서 차베스에게 권력에서 내려오라고 압력을 가했다. 임시로 대통령에 임명된 카르모나(Pedro Carmona)는 즉시 선출직을 포함한 민주적 제도의 해체를 지시했으며, 민중적이고 민족적인 내용을 담은 법의 집행을 중단시켰다. 게다가 내각을 대부분 기업가들로 채웠다. 이 조치들은 마치 부르봉가가 왕위로 돌아온 것과도 같았다. 그날 밤 저널리스트 출신 정치가이자 당시 한 석간신문의 대표로 있던 테오도로 페트코프(Teodoro Petkoff)는 이 정부를 '플라톤 관료'로 규정했다. 다음날 차베스주의자로 통합된 베네수엘라군대(FFAA) 조직의 '제도주의자' 그룹은 중간급 장교를 기반으로 전국적 군사작전 권한을 취했다. 카르모나는 사임을 요구받았고 이 쿠데타는 역사상 가장 짧은 정부로 기록되었다. 정치 풍자가들은 그 이후부터 카르모나를 '짧은 페드로'라고 부른다.

다수의 분석가들은 반대파의 정치가들과 마찬가지로 쿠데타가 발생한 원인이 대통령의 공격적 스타일과 유연하지 못하고 참을성이 없는 성격 때문이라고 주장했다. 하지만 차베스의 성격이 일정 부분 긴장을 유발했지만, 압도적인 양극화의 뿌리를 확립한 요인은 아니다. 오히려 경제적 측면에 대한 논의가 기업의 이해와 비특권층의 위치를 더 잘 설명해준다. 2001년까지 경제 상황의 악화와 석유 가격의 하락으로 인해 경제적 이슈가 가장 중요해졌다. 차베스 반대파들도 또한 9/11 사태 이후에 더욱 공격적으로 변했다. 차베스는 자신의 입장을 더욱 급진적으로 선회하면서 대응했다. 2001년 11월 오직 하나의 쿠데타에 대해 49개의 법이 공표되었다. 그중에는 석유 생산과정에서 외국 자본

의 통제를 금하고 연료 유기법(Ley Orgánica de Hidrocarburos), 농업 개혁법
(Ley de Tierras), 그리고 기업이 지원하고 생태계를 위협하는 어업 활동보
다 어부들에게 특혜를 주는 조업법(Ley de Pesca)과 같은 장기적인 측면
에서의 개혁도 있었다. 지역 상인들의 목소리가 강한 곳에서는 대통령
의 거수기가 되어버린 의회가 의결한 법을 서둘러 통과시킨 대통령을
비난했다. 이런 방식으로 차베스는 특정한 법에 의해 영향을 받을 분야
에 대해 정부가 미리 논의하고 고려하도록 강제할 것을 규정한 헌법을
위반했다. 비판은 유효했다. 정부는 2년 전 새로운 헌법을 발의하고
찬성을 얻으려고 노력했던 것과는 달리, 여론을 설득하려거나 동의를
받으려는 시도를 하지 않았다. 이러한 전략은 정부가 법에 반대하는
이들에 대응해야 하는 결과를 가져왔다. 그럼에도 불구하고 기업가 그
룹은 민주적 절차를 위반한다거나 공격적 언어를 사용하는 것 때문에
새로운 법에 반대한 것이 아니다. 중요한 것은 법의 내용이었다. 사실상
이들은 차베스가 대통령이 되기 전에도 이와 같은 개혁안들에 반대했던
전력을 갖고 있었다.

　4월에 일어난 사건들은 차베스 찬성파와 반대파 사이에 중도주의
분파가 존재한다는 사실과 함께, 정치경제학이 주요한 역할을 했다는
것을 보여준다. 중도주의자들의 주요한 약점은 신자유주의에 대한 일관
된 입장이 없다는 것이다. 차베스 반대파 가운데 중도파는 (피노체트가
그랬던 것처럼) 민주적 방식을 통하지 않고 신자유주의를 도입하려는 우
파적 기획[1])에 반대했다. 차베스의 여당 내에서는 루이스 미킬레나(Luis
Miquilena)가 중도파를 이끌면서 민영화에 저항하는 차베스 대통령에
반대했다.

----

1) 카르모나 정부의 정책을 의미. ―옮긴이

카르모나 정부의 경제기획은 중도파의 심각한 분열을 대표적으로 보여준다. 내각은 안하무인격으로 엘리트주의자로만 구성되었다. 정부에서는 두 개의 요직을 포함하여 국방부에 특혜를 주었다. 이에 반해 차베스 세력의 중심이었던 군대는 훨씬 더 큰 조직이지만 그에 합당한 대우를 받지 못했다. 4월 12일 카르모나는 영향력이 상당히 감소해버린 기독사회당 코페이(Partido Social Cristiano COPEI)의 우파인 오푸스 데이(Opus Dei) 의장 포함 당 지도부 두 명을 각료로 임명했다. 반면에 베네수엘라 노동자연합을 통제하며 훨씬 비중이 컸던 같은 반차베스주의 당인 민주행동당(Ación Demogrática: AD)은 전혀 고려하지 않았다. 이것으로 볼 때 대중적 지지가 있는 어떤 조직과도 신중하게 거리를 유지하려는 베네수엘라의 우파의 의도가 명백하게 드러난다. 우파는 이를 카를로스 안드레스 페레스(Carlos Andrés Pérez, 1989~1993) 재임 당시의 '교훈'에서 배운 것인데, 신자유주의적인 '충격 효과'로 알려진 반민중적이고 급격한 처방이 정치적 심판을 가져왔기 때문이다. 극단적 신자유주의자들에 따르면 페레스의 '포퓰리스트' 정파(AD)는 자신의 정치경제를 방어하는 대신 지지자들의 등에 칼을 꽂은 것이다(Naím).

부녀 기자인 라파엘 폴레오(Rafael Poleo)와 파트리시아(Patricia Poleo)는 ≪제타(Zeta)≫지를 통해 카르모나 자신이 일부 사업가와 특정한 경제적 이해를 위해 행동한 것이 잘못된 점이라고 지적한다. 실제로 카르모나는 주요 기업 출신 대통령으로서 오래전부터 지녀온 자신의 생각을 실행에 옮겼다. 사실 연방 상공회의소(Fedecámaras)의 회원 30명 이상이 그의 취임식에 참석했다. 카르모나가 채택한 신자유주의 전략은 그 조직의 입장을 채택한 것이다. 게다가 그의 내각은 잘 알려지지 않은 인물 대신 라파엘 칼데라(Rafael Caldera)의 친 신자유주의 정부에서 정책을 추진했고 현재 주요 기관에 속한 인물들을 포함시켰다. 결과적으로

폴레오 부녀는 유능한 지도자가 부족해서라는 진부한 틀로 분석함으로써 카르모나 외에 쿠데타에 연루된 사람들의 책임을 모두 부정하는 결과를 낳았다.

'제도적' 방식으로 차베스를 권력에서 쫓아내려는 또 다른 계획은 4월 11일 사태 6개월 전에 이미 시위를 조직했던 또 다른 위원회에서 있었다. '차베스 없는 차베스주의'로 알려진 이 계획은 대통령을 제거하기 위해 국무장관인 루이스 미킬레나를 지지하는 의원 수에 기대고 있었다. 미국에 근거를 둔 스트랫포(Stratfor) 연구소는 쿠데타가 일어났을 때 미킬레나는 여당 의원 중 23명을 통제하고 있었다고 주장한다. 쿠데타가 일어나고 몇 시간이 지난 후에 미킬레나는 공식적으로 차베스와 관계를 끊었고, 여러 주지사와 지지자들이 뒤를 따랐으며 자신들의 계획을 실천에 옮길 수 있었다. 얼마 후 사회주의당 대통령 후보였다 좌파에 반대하게 된 아메리코 마르틴(Américo Martín)은 미킬레나가 다수의 국민을 대표하는 '정부위원회'를 주재할 것을 제안한다. 카라카스 거리의 저항이 일어난 후 4월 11일의 사건이 절정에 달하면서 차베스 자신은 의회가 후계자를 정하면 사임할 의사가 있음을 밝혔다. 쿠데타의 지도자들은 이 제안을 받아들였다가 갑자기 이를 번복하면서 대통령궁을 공습하겠다는 위협을 가하고 대통령직의 무조건적인 사임을 요구했다. 이렇게 해서 카르모나의 계획을 지지하고 '합법적인' 방식으로 반차베스 운동 목표를 달성할 가능성은 사라지게 된다.

미킬레나가 차베스를 끌어내리려는 계획을 수용할 준비가 되어 있다는 사실은 경제정책 문제에서 제5공화국운동당(Movimiento Quinta República: MVR)의 강경파와의 차이점을 통해 설명할 수 있다. 성공한 사업가 출신인 미킬레라 장관은 MVR의 재정담당으로 1998년 선거 캠페인을 위한 모금을 위해 재정 분야에서 광범위한 네트워크를 활용했다. 차베스가 대선에서 승리하자 그는 내무성 장관으로 임명되었고, 이후 그는 이론상 내각에서 가장 강력한 인물이 되었다. 이런 상황에서 미킬레나의 중도파와 즉각적인 급진 개혁에 찬성하는 강경파 사이에 균열이 나타나기 시작했다. 예를 들어, '볼리바르 헌법'을 작성할 당시 미킬레나가 주 노동시간을 44시간에서 40시간으로 줄이려는 강경 좌파의 시도는 막았으나, 대신 강경파들은 사회보장과 석유산업에서 민간 영역의 역할을 제한하는 조치를 요구했다.

2000년 8월 새로운 의회(국회)의 회기가 시작되자 미킬레나를 따르는 의원들은 일련의 의제를 두고 강경 좌파와 갈등하게 되었다. 미킬레나의 오른팔인 알레한드로 아르마스(Alejandro Armas)는 전 대통령 칼데라가 서명한 신자유주의적 민영화의 틀에서 약간 벗어나는 사회보장법을 만들었다. 이제는 의회의 일원이 된 좌파 노동조합주의자들은 아르마스의 안을 거부했고 자신들의 초안을 정초했는데, 정부 운영 연금 기금에 사적 자본은 자발적인 보충만 가능한 것이었다. 좌파는 여러 차례 아르마스가 매우 밀접한 관계가 있는 재정위원회 대표자와 내통하고 있다고 지적했다. 합의에 도달하지 못해서 의회는 여러 회기 동안 이 안건에 대한 최종 결정을 연기했다(Ellner, 2003a).

강경파와 중도파 의원들 사이의 갈등은 2001년 말 심각한 상황에 이른다. 중도파는 야당에 양보하면서 12월 10일 파업의 중단을 시도했다. 아르마스와 다른 미킬레나파 의원들은 야당이 충분한 고려 과정 없이 결정되었다고 주장하는 49개 법안의 수정을 제안한다. 야당의 반대를 누그러뜨리기 위한 또 다른 사항으로 미킬레나는 베네수엘라가 '범죄집단'을 게릴라로 파악하면서 콜롬비아에서 벌어지는 무장 갈등에 대해 지키던 중립적 태도를 포기하는 것에 대해 찬성했다. 그러나 차베스는 이와 반대로 중도파를 야당과 야합했다고 비난하는 강경파의 편에 섰다. 2002년 1월, 여든 세 살의 미킬레나는 내무장관직을 사임했다. 그와 더불어 5공화국운동당에서 그의 동지들이 사임한 것은 4월 11일 쿠데타를 위한 길을 준비하는 계기가 되었다. 그뿐 아니라 그해 후반기의 파업에서 명백히 나타나듯이 차베스주의 운동을 더욱 급진적으로 이끌었다.

2. 12~1월에 걸친 파업: 계급분화가 전면으로

12월 2일 시작된 파업에 대해 베네수엘라 국민들의 태도는 마르크스가 이미 지적했듯이 의심할 여지없이 계급에 따라 차이가 있었다. 도시 중심과 빈곤층은 빠르게 정상 상태로 되돌아간 반면, 주요 도시의 기득권 지역에서는 매일 저녁 8시만 되면 냄비를 두드리며 파업을 열렬히 지지했다. 12월 10일이 되자 야당은 파업을 '적극적 투쟁'으로 전환하자고 말하며 거리로 나설 것을 주문한다. 얼마 지나지 않아 석유 정련소에서 믿을 수 없는 광경이 벌어진다. 중산층은 노동자의 진입을 방해하면서 이들을 '파업 방해꾼'으로 불렀다. 정부에 반대하는 시위는 오직 차베스에 대한 반대로 향했고 그를 '암살자' 혹은 피델 카스트로(Fidel Castro)와의 우정을 암시하면서 차베스를 '악마'로 지목했다. 베네수엘라는 폭력에 일반화되기 직전의 상황을 맞이했다. 12월 6일 차베스 반대파 거주 지구에서 세 명이 암살되었다.

대통령은 1999년에 헌법을 만들 때와 마찬가지로 8월에 국민투표를 실시할 의사가 있음을 밝혔다. 차베스가 승진 명단에 자신의 추종자를 넣는 방식으로 군대의 지배권을 강화할 것이므로 야당 지도자들은 그때까지 기다려줄 수 없다고 밝혔다. 정부 지지자들은 진짜 이유는 야당이 차베스가 1월 1일 전에 물러나도록 하려는 의도였다고 말한다. 그날은 브라질의 룰라 다 시우바(Lula da Silva)의 임기가 시작하는 날로 에콰도르 좌파인 루시오 구티에레스(Lucio Gutiérrez)의 승리와 함께 차베스주의를 강화시키고 있었다. 현재 아메리카 대륙의 상당히 많은 좌파들이 공유하고 있듯이 이들은 사회주의와 같은 급진적 시각을 드러내기에 앞서 신자유주의에 대한 반대를 의제의 맨 앞에 놓았다(Harnecker, 1999). 차베스와 룰라는 모두 신자유주의가 진단하는 것처럼 정부의 역할을 포기하는 대신에 사회정의와 경제 발전을 위해 경제 분야에서 정부의 역할이 크다는 점을 강조한다.

긴급함에 대한 야당의 이러한 대응이 현실의 한 부분을 구성한다. 가장 결정적인 문제는 요구 사항이나 대안을 제시하지 못하고 국가의 수장을 공격하는 데에만 골몰하여 시간이 지남에 따라 약화되는 야당의 본질적 불안함이었다. 차베스가 선출되기 전 이십 년 동안 경제의 쇠퇴와 고삐 풀린 부패로 인해 야당은 신뢰를 잃어가고 있었다. 2002년이 시작되면서 미디어와 연방 상공회의소 그리고 베네수엘라 노동자연합은 당들을 움직여서 결과적으로는 야당이 신뢰를 잃어버리게 만드는 역할을 맡게 되었다. 기업들과 베네수엘라 노동자연합과의 공동전선은 특히 정부에 반대하는 이들 사이에서 큰 비판을 받았다. 사실상 4월의 쿠데타와 12~1월에 걸친 파업이 실패한 결과, 야당의 지도자들은 차베스에 대한 반대 투쟁을 이끌어야 하는 이들은 바로 자신들이지, 그 역할을 맡을 준비가 안 된 사업가들이나 노조, 미디어 지도자들이 아니라는 결론에 이르게 된다.

3. 차베스 포퓰리즘: 고전적 포퓰리즘과 신포퓰리즘

다양한 측면을 고려할 때, 현재 베네수엘라의 급진적 포퓰리즘은 후안 도밍고 페론(Juan Domingo Perón)이나 심지어 1930년과 1940년대 베네수엘라의 로물로 베탕쿠르(Rómulo Bentancourt)의 고전적 예를 떠올리게 한다(Vivas, 1999: 105). 이런 의미에서 특히 고전적 포퓰리즘의 두 가지 특징을 강조한다. 기존 체제를 뒤흔드는 것(antiestablecimiento)이 그 하나이고 다른 하나는 소외된 영역을 정치적 시스템으로 포함하고 이들에게 공정한 대우를 해주려는 시도이다. 고전적 포퓰리스트들은 한편으로 비특권층, 특히 노동계급에 유리한 사회정책과 수입 대체를 포함한 국가의 경제 개입 정책을 개발했다. 어떤 학자들은 고전적 포퓰리즘을 라틴아메리카의 역사적 발전 단계와 연관되기 때문에 그것이 다시 나타나는 것은 불가능하다고 주장하지만(Ianni, 1975), 다른 이들은 이 운동의 특수성을 부정한다(Laclau, 1980). 또 다른 사람들은 고전적 포퓰리즘과는 완전히 다른 후지모리나 메넴과 관련된 1990년대의 '신포퓰리즘'의 특수한 성격을 강조한다. 신포퓰리즘 정부를 가능하게 한 사회적 기반은 조직된 노동계급과는 반대로 비공식 경제에 속하는 이들에 의해서 형성된다. 게다가, 이 체제는 예를 들면 고전적 틀에서 볼 수 있는 국가의 개입과 수입대체 모델에 반대하여 신자유주의 정치를 실행에 옮겼다. 기예르모 오도넬(Guillermo O'Donnell)은—그 자신이 파견 민주주의(democracias delegativas)라고 명명한 틀을 통해—신포퓰리즘의 체제의 특징을 강조했는데, 이러한 점은 또한 차베스 정부와 공통점을 지닌다. 대통령 리더의 카리스마, 행정명령의 반복적 시행, 기존 정당체제에 반대하는 수사학, 메시아적 담론을 포함하는 '초대통령주의(hiperpresidencialismo)' 등이 그것이다. 하지만 주목할 만한 유사성에도 불구하고, 일련의 정치환경적 측면에서 차베스가 주도한 운동과 정부는 근본적으로 고전적 포퓰리즘과 라틴아메리카의 신포퓰리즘과는 다르다(Ellner, 2003b). 가장 눈에 띄는 특징은 다음과 같다.

① (MVR의 선구격인) '볼리바르 혁명운동-200(Movimiento Bolivariano Revolucionario 200)'은 그 시작부터 시민과 군부의 운동을 결합하려는 하위 장교들에 의해 조직되었다. 군인들은 MVR과 정부에서 요직을 차지하고 있었다. ② 차베스 정부의 첫해는 군부, 특히 군부 조직의 중간층에 상당 부분을 기대고 있었다. 2000년 초반 군부의 '정치화'에 대한 프란시스코 아리아스 카르데나스(Francisco Arias Cárdenas)의 비판은 고급 간부들의 호응을 얻었고 그 결과 이 기관은 양극화되기 시작했다. ③ 대통령은 선거에서 소외된 국민들의 지지를 얻었는데, 특히 조합에 가입되지 않은 노동자들 사이에서 인기가 높았다. 그의 운동은 숙련된 노동조합 지도자와의 연결고리가 없었다. 집권 초기 찬성과 반대로 확실히 나뉘던 중산층은 이후 점점 더 차베스를 지지하게 되었다. ④ 애국파(Gran Polo Patriótico: GPP)는 선거 동안만 활동했던 일시적인 동맹이었으며 가장 큰 정당인 MVR은 조직적이지도 이데올로기적이지도 않았다. ⑤ 주요한 야당들은 1998년 12월 선거에서 크게 지면서 활력을 상실했다. ⑥ 정부는 제3세계 국가 블록을 재결성하면서 대외적으로 활발하고 독립적인 정치를 펼쳤다. ⑦ 차베스는 반공산주의 수사학을 피했으며 그의 태도는 당의 수뇌부에 다양한 좌파를 포함했다. ⑧ 그의 연설은 비특권 계층이 겪는 어려운 상황을 강조했으며, 이는 가난한 이들과 엘리트들 사이의 제로섬 게임 상황을 제공했다. ⑨ 차베스는 최초에 채택했던 국가 중심 경제 모델을 포기했고, 이론상으로 보수적 재정정책을 지속하면서 민영화를 수용한다. 그러나 시장에 대한 맹목적

신뢰를 보여주는 신자유주의를 채택하는 대신에 차베스의 정부는 사적 자본을 위한 일정한 국민적 목표를 설정했으며 민영화를 자제했다. ⑩ 차베스는 자신의 지지자들에게 그의 의제에는 경제 구조에 심대한 변화가 고려되었다고 암시하면서 급진적 제도 개혁을 위한 또 다른 전투가 있을 것이라고 말했다.

지금까지 언급한 성격은 차베스주의가 대의제 민주주의, 신포퓰리즘, 고전적 포퓰리즘 운동으로부터 얼마나 멀리 떨어져왔는가를 보여준다. ①, ⑥, ⑦, ⑧, ⑨, ⑩번째 특징은 대의제 민주주의와 다른 중요한 차이점을 보여주며, ①, ④, ⑤, ⑦번째 특징 자체는 고전적 포퓰리즘과 관련이 있다. 따라서 차베스주의는 신포퓰리즘이나 대의제 민주주의보다 1930년대 1940년대의 고전적 포퓰리즘과 더 닮아 있다. 고전적 포퓰리즘은 특권이 없는 분야를 위한 정치적 제도를 열었는데, 첫째는 노동조합의 창설을 지원했고 이후에는 노조 지도자가 의사결정 과정에 항상적으로 접근할 수 있는 신조합주의적 구조를 만들었다. 유사한 방식으로 차베스주의는 (제헌의회의 주요한 목적인) '참여민주주의'를 통해 참여의 확장을 시도했다.

사회적 충돌(⑧번 항목), 반신자유주의적 입장(⑨번째 항목) 그리고 독립적인 외교(⑥번 항목)와 이를 고양시키는 측면에서, 차베스주의는 근본적으로 대의제 민주주의와 신포퓰리즘과는 다른 성격을 보여준다. 동시에 라틴아메리카의 대의제 민주주의와 신포퓰리즘 운동과 마찬가지로 이 운동은 '민중'과의 특별한 관계 속에서, 특별히 조직되지 않은 영역(⑧번 항목)에 주목한다. 이는 많은 경우 기존의 정치조직을 생략하고 민중에게 정당성을 부여하는 주요한 원천으로 기능한다.

현재 베네수엘라의 정당체계는 고전적 포퓰리즘의 전성기에 존재했던 것과는 매우 다르다. 고전적 포퓰리스트들은 노동조합 및 다른 조직(③번 항목)과 긴밀하게 연결된 수직적으로 구조화된 정당(④번 항목)을 구축하는 데 전문가들이었다. 그의 적들 역시 잘 조직되어 있었고 나중에는 포퓰리즘 정부(②번과 ⑤번 항목)를 무너뜨린 군부의 지원을 받고 있었다. 고전적 포퓰리스트들과 반대자들 모두 대규모의 군중을 동원하고 구체적인 요구와 비판을 위해 거리로 나설 역량이 있었다. 고전적 포퓰리즘은 조합운동 내부에서 조직의 단결을 강화하면서 정당과 결합되었다면, MVR에서 진행된 우발적인 결합은 당의 의견을 결정하는 데 있어 적극적이고 공식적 지위를 얻어내지 못했다. 차베스주의 조직은 무엇보다 공식 혹은 비공식 경제에서 조직되지 않은 노동자들, 따라서 노동조합에서의 조직적 경험이 부재한 이들로부터의 높은 지지에 바탕을 두고 있었다. 군대의 중요한 분파로부터의 지원과 야당에 대한 불신이 차베스와 연합한 지지기반의 불안정성을 부분적으로 보완해주었다. (토지점유운동과 같은) 차베스가 추진한 많은 운동은 정치적으로 통제가 잘되지 않았다. 정부에 대한 지지를 표명하다가 한 순간에 그 권위를 무너뜨릴 수도 있었다. 이런 측면에서 최종 결과로 놓고 볼 때, 차베스주의는 급진적 포퓰리즘이 그 절정에 달할 때보다 훨씬 불안정했다고 할 수 있다.

포퓰리즘에 대한 저명한 연구에서 라클라우(Laclau, 1980)는 이 운동이 근본적으로 예측 불가능하다는 것을 그 본질로 내세운다. 포퓰리즘과 발흥하는 자본주의 모두가 과두층에 반대하는 힘을 갖고 있지만 이 둘 사이의 자동적 연관성은 거부한다(Ianni, 1975). 그리고 포퓰리즘의 '이데올로기 담론'에 대한 분석이 이 운동의 방향을 연구하는 데 핵심적이라고 주장했다. 포퓰리즘 운동의 혁명적 잠재력을 보여주기 위해서 라클라우는 그 지도자들이 특권으로부터 배제되고 권력이나 영향력이 부족한 사람들을 조종한다는 개념을 반박하는 입장을 취한다(Germani, 1962). 어떤 학자들은 일반적으로 라클라우의 이론을 받아들이면서도 동시에 그 담론에 대한 강조를 비판한다. 포퓰리즘의 장기적 경향은 계급의 구조와 내부 조직, 정책과 행위에 대한 결과인데, 이는 계급의 지지를 결정하고 반영한다고 주장한다. 일례로서 라비(Raby, 2002)는 1950년대 카스트로가 이끌었던 쿠바 포퓰리즘 운동의 사회주의적 결과는 민중의 자발적 에너지, 특히 배제된 영역과의 결합으로 인한 것이었다고 지적한다. 사실 이러한 방향은 기본적으로 민중 문화를 간과하고 그들의 감정을 해석할 능력이 부족했던 쿠바 공산당의 도그마적 경향과는 대비되는 것이었다. 간단히 말하면 포퓰리즘 운동은 민중 문화를 관통하는 대단한 능력을 가지고 있는데, 왜냐하면 어떤 고정되고 확정된 원리와 연결되지 않기 때문이다. 이러한 이데올로기적 모호성으로 인해 장기적으로 그것의 방향성을 예측하기는 쉽지 않다. 이 이론은 특히 차베스주의에 적용된다. 단지 이데올로기적 정의가 부족해서가 아니라, 하나의 역동적 조직이기 때문이다.

차베스주의의 미래를 불확정적으로 만드는 이런 모순에 대한 한 가지 예는 민주주의 심화에 대한 약속에서 나온다. 한편으로 헌법은 1958년 민주주의가 시작되면서 취했던 신조합주의적 제도에 대한 수정으로서 직접적 참여를 보장하는 새로운 메커니즘을 정착시킨다. 다른 측면으로는, 당과 국가에서 군부에 특별한 역할을 부여하는 것, 즉 새로운 헌장에서 군대에 자치권을 보장하는 것은 앞서 언급된 노력에 반한다. 더욱이, 차베스의 운동은 심지어 1992년 쿠데타 시도 이후에 공적인 존재를 드러낸 후에도 내부적 민주주의에 대한 씨앗을 뿌려놓지 않았다. 1997년부터 2000년 말까지 선거 과정에서 그가 속한 당은 매우 수직적인 구조를 유지했으며, 내부 선거와 조직의 여러 개혁을 연기하는 것처럼 보였다(López Maya, 2003).

　그럼에도 불구하고, 차베스주의의 특별한 몇 가지 성격은 근본적 변화를 예고한다. 담론 이외에도 장기적 방향에서의 변화에 대한 잠재력은 운동의 기원과 그 정책적 그리고 주요 행위자들의 역할에 대한 시험에 의해 추측할 수 있다. 군부의 엘리트가 아닌 구성원들의 관계 맺기를 통해 구성된 10년간(1982~1992)의 운동의 형성 기간, 그리고 1992년 이전과 이후의 좌파적 시민과의 연계, 그리고 대중운동의 성숙은 그 급진적 잠재력의 증거를 보여준다. 장기적 성과의 변화를 이끄는 다른 부차적인 요인으로는 제헌의회가 만든 제도적 변화와 독립적 대외 정책, 석유수출국기구(OPEC)에 관한 입장, 그리고 신자유주의 경제정치에 대한 대안 구축을 포함하고 있다.

　대통령으로서 차베스가 해야 할 주요한 과제는 새로운 제도와 조직을 구성하는 것이었다. 전자에 관해서는 저명한 베버의 이론에 따르면 카리스마에 기댄 권위는 자기 자신을 무제한적으로 지탱하지 못하는데, 이는 제헌의회를 제안한 것처럼 새로운 규율을 가진 제도적 환경을 만들 필요성을 의미한다. 그러나 건물을 짓는 것은 단지 도전의 절반인 셈이다. 이 단계에서 차베스를 지탱하는 약한 조직은 차베스주의의 아킬레스의 건과 같았다. 강력한 조직이 없다면 그 약속을 지키는 것과 관계없이, 운동의 지도자들이 야심차게 내세운 장기적인 목표를 이룩하기 어렵다. 차베스가 군부의 상징적 지원을 유지하고 조직적 통합을 달성한다면, 구조적인 변화를 모색하려는 시도는 진정한 가능성으로 변할 것이다.

4. 세계화 맥락에서 차베스의 정부

차베스 정부는 1980년대 페루의 알란 가르시아(Alan Garcia) 정부 이래로 미국을 위시한 '새로운 세계 질서'에서 강대국에 대항하는 것을 기치로 내걸고 선거에 당선된 라틴아메리카 국가의 첫 번째 수장이었다. 집권 기간 동안 독립적인 대외정책을 이어 나갔고 국가의 장기적 측면에서 변화를 제시한 유일한 대통령이었다. 이런 의미에서 차베스는 세계화 시대로부터 변화를 추구하는 시도의 한계를 논의하는 데 유용하다. 가르시아와 마찬가지로 세계화에 반대하고 미국으로부터 강력한 비판을 받았지만, 반대로 가르시아와는 달리 차베스는 국내의 경제 그룹과 마찰을 빚어왔다. 가르시아는 정치전선에서뿐 아니라 경제 영역에서 성공을 거두었으나 이후 불행하게도 경제 상황의 악화로 실패로 돌아간다. 유사한 형식으로 차베스는 정치적으로 좋은 첫발을 내딛었고 심지어 첫 번째 선거 승리였던 2000년의 더 나은 결과를 가졌지만, 그 이후로 그의 인기는 상당한 정도로 하락하게 되었다.

정치 영역에서뿐 아니라 학문에서도 상당수의 비판이 세계화가 보여주는 '근본적 테제'의 논리를 반영하고 있다. 세계화 이론에 의하면 자본의 초국적 구조는 국가와 국민주권을 상당한 정도로 침식시킨다. 처음부터 차베스의 정치적 적들은 그의 정치를 '철지난 구식'이라고 간주하면서 차베스가 불러올 정치적 재앙을 예고했다. 이들의 논리는 명백하면서도 내재적으로 드러났다. 어떤 대통령도 국제적인 강대국들에 도전하거나 이 질서에서 벗어날 수는 없었다(Quirós Corradi, 1998: 187; 1999: 291~296). 빌 클린턴 재임 시에는 미 국무성이 때때로 거친 코멘트를 하기도 했지만 워싱턴은 차베스에 대해 상대적으로 수동적인 자세를 취했다. 분석가들에게는 정치적 입장과 담론 측면에서 차베스의 좌파적 태도를 고려한다면 이러한 방식은 주목할 만한 것이었다(Gott, 2000: 228). '급진적' 세계화주의자들은 세계화의 논리에 대한 이러한 태도를 설명한다. 그들에 의하면 미국은 지구적 명령에 의해 차베스가 입장을 바꾸거나 파산에 직면하게 될 것이라고 믿었다. 세계화로 인해 미국은 과거보다 민주주의에 대한 균일한 잣대를 요구하게 되었는데, 이러한 이유로 대통령이 인기를 누리는 동안 피노체트의 경우와 같은 사건이 반복되는 것을 원치 않았다.[2] 따라서 워싱턴은 두 가지 시나리오를 예상했다. 차베스가 자신의 입장을 '수정'하거나 아니면 그것을 집요하게 유지하는 것이다. 후자의 경우 경제가 위축되고 그의 인기가 크게 하락하면서 미국과의 협력을 통해, 혹은 협력 없이도 결국에는 실각한다는 것이다(Romero, 2000).

극좌파들의 경우 차베스 현상을 내용이 담겨 있지 않은 단순한 좌파적 수사로 평가한다. 차베스주의 운동의 목적에 대한-그리고 완전한 혁명이 아닌 다른 것들에 대한-이들의 회의적 태도는 '새로운 지구적 질서'에 성공적으로 도전하는 것이 사실상 불가능한 '급진주의자'들의 결정론적 시각을 반영한다. 좌익 게릴라 출신에서 신자유주의자로 변신한 테오도로 페트코프(Teodoro Petkoff)는 차베스가 좌파의 입장에 반대하고 이전 대통령인 페레스와 칼데라가 걸었던 신자유주의를 채택했다고 주장한다. 그는 사회보장 시스템과 실업급여와 같이 칼데라 행정부가 계획했던 구체적 신자유주의적 정책을 차베스 정부가 받아들인 점을 근거로 제시한다. 페트코프는 차베스가 "모든 혁명적 사고를 부정하고

---

2) 과거 미국 정부는 선거를 통해 당선된 칠레의 살바도르 아옌데(Salvador Allende) 정부를 무력 쿠데타를 통해 전복시키는 과정에서 피노체트를 비롯한 칠레 군부와 공모했다는 비판을 받아왔다. ―옮긴이

마르크스를 다시 무덤으로 되돌려 버렸다"는 결론을 내린다(Petkoff, 2001a; 2001b; 2001c). 페트코프의 옛 동지인 전설적인 더글라스 브라보(Douglas Bravo)는 마찬가지로 차베스주의 운동의 방향에 대해 비관적이었다. 그의 주장은 차베스가 약속했으나 끝내는 달성하지 못한 혁명계획의 리스트 같았다. 그 리스트는 1992년 실패한 쿠데타에서 대중의 반란을 위해 민중에게 무기를 나누어주겠다는 약속을 거부한 차베스 대통령으로부터 시작된다. 브라보는 차베스가 일련의 선험적인 문제에서 후퇴한 것은 그가 '세계화를 수용'했다는 것을 보여준다고 결론짓는다(Bravo, 1999: 30~34). 차베스가 자신의 지향을 버리고 후퇴한 것이라는 페트코프와 브라보의 주장은 세계화이론이 반세계화를 지향하는 정부가 권력을 유지하는 유일한 방법은 '새로운 세계 질서'의 명령을 따르고 자신의 지위를 포기하는 것이라고 주장할 때 세계화의 급진적 이론과 완전히 일치한다. 그러나 차베스에 관한 페트코프와 브라보의 수정된 입장은 오직 역사의 한 부분만을 설명하고 있다. 차베스의 담론은 세계화 과정에서 부의 불평등한 분배를 강조하면서, '새로운 세계 질서'에 반대하는 구체적 정책과 행위를 의미한다. 그가 해외 순방 시에 자주 사용되는 '다극적인 세계'라는 슬로건은 그의 반대자들이 주장하듯이 공허하거나 혼란스러운 수사 이상의 것이다. 비록 명확하지는 않지만 이런 측면에서 다극적인 모델은 미국의 주도권에 반대하는 목표를 가진다.

차베스는 다극적 세계가 국가들의 블록으로 구성되며 베네수엘라는 그중의 두 개에 속할 것이라고 밝혔다. 그것은 OPEC과 라틴아메리카 국가의 공동체이다. 대통령직에 오른 이후 차베스는 OPEC 회원국들을 설득하여 석유 생산량을 결정하고 석유가격이 배럴당 22달러에서 28달러 사이에서 변동하는 그룹 시스템을 구축하는 데 중요한 역할을 담당했다. 석유 가격을 책정하고 안정화하려는 목적은 다른 어떤 고려사항보다도 세계 경제에 커다란 영향력을 갖게 된다. 그럼에도 불구하고 다른 나라들은 베네수엘라의 이러한 전략을 잘못 해석했다. 예를 들어, 시스템을 위한 지지를 호소하기 위해 차베스는 2000년 9월 이 조직의 두 번째 정상회의 기념식이 열리기 전에 10개 회원국을 순방했다. 미국 국무성과 베네수엘라 야당은 그가 국제 테러리즘과 연관되어 있지 않더라도 '아랍 행동'을 통해 연대를 외친 이라크와 리비아 방문을 비판했다. 차베스가 일정에 들어 있는 이 두 나라를 방문하지 않았더라면 OPEC의 통일성은 심각하게 도전받았을 것이다. 유사한 방식으로 반대파의 비판에도 불구하고 9/11의 테러리즘 공격 이후에 미국이 중동의 회원국에 대한 폭격 시도에 반대하는 그의 주장은 이 조직의 유대에 커다란 공헌을 했다.

9/11 사건에 대한 정부의 입장을 밝히는 의회연설에서 차베스는 OPEC의 단결과 라틴아메리카의 통합이 국민주권을 강화할 것이라고 강조했다. 이 연설에서 그는 "누군가 인류가 '역사의 종말'에 다다랐고 국민주권은 더 이상 의미가 없다고 주장했다"고 말하면서 프란시스 후쿠야마(Francis Fukuyama)의 '급진적' 세계화를 암시했다(Chávez, 2001). 또한 국민주권에 대한 수호를 지역 통합(Cardoso, 2001)으로 바라보는 그의 비전은 세계화의 급진적 테제에 정면으로 반대하는 것이기도 했다. 그에 의하면 인접한 국가와의 합의야말로 국경의 제거를 향한 한 걸음의 전진이었다. 이를 지지한 차베스와 여당은 특히 군부의 존재 이유를 주권의 수호로 제시한다. 차베스주의자들 중 많은 이들이 냉전의 종식과 함께 워싱턴은 점차적으로 라틴아메리카 군대를 없애고 이를 범죄(특히, 마약조직)에 대항하는 경찰력으로 바꾸고 공공질서를 유지하는 방향으로 나아가길 선호한다는 것으로 이해했다. 이들이 느꼈던 공

포는 급진적 세계화가 주권 침식을 의미하며 군부가 불필요한 조직으로 바뀌는 것을 의미한다. 예를 들자면, 1992년 쿠데타 시도를 이끈 반대파 대장인 에르난 구뤼버 오드레만(Hernán Grüber Odremán)은 세계화가 "우리를 새로운 식민지의 단계로 인도하는 속임수"와 같다고 말했다 (Grüber Odremán, 1999: 41). 여기에서 속임수는 미국이 1989년 파나마를 침공했을 때처럼 군대의 폐지를 의미한다.

마지막으로 대외정책이나 군부의 역할 변화보다도 차베스의 경제정책이 베네수엘라가 세계화가 강제하는 제한을 극복할 것인가 혹은 극복하지 못할 것인가를 결정할 것이다. 차베스는 입으로는 신자유주의를 반대한다고는 했지만, 아직 이를 대체할 새로운 경제 전략을 만들어내지 못했다. 이로 인한 구체성의 부족은 좌익 반대파나 페트코프와 같은 기존 좌파가 주장하는 것처럼 대통령이 강력한 경제적, 정치적 세력과 화해했음을 의미하는 것은 아니다. 실제로 구체적 정책과 행위는 오히려 차베스가 좌파의 옷을 입은 신자유주의자라는 주장을 부정한다. 그의 전임자들처럼 대규모 국영기업을 민영화하지 않았으며, 그 대신 국가의 이익에 합치되는 방향으로 중요한 알루미늄의 판매 조건을 정했다. 또한 민간 자본이 포함된 모든 기업체에서 국가가 소유한 자산의 대부분을 유지하면서 석유산업의 부분적 민영화를 뒤로 늦추었다. 경제와 관련된 정부의 모든 정책과 실천을 고려할 때 진정한 '제3의 길'을 설계하려는 것은 분명했다. 경제활동에 대한 국가적 통제를 피하고 신자유주의 공식을 분명히 거부하는 것인데 이는 신자유주의 시대의 민족주의 체제를 위한 실질적 노력이다(Buxton, 2003).

차베스는 2002년을 기점으로 모든 미디어를 통해서 그를 권력에서 쫓아내기 위해 공격적으로 움직이는 강한 적들에 직면한다. 과도한 수사와 중산층으로부터 유리되는 면에서 그와 운동이 저지른 실수는 반대파를 돕는 결과를 가져왔다. 정치 분석가들은 파국을 피할 방법을 찾기 위해 차베스 전략의 약점과 실수를 객관적으로 연구해야 한다. 이를 통해 세계화가 가져온 모델을 회피하면 그 결과로 경제가 어려움을 겪을 것이고, 이로 인해 권력을 이끄는 사람들이 자신의 정책을 포기하거나 축출되는 것 사이에서 선택을 해야 한다는 사고가 잘못된 것임을 밝혀낼 필요가 있다.

참고문헌

Bravo, Douglas. 1999. "Chávez es un hombre inteligente, audaz, conversador, carismático." en Alberto Garrido(entrevistador). *Guerrilla y conspiración militar en Venezuela.* Caracas: Fondo Editorial Nacional José Agustín Catalá, pp.5~40.

Buxton, Julia. 2003. "Política económica y ascenso de Hugo Chávez al poder." en Steve Ellner y Daniel Hellinger(eds.). *La política venezolana en la época de Chávez: clase, polarización y conflicto.* Caracas: Nueva Sociedad.

Cardozo, Elsa. 2001. "La administración Chávez y su proyecto continental de política exterior." ponencia presentada al congreso de la Latin American Studies Association, Washington, D.C., septiembre de 2001.

Chávez, Hugo. 2001. "Cadena de televisión y radio." 28 de septiembre de 2001.

Ellner, Steve. 2003a. "El sindicalismo frente al desafío del Chavismo." en Steve Ellner y Daniel Hellinger(eds.). *La política venezolana en la época de Chávez: clase, polarización y conflicto.* Caracas: Nueva Sociedad.

_____. 2003b. "The Contrasting Variants of the Populism of Hugo Chávez and Alberto Fuji-mori." *Journal of Latin American Studies,* 2/2003.

Germani, Gino. 1962. *Política y sociedad en una época de transición.* Buenos Aires: Paidós.

Gott, Richard. 2000. *In the Shadow of the Liberator: Hugo Chávez and the Transformation of Venezuela.* Londres: Verso.

Grüber Odremán, Hernán. 1999. *Mi voz en la prensa.* Caracas: Fondo Editorial Nacional.

Harnecker, Marta. 1999. *Haciendo posible lo imposible: la izquierda en el umbral del siglo XXI.*

Ianni, Octavio. 1975. *A Formação do Estado Populista na America Latina. .* Río de Janeiro: Civilização Brasileira.

Laclau, Ernesto. 1980. *Política e ideología en la teoría marxista*. México: Siglo XXI.

López Maya, Margarita. 2003. "Hugo Chávez Frías, su movimiento y presidencia." en Steve Ellner y Daniel Hellinger(eds.). *La política venezolana en la época de Chávez: clase, polarización y conflicto*. Caracas: Nueva Sociedad.

Naím, Moisés. 1993. *Paper Tigers and Minotaurs: The Politics of Venezuela's Economic Reforms*. Washington, D.C.: Carnegie Endowment for International Peace.

Petkoff, Teodoro. 2001a. "Hugo el calderista." *Teodoro en tierra*, 30/9/2001.

_____. 2001b. "Prólogo." *Américo Martín: América y Fidel Castro*, 3ª ed. Caracas: Panapo, pp.11~18.

_____. 2001c. "Una línea, tal cual, de vida." en <www.producto.com.ve/211/notas/medios.html>, abril, 2001.

Quirós Corradi, Alberto. 1998. "¿Un receso para la democracia?" *El Texto*. Caracas.

_____. 1999. "La cultura de lo obsoleto." *El Texto*. Caracas.

Raby, David L. 1999. "Populismo, movimiento popular y revolución en América Latina: el caso de Jorge Eliécer Gaitán." *Debate Abierto*, N° 12, 12/1999, pp.87~96.

Revista Zeta, N° 1.363, 25/6-6/5/2002, p.14.

Romero, Aníbal. 2000. "La política de Washington ante Hugo Chávez." *Venezuela Analítica*, 2/2000.

Vivas, Leonardo. 1999. *Chávez: la última revolución del siglo XX*. Caracas: Planeta.

Weyland, Kurt. 2001. "Will Chávez Lose his Luster?" *Foreign Affairs*, 11-12/2001.

제3장

2012년 10월 7일 대통령선거와
라틴아메리카 민주주의에 관한 논쟁

마르가리타 로페스 마야 · 루이스 란데르 _성유진 옮김

2012년 새로운 국가의 모델인 '코뮨 국가'를 표방하며 후보로 나섰던 차베스의 마지막 대통령선거는 자유선거와 비밀선거가 보장되었지만, 정당과 후보들 사이에 평등의 원칙이 유지되었는가에 대한 의문이 제기될 수 있다. 이 글은 베네수엘라에서 선거와 민주주의의 함수관계를 조명한다. 집권 이후 권력은 점점 더 정부, 특히 차베스 자신에게로 집중되었으며 이는 선거 과정에도 직·간접적으로 반영되었다. 그러므로 차베스 정부가 실천에 옮긴 사회변화 프로그램과 급진 정치의 가치는 일정 정도 인정하는 한편, 이를 실천하는 과정에서 '민주주의를 민주화'하는 노력과 제도적 장치가 수반되어야 한다.

마르가리타 로페스 마야 Margarita López Maya 베네수엘라 중앙대학 (Universidad Central de Venezuela) 교수로 주요 연구 분야는 베네수엘라 현대 역사와 사회정치과정이다.
루이스 란데르 Luis E. Lander 베네수엘라 중앙대학교(Universidad Central de Venezuela) 교수로 사회과학 전공이다.

* 이 글은 2012년 11월 6-9일 멕시코시티에서 열린 '시민, 민중조직, 정치적 대변(Ciudadanía, organizaciones populares y representación política)' GLASCO 모임 및 '라틴아메리카 민주주의 및 선거(Democracia y elecciones en América Latina)' COLMEX/IFE에서 발표된 것이다.

2012년 10월 7일 우고 차베스 대통령 후보는 6년간의 세 번째 임기를 확정했다. 이번 승리로 차베스는 본인이 명명한 '21세기 사회주의'의 일부로서 새로운 국가 모델인 코뮌 국가(el Estado Comunal) 건설을 추진해 나가겠다는 공약을 공식화했다. 선거는 다른 후보 측의 존중은커녕 선거관리위원회로부터 평등선거의 원칙조차 보장받지 못한 선거였다. 그러나 선거 결과의 투명성과 나아가 유권자의 의지와 비밀투표를 바탕으로 치른 선거였다.

이번 선거는 베네수엘라의 시급한 문제인 민주주의 모델의 구성 요소를 전면적으로 표명하는 과정이었다. 이는 전통적인 대의제 민주주의 모델과 구별된다. 차베스 대통령 후보 진영에서 대중교통, 공공시설, 커뮤니케이션 매체, 공적 자산과 같은 공공재를 남용하는 것은 당연하게 간주되었고, 빈번하며 과도하기까지 했다. 그뿐만 아니라 차베스 진영이 소수계층과 맺는 온정주의적이고 파벌적인 관계는 더욱 심화되었다. 석유가격의 상승으로 인해 국가 예산이 확대되면서, 이러한 선거 운동의 양상은 막판 선거 결과에 직접적인 영향을 미쳤는지 여부는 판단하기 어려우나, 후보 간의 불균형을 초래한 것은 사실이다. 대중의 선거 참여와 선거 결과에 대한 감시를 눈여겨본다면, 부정선거라는 혐의가 사회 전반에 걸쳐 공유되고 있었다.

선거마다 반복되는 베네수엘라의 정치적 양극화는 정부가 양당제를 추진하고 유권자들 역시 선거를 대립하는 두 정당 간의 선거로 인식하고 있기에 나타나는 현상으로, 기본적인 합의가 별다른 논쟁 없이 도출되는 안정적인 민주주의 체제에서는 보기 드문 특징이다. 물론 선거 결과에서의 승리에 따라 합법적인 여당이 결정되지만, 야당 측이 획득한 투표수는 적긴 하나 여당의 정치적 입지 강화에 장해물이 될 만한 의미 있는 숫자이다. 전통적인 민주주의체제에서 경쟁 세력 간에 대화를 소집하고 국정운영에 대한 공약을 확립하는 상황은 베네수엘라의 양극화된 정치 지형에서는 일어나지 않는다.

최근에 치른 베네수엘라 선거는 라틴아메리카에서 진행되어온 시민성, 민주주의, 인권, 사회변화에 대한 논쟁거리를 제공한다. 이 논쟁거리는 대선 과정에서 도출된 과제 두 가지인데 하나는 '민주주의를 민주화하는' 요소, 다른 하나는 '권리를 가질 권리'이다.[1] 다음과 같은 몇 가지 질문들은 해답에 대한 기대와 함께 우리의 분석을 이끌어갈 것이다. 투명하지만 공정하지 못한 선거가 민주주의의 민주화를 진척시키는가? 파벌주의와 온정주의가 작용함에도 불구하고 지속적으로 성장하고 있는 정치적 자각과 참여가 성숙한 시민성의 발전을 항상 보장하는가? 정치적 목적이 가미된 사회적 임무를 통해 기본적인 욕구를 충족시키는 것이 권리를 가질 '권리에 대한 요구'를 진작시키는가?

이 연구는 네 영역으로 나뉜다. 첫 부분에서는 정치 세력 사이에 나타나는 알력의 특성 및 다득표한 두 후보가 유권자들에게 제안한 공약을 다룬다. 다음으로는 선거 과정과 선거 전략이 전개된 규범적 테두리의 기본적인 요소들을 제시한다. 세 번째 부분에서는 선거 결과를 제시하고 분석하면서 앞서 언급한 논쟁점에 영향을 미치는 요소들을 중점적으로 다룬다. 마지막에는, 정리하는 차원에서 라틴아메리카 민주주의에 관한 지속적인 토론이 이루어질 수 있도록 선거와 같은 형태의 정치적 사건이 지니고 있는 생각할 거리들을 제시한다.

---

1) 최근 통합아메리카인권연구소(Instituto Interamericano de Derechos Humanos)에서는 라틴아메리카 민주주의에 제기된 도전에 대한 두 가지 문서를 배포하고 이에 대한 논의를 시작했다(Caetano, 2011; Mayorga, 2011). 이 논의들은 이번 선거의 분석에 영감을 주었다.

1. 경쟁하는 정치 세력과 그들의 공약

선거 결과를 분석하면 분명해지겠지만 2012년 10월 7일 선거는 극도로 양극화되어 있었다. 6명의 후보가 출마했지만 차베스와 카프릴레스(Capriles) 후보 쪽으로 유효표 수의 99% 이상이 집중되었다. 이 두 후보는 여러 정당 및 사회조직들의 협력을 통한 지지를 호소했고 유권자들에게 극명하게 차별화되는 미래 공약을 제시했다.

1) 차베스 후보와 그가 속한 애국파(GPP) 그리고 사회주의의 강화

1998년부터 시행된 모든 선거에서 차베스 대통령이 보여준 가장 큰 힘은 압도적인 카리스마와 개성으로 무장한 리더십이다(López Maya y Panzarelli, 2011). 이 리더십은 차베스가 2011년에 추진한 '애국파'[2])에 소속된 정치사회 연합은 물론 2012년 결성된 '카라보보 결사대(Comnado Carabobo)'[3]) 조직에 의해 뒷받침되고 강화되었다. 집권당인 통합사회주의당(Partido Socialista Unido de Venezuela)은 언제나 차베스를 지지하며 대선에서 상당한 역할을 해왔다.

통합사회주의당은 차베스가 두 번째 임기(2007~2013) 초기에 사회주

---

2) 차베스 정부가 추진해온 볼리바르 혁명을 지지하는 베네수엘라 정당들과 사회운동단체들의 연합을 일컫는다. ―옮긴이

3) 카라보보는 베네수엘라의 주(州)로, 과거 베네수엘라 독립전쟁에서 1821년 6월 24일, 독립 영웅 시몬 볼리바르가 이끄는 대 콜롬비아군이 스페인 제국의 미겔 데 라 토레 장군이 이끄는 반혁명군을 맞아 싸워서 크게 이긴 카라보보 전투(Batalla de Carabobo)가 벌어진 곳이다. 차베스는 카라보보 주의 마리아라 시에서 첫 선거 유세를 시작했다. ―옮긴이

의 기획을 지지하는 단체들을 통합하여 창설한 집권당이다. 이번 대선을 포함하여 통합사회주의당이 의기투합한 선거는 다섯 차례다. 1998년에서 2006년에 걸친 대통령 임기에서 차베스는 제5공화국운동당(MVR)과 그 이전에 볼리바르혁명운동-200(Movimiento Bolivariano Revolucionario 200)[4]을 통합했다. 통합사회주의당의 경우 애초에는 모든 친차베스 조직 및 정당들을 '단일한' 당으로 합병하려는 차베스의 의지가 반영되었다(Chávez, 2006). 하지만 통합하지 않는다면 국정에서 배제시키겠다는 협박과 압력, 반대에도 불구하고 일부의 친차베스 조직은 거세게 저항하였고 차베스 정부는 이들의 자치권을 인정하는 선에서 타협하였다. 또한 차베스를 지지하는 공식 정당의 수가 감소했다. 특히 2006년 대선에서는 25개 정당 이상이 친차베스 노선에 있었으나 이번 2012년 대선에서는 11개 당으로 줄었고, 그 사이에는 베네수엘라공산당(Partido Comunista de Venezuela), 국민조국당(Patria Para Todos) 그리고 투팍아마루 후예들의 네트워크(Redes)가 친차베스 정당으로 두각을 나타냈으나, 이 정당들은 선거 자금이 부족하다. 그렇다 하더라도 차베스 입장에서는 통합사회주의당으로의 통합을 거부하거나 원하지 않으면서도 차베스를 지지하는 정당들의 표심을 붙잡기 위해서는 이 정당들이 중요하다. 이와 관해서는 추후에 다시 논할 것이다.

집권당인 통합사회주의당은 지금까지 친차베스연합에서 가장 중요한 정치적 조직이었으며 차베스는 집권당을 개인적인 리더십을 펼치기 위한 수단으로 활용해왔다. 그러나 통합사회주의당은 차베스 두 번의 임기 동안 휴지기 없이 펼친 국정운영 덕분에 친차베스 지도부 및 관료

---

4) 통합사회주의당 이전에 이루어진 친차베스 정당의 형성 과정에 대해서는 López Maya(2006)를 참조하라.

들을 거느린 정당을 구축하는 데 힘을 쏟은 결과 과거 정당들과 비교하여 정당 규모가 크고 전국적인 결속력과 응집력을 확보했다. 오늘날 통합사회주의당은 정관을 비롯한 정당 창립 자료는 물론 지역별, 구역별 경비 구조, 정치기구 및 국가정치위원회(Dirreción Política Nacional)를 보유하고 있다. 통합사회주의당은 베네수엘라 전역을 아우르며 모든 단계의 지부를 갖추고 있으며 강력한 동원력을 보유하고 있다(http://www.psuv.org.ve/temas/biblioteca/libro-rojo/ 참고). 통합사회주의당은 당원들의 회비로 운영되고 있으며 공식적인 신고에 따르면 752만 명 이상이 당원으로 등록되어 있고 그중에서 200만 명 정도는 군인이다(*Tal Cual*, 2011.10.4).

이번 대선에서 차베스는 모든 친차베스 정당과 사회단체들이 참여한 애국파를 대선을 향한 발판으로 삼았다. 1998년부터 차베스는 애국파라는 동일한 이름으로 선거와 관련한 정치 선전과 프로파간다 활동을 조정하기 위해서 이 같은 선거 플랫폼을 만들어왔다. 그러나 또한 자신의 리더십을 기획하고 (혹은) 합법화하기 위해 선거 관련 업무 및 정부 기획에 참여하는 다양하고 자발적인 민중운동의 이미지를 희석시켰다. 결국 실상은 차베스 자신과 당 위주의 모양새가 되었으며 당의 권위는 공식적인 절차가 존재함에도 불구하고 차베스의 허락과 승인을 거치게 되었다. 당 내에서는 국정 관련 기획 및 제안조차 결정하지 못한다. 이번 대선에서는 당 명칭에 '대(gran)'라는 과장된 형용사를 추가했고, 2011년 10월에는 애국파에 동참하기 위한 정당 및 사회단체 등록 행사가 마련되었는데, 선거 전단을 배포하면서 행군하는 이미지를 연출하기 위해 당원들이 전위부대 혹은 군부대처럼 운집했다(*Tal Cual*, 2011.10.7).

애국파의 이념은 차베스가 추진하는 볼리바르 혁명 과정에서 발생하는 긴장과 충돌을 해결하려는 것인데, 이 혁명은 차베스와 당의 철저한 통제를 받는 위에서부터 아래로의 수직적 운동과, 사회단체들로부터 시작되는 아래에서 위로의 운동이 양립하는 것으로, 다양한 의견 개진과 집권당에 대한 비판이 가능하고 당에 의사결정 참여를 요구할 수 있다. 또한 당 내부에서는 이 선거 플랫폼에 소집된 나머지 당에 대한 불쾌감이 표면화되었지만 크게 부각되지는 않았다. 한 예로 베네수엘라 공산당(PCV)은 2011년 10월 애국파의 통합방식이 "모두를 하나로 융합하고 하나의 정치 기획으로 합의해야 한다"는 것이었기 때문에 입당하지 않겠다고 선언했다(*El Universal*, 2011.10.18). 한편 볼리바리안 혁명을 추진하는 조직의 입장은 "당 안에서 동등하게 논의하기를 바랄 뿐이지 복종해야 할 고위 지도층이나 현자가 있는 것이 아니다"라는 것이었다 (*Tal Cual*, 2011.10.20). 연말에 혁명중산계급당(Clase Media Revolucionaria)에서도 "애국파는 아직 시작 단계에 있다. 평등한 조건은 '평등 그 자체'이다. 통합사회주의당에 종속되거나 이를 후견하는 형태는 정치적 의미를 상실할 것이다"라며 유사한 입장을 표명했다(*El Universal*, 2011.12.27). 이러한 잡음에도 불구하고, 2012년 초 차베스 대통령은 카라보보 선거유세 참모들을 오로지 통합사회주의당 군인들로 임명했다. 제일선에는 카라카스 시장 호르헤 로드리게스(Jorge Rodríguez)가 배치되었다. 카라보보 결사대는 차베스의 지휘 아래 선거 캠페인 관련 모든 활동을 조율한다. 거기에 사회운동가나 다른 당의 군인들은 없었지만, 통합사회주의당 고위 간부와 장관 및 주지사들을 비롯한 정부 관료들은 포진해 있었다(*Diario Panorama*, 2012.2.17).

공식 선거운동은 2012년 7월부터 시작하도록 규정되어 있었지만 차베스는 2011년 1월부터 이미 이번 대선을 염두에 둔 활동을 개시했다. 차베스는 바르가스주에서 열린 통합사회주의당의 선거운동과 관련한 논쟁에서, 선거기간에만 활동했다며 당을 질책하고 통탄의 기도를 올렸다. 또한 많은 잘못을 범했으니 시정할 것을 요구하면서 재검토(revisión), 재수정(rectificación), 재추진(reimpulso)이라는 '3R'[5]을 더욱 강력히 시행할 것을 표명하고, '결정적인' 시기가 될 2012년 대선과 관련한 '다섯 가지 행동강령'을 발표했다. "국민들은 '이 길'을 계속 갈 것인지 아니면 '진심으로 끔찍한 길'을 택할 것인지를 선택할 것"이라며, 후자의 경우에는 '뒷걸음질 치는 베네수엘라(Venezuela retrógrada)'가 될 것이라고 말했다(*El Universal*, 2012.1.22).

행동강령 중 앞의 네 가지에서, 차베스는 당이 자본주의 문화를 멀리하고 군대는 인민 투쟁 및 민중의 일상 문제 해결을 위한 도구로서 사회주의 문화를 추구할 필요가 있다고 지적했다. 또한 통합사회주의당 역시 민중 선동을 위한 효율적인 매체로서 새로운 민중 권력을 위한 도구로 변화할 것을 역설했다. 다섯 번째 강령에서는 '재정치화(repolitizar) 및 재양극화(repolarizar)' 전략을 재추진할 뜻을 밝혔다. "여기 두 가지 입장이 있다. 국가, 즉 사회주의를 위해 투쟁할 것인지, 아니면 부르주아계급 밑에 베네수엘라를 굴복시킬 것인지. 이것이 두 가지 길이다. 재양극화란 이것이다. 전자의 길은 애국자인 우리를 위한 길이고 후자는 매국노들의 길이다. 하나된 우리, 양극화의 길을 걷는 재정치화된 통합체 말이다"(*El Universal*, 2012.1.22).

차베스는 스스로를 2012년 6월 '국가를 위한 후보'로서 대선 후보에 등록했다. 그리고 이를 '2013~2019 볼리바리안 사회주의 임무'로 명명했다. 선거운동이 시작된 몇 달 사이 당의 전위그룹에 의해 광범위하게 배포된 이 등록 서류에는 이미 차베스의 두 번째 임기 때 시작된 바 있는 21세기 사회주의 모델로서의 코뮌 국가 건설을 지속시키려는 의지

---

5) 개헌 관련 국민투표에서 패배한 2007년 차베스가 제안한 전략이다.

를 담고 있다. 상호 연계된 '다섯 가지 역사적 목표' 역시 발표되었는데, 21세기 사회주의 코뮨 국가라는 이 새로운 제도는 200년 전부터 시작된 베네수엘라의 독립을 보장한다는 것이다 그중에서 주목할 것은, 베네수엘라를 '라틴아메리카 및 카리브의 신생 강국(Gran potencia naciente de América Latina y el Caribe)'으로 변모시키고 이를 통해 '우주의 평형' 및 새로운 국제적인 지정학 구축에 기여한다는 것이다(Chávez, 2012).

코뮨 국가는 새로운 국가 모델로서 1999년에 승인된 볼리바르 공화국 헌법에서 개념적으로 기획한 국가 모델과는 차이를 갖는다. 철학적 인식부터가 다르다. 코뮨 국가는 민중 권력을 기반으로 하는데, 이는 개인이 아닌 공공 집단에 기초한 것으로 코뮨공공이사회, 노동위원회, 학생위원회, 여성위원회 등이 이에 속한다. 코뮨 국가에는 보통선거나 대의제가 부재한다. 모든 결정은 회의를 통해 이루어진다. 이는 2009년에 승인된 새로운 '사회주의' 법령에 기재된 내용이다. 이론적으로 말하면 이는 직접민주주의나 의회민주주의 모델을 따르는 것으로, 첫 단계에서는 '대변인'이 임명되고 청원을 올리지만 대변을 하는 것이 아니라 단지 의사결정을 전달할 뿐이다(http://www.derechos.org.ve/2012/10/24/margarita-lopez-maya-el-estado-comunal/ 참조).

볼리바르 공화국 헌법의 수정제안은 사회주의의 '혁명적인 직접 민주주의'를 달성하기 위해 헌법에 명시되었던 참여 및 직접 민주주의 제도를 넘어서려는 것이었다. 이는 2006년 12월 대선에서 재선에 성공한 직후 차베스가 소집한 제헌의회에서 제기되었다. 집권당 의원 전체가 소집된 이 의회에서,[6] 350개 헌법 조항 중에서 차베스의 수정안은 69개

---

6) 이 시기 친차베스 세력이 의회를 장악할 수 있었던 요인은 2005년 국회의원선거를 야당이 모두 거부했기 때문이다. 이는 정치적, 사회적 불안을 야기하여 차베스

수정 조항으로 최종 보완되어 국민들에게 공표되었다. 12월에 열린 개헌 관련 국민투표는 집권당에 불리한 결과가 도출되었다. 결론적으로 차베스의 수정안은 국민투표에서 부결되었다(Lander y Lópe Maya, 2008 참고). 그러나 차베스는 투표 결과를 무시하고 부결된 수정안을 제도적인 측면에서 계속 발전시켜 나갔다.

정부는 다양한 방법을 총동원하여 차베스의 수정안을 밀고 나갔다. 한편으로는, 볼리바르 공화국 헌법에 추가될 새로운 조항을 포함한 2007~2013 사회경제 발전에 관한 국가기획안(Las líneas del Plan de Desarrollo Económico y Social de la Nación 2007~2013), 즉 제1 사회주의계획(Primer Proyecto Socialista)을 유효한 제도로 재편하기 위해 추진한 개헌이 부결되면서 자유주의적 민주주의 개념이 그대로 남아 있게 되었다. 그럼에도 마치 개헌 내용이 이미 승인된 것처럼 실행되었을 뿐만 아니라, 2009년 2월 보통선거 형식을 통한 재선을 추진하기 위해 정부는 선거 과정, 특히 개헌 국민투표 과정을 차베스의 사회주의 개헌에 유리한 국민투표로 해석했다. 개헌이 가능해지자 차베스는 정부령과 법령을 바탕으로 코뮌 국가 건설을 위한 새로운 여정에 박차를 가했다.

또한 정부는 대법원을 대통령 직속 기구로 변경했다. 다양한 정치적·행정적 공작 덕분에 가능한 일이었다. 이로써 대법원은 베네수엘라 볼리바르 공화국 헌법 제345조 "승인되지 않은 헌법수정안은 동일한 입헌 시기에 의회에 다시 제출할 수 없다"라는 조항을 대통령에게 유리하게 해석할 수 있게 되었다. 대법원은 헌법수정안을 다시 제출할 수 없다고 하더라도 수정안의 내용이 헌법 수정과 법률을 통해 승인될 수 있다는

대통령이 사임하게 만들거나 군부가 대통령을 하야시키게 할 목적으로 당시 야당들이 공모한 모반적 행위였다.

데 동의했다. 이러한 해석 덕분에 2008년, 그리고 2009년과 2010년 사이에 다양한 '사회주의법'이 다양한 입법기관을 거치거나 제헌의회의 승인을 통해 통과되었고, 제헌의회를 대통령이 관할하게 되는 일명 수권법(ley Habilitante)이 통과되었다. 현재 코뮌 국가의 주요한 법적인 기반이 상당한 정도로 마련되었다.

이미 지적한 것처럼, 코뮌 국가는 볼리바르 공화국 헌법과는 다르다. 코뮌 국가의 첫 번째 지역구분은 시(市) 구역(municipio)이 아닌 코뮌인데 (LOC, 2010), 이는 공동체위원회(consejos comunales)를 구성한다. 코뮌은 코뮌 연합 및 코뮌 도시 혹은 사회주의 도시로 확대되어 간다. 공동체에 기초하는 모든 조직은 국가의 승인을 받기 위해서 공동체위원회와 연결되어야 하고, 그러기 위해서는 법을 기반으로 사회주의 모델을 건설한다는 공동체위원회의 목표에 동의해야 한다(LOCC, 2009, 제2조). 따라서 코뮌공공위원회는 정부가 '사회주의'로 규정하는 흐름을 벗어나는 공간에 대해서는 정치적 복수성(pluralismo político)을 인정하지 않는다. 만약 한 공동체 의회에서 사회주의를 인정하지 않으면, 이 공동체의 공동체위원회는 국가로부터 코뮌으로 승인되지 못하고 코뮌에 소속되지 못하기 때문에 사회주의법이 보장하는 자원 및 서비스 양도의 수혜자가 되지 못하게 된다. 반면, 이 사회주의법은 코뮌공공위원회의 행정 및 정치부를 따르지 않는 도시 및 연방구역에 공동체위원회가 창설될 수 있을 경우에, 이 새로운 코뮌 조직이 볼리바르 공화국 헌법이 정한 영토 구분을 따르지 않을 수 있음을 명시하고 있다. 볼르바르 헌법이 정한 영토에서 코뮌 조직의 권력은 보통, 직접, 비밀선거를 통해 부여되는 반면, 코뮌 국가에서 최상의 권위는 차베스 '대통령-사령관'에 의해 부여된다. 코뮌 국가법에 따르면 공동체위원회는 중앙정부에서 제공하는 서비스와 자원을 양도받기 위해서는 헌법이 정한 영토에 위치해야 한다

(http://www.derechos.org.ve/2012/10/14/margarita-lopez-maya-el-estado-comunal/).

신생 코뮨 국가의 정치 논리에 따른다면 자유주의적 민주주의의 가치를 지지하는 야당은 설 자리가 없을 것이다. 사유재산 및 생산 과정에서의 이윤 추구와 같은 자본주의의 기본원칙을 따르는 당도 마찬가지다. 코뮨공공위원회는 공공재산을 지지하고 영리를 고려하지 않는 사회적 생산단위를 개발할 것이다(LOCC, 2009).

2) 민주통합원탁회의(Mesa de la Unidad Democrática)와 '진보의 길'의 카프릴레스 라돈스키(Capriles Radonski)

반차베스 야권 세력은 차베스 두 번째 임기 동안 21세기 사회주의와는 차별화되는 정치안을 고안, 구성 및 강화했다. 이러한 야당의 행보는, 2002년 4월 11일 쿠데타, 석유파업 및 2005년 국회의원선거에서의 후보 사퇴 등과 같은 야당 측의 모반적 움직임이 야권 세력 사이의 분열과 불신을 야기하고 연대를 약화시키는 상황으로 몰고 간 직후인 차베스의 첫 임기가 끝날 무렵에 시작되었다.

첫 임기 동안 야권은 민영 언론, 베네수엘라 연방 상공회의소(Fedecámaras), 가톨릭 종교계 및 베네수엘라석유공사(PDVSA)와 같은 주요 권력 계층을 중심으로 구성되었다. 또한 이 시기에 주민연합, 교육연합, 베네수엘라 노동자협회(CTV)에 모인 노동조합을 비롯한 다양한 시민연합들이 야권 세력에 합류했다. 이들은 야권 민주연합(Coordinadora Democrática)으로 알려진 연합체를 구성했는데, 차베스를 겨냥했던 대통령 소환투표에서 패배한 후 해산하게 된다.

차베스 정부는 강력함을 그 특징으로 하고 나아가 차베스 첫 임기 말기에 야권이 약화되었지만, 정부의 정책 방향과 태도에 대한 일부 사회 진영의 저항은 거셌다. 2005년에 실시된 설문조사에서 응답자의 40% 정도가 정부 정책에 공감하지 않았다. 그러나 야당 지지율은 단 7%에 불과했다(*Últimas Noticias*, 2005.5.9). 그렇다면 차베스 정권에 대한 정치적인 불만을 어떻게 표출하는가?

야권 측의 정치적 입장을 재구축하기 위한 길이 조금씩 열리고 있었다. 2004년에서 2006년 사이 기업인, 시민단체 및 가톨릭 종교계의 정치 참여 제한, 그리고 베네수엘라석유공사 전 임원들의 이동과 같은 다양한 변화가 일어나면서 정치인들과 당의 중요성이 부각되었다. 이 같은 단체들의 중심에서는 중요한 긴장들이 감지되는데, 이는 반목과 조정 그리고 새로운 단체의 탄생으로 이어진다(López Maya, 2012a).

야권의 재편을 위한 첫 번째 노력은 2006년 12월 대선 과정에서 이루어졌다. 잇따른 불운으로 인해 대선에 참여하여 정치 노선으로 재진입해야 했지만, 중구난방인 야권을 조정할 수 있는 절차나 구조가 여전히 부재했다. 선거 캠페인이 시작되기 전인 7월에 길이 열리기 시작했다. 강력한 대선 후보들 사이에서 가장 인기가 있는 후보를 지지하기로 합의한 것이다. 설문조사는 두 자리 숫자의 지지율을 얻은 신세계당(Un Nuevo Tiempo)의 마누엘 로살레스(Manuel Rosales)에게 우호적이었다(*El Nacional*, 2006.8.1). 그는 제일정의당(Primero Justicia) 훌리오 보르헤스(Julio Borges) 후보와 무소속 테오도로 페트코프(Teodoro Petkoff) 후보의 지지를 얻었다. 침묵과 긴장 속에서 이윽고 다른 대선후보들이 로살레스를 지지하기 위해 후보직을 사퇴했다. 하지만 차베스 대통령과 로살레스 술리아(Zulia) 주지사 외에 12명의 대선 후보가 여전히 경합을 벌이게 되었다.

로살레스를 필두로 야권은 대선 공약의 중심에 사회적인 면을 부각시키면서 논의를 진행하기 시작했다. 또한 여당과는 상이하지만 포퓰리즘적 공약도 채택했다. 선거캠페인 동안 로살레스 후보는 선거에서 승리하면 베네수엘라 국민 모두에게 은행 체크카드를 제공할 것을 약속하면서 '나의 검은(Mi Negra)' 카드를 제시했다. 이 카드로 석유 수입의 20%가 분배될 예정이었다(López Maya, 2012a 참조).

대선에서 패배했으나 선거 결과는 야권에게는 중요한 도약의 계기가 되었다. 로살레스는 총 36%의 득표율을 얻었고, 차베스는 63%를 얻었다. 선거 결과가 발표된 날 밤, 로살레스는 부정선거를 주장하는 야당후보연합의 압력에도 불구하고 패배를 인정했다(El Nacional, 2006.12.4). 투표 참여율은 유권자의 75%에 달할 정도로 높았다. 타 후보들의 득표율은 총투표율의 1%에도 못 미치는 것이었는데, 이는 야권을 지지하는 유권자들의 차가운 표심을 드러냈다. 하지만 차베스 정부와는 다른 노선을 지지하는 유의미한 소수 계층이 존재한다는 인식이 야권에서 강화되었다. 신세계당, 제일정의당 이외에 사회주의운동당, 연대당, 라 카우사 급진당(La Causa Radical: LCR)과 같은 당들은 우산 형태(estructura paraguas)를 통해 야권 통합을 위한 노력을 재점화했다.

차베스의 두 번째 임기가 시작되면서 사회변혁을 위한 논의를 급진적으로 단행하자 야권은 더욱 거세진 도전에 직면했다. 이전보다 더 강력한 세력을 구축하려는 노력은 집권당의 정당성이 공고해지는 것을 막기 위한 유일한 대안으로 여겨졌다. 야권은 당파적 정치 행보 이후 2008년에는 야권 단일화에 대한 첫 결의를 다지고, 2009년에는 대선을 위해 30개 이상의 당이 모여 '민주통합원탁회의'로 알려진 우산 형태를 결성하기에 이르렀다(El Nacional, 2006.12.4).

민주통합원탁회의가 승인하고 대중에게 공표한 첫 공식자료는 2010년 4월에 공개된 『국민을 위한 백서(Cien soluciones para la gente)』였다. 그 해 열린 총선에서 야권과 뜻을 같이 한 국회의원 대부분은 민주통합원탁회의의 지지를 받았다. 민주통합원탁회의은 총투표율의 47%를 얻었고, 차베스연합은 48%, 나머지 진영은 5%가 조금 넘는 득표율을 보였다. 그러나 국회의 구성은 집권당에 98석, 민주통합원탁회의에 65석, 독자 노선을 걷는 모두를 위한 국민조국당(Patria Para Todos)에 2석이 배치되었다.

차베스 정부는 선거 전에 선거 시스템을 변경하여 집권당에 유리하도록 새로운 선거 시스템을 도입하는 선거기본법(Ley Orgánica de Procesos Electorales, 2009)을 승인했다. 베네수엘라 선거 시스템은 볼리바르 공화국 헌법 제63조의 요구에 따라 비례대표제를 실시해야 한다. 그러나 선거 시스템의 변화는 집권당에 유리한 '혁명적' 논리 안에서 시행된 이유로, 국가의 결정을 따를 수밖에 없는 시민사회 및 정치권의 약화를 불러왔다.

민주통합원탁회의는 결성 이후 더욱 단결되었다. 하지만 다양한 이데올로기적, 정치적 입장이 한 곳에 모이다 보니 의사결정이 쉽지 않았다. 2011년 조, 2012~2013년에 걸쳐 시행되는 대선의 출마 후보를 결정하는 시기와 방법을 결정하는 데 긴장감이 감돌았다. 긴 논의 끝에 민주통합원탁회의는 영구선거인명부에 기재된 모든 유권자가 투표권을 행사하도록 하고 2012년 2월에 경선을 치르기로 합의했다(El Universal, 2011.4.14). 2011년 9월 경선에서 경쟁할 후보들이 전국연합 결의에 서명을 하고(El Universal, 2011.9.27), 곧이어 12월 전국연합 국정운영 방침에 배서했다. 여기서 눈에 띠는 점은 민주통합원탁회의의 행동과 결정을 볼리바르 공화국 헌법에 맞추기로 합의함에 따라 1999년 베네수엘라 볼리바르 공화국 헌법(Carta Magna) 승인에 관한 국민투표에 반대했던 과거 입장을 수정했다는 것이다. 사실 2002년 4월 쿠데타로 페드로 카르모나가 임시 대통령직을 수행하는 동안 볼리바르 공화국 헌법은 관심에서 사라졌었다.

2012년 2월 경선에는 제일정의당의 엔리케 카프릴레스 라돈스키, 신세계당의 파블로 페레스(Pablo Pérez), 무소속 마리아 코리나 마차도(Maria Corina Machado), 데이고 아리아(Diego Aria), 파블로 메디나(Pablo Medina) 등 5명의 후보가 경합을 벌였다. 미란다 주지사 카프릴레스는 62.5%의 득표율로 여유 있게 승리를 차지했다. 유권자의 17%, 즉 300만 명 이상의 시민이 경선에 투표권을 행사한 것은 놀라웠다. 야권은 아주 오랜만에 낙관적인 전망을 갖게 되었다.

그때부터 카프릴레스 후보는 주지사직을 사퇴하고 대선 캠페인에 착수했다. 민주통합원탁회의는 카프릴레스를 지원했고, 너무도 상이한 정치적 관심들을 하나로 합치시키는 데 따르는 어려움에도 불구하고, 야당연합은 차베스 정권을 무너뜨리자는 목표 아래 단결했다.

6월 초, 카프릴레스는 일명 '만인이 평등한 진보의 길'이라는 국가 운영 방침을 발표했다. 나보다는 우리를, 개인보다는 집단적 노력으로 이루어지는 정부라는 이념이 강조되었다. 그리고 국가 운영에 관한 두 가지 고려 사항, 즉 국민의 참여와 국가 운영에 관한 전문가들의 참여와 관련하여 차베스의 국가 운영 비전과는 차별된다. 차베스 정부는 전문성보다는 지도자에 대한 충성도에 큰 가치를 둔다.

또 다른 차이점은 문제를 바라보는 시각에 있다. 카프릴레스가 제시한 국가 운영 방침은 인간이 삶의 질을 영위할 수 있도록 태어나면서부터 발생하는 문제들을 해결하고 나아가 모든 국민의 삶의 질을 '진보'해 나가도록 하는 것에 중점을 둔다. 이는 작은 것에서 큰 것으로의 변화를 담보한다. 이 방침은 유아기부터 노년기를 포괄하는 '진보의 다섯 단계'를 일컫는데, 임산부 및 영아 관리, 주거 및 주거 환경(주변 복구, 공공서비스, 도시정책), 교육 및 개발, 고용 및 창출, 보건 및 사회안전 등을 다룬다.

이 공약을 실천하기 위해서 공공 부문과 민간 부문 사이의 협동을 이끌어내기 위한 전략을 개발하는데, 일반적으로 조합이나 대학과 같은 모든 사회적 행위자들과, 시민 및 전문가들의 참여를 모두 포괄한다. 이 모든 것은 공존과 대화가 넘쳐나고 모든 행위가 볼리바르 공화국 헌법에 준한다는 것을 보장하는 맥락 속에 위치한다.

카프릴레스는 이 운영 방침에서 산업주의로의 회귀를 제안했으나, 구조적인 문제에 직면했던 과거 노선으로 돌아갈 것인가는 명확하게 밝히지 않았다. 석유로 얻은 수입이나 베네수엘라석유공사와 관련한 국가정책 방향에 대한 언급을 회피했다. 또한 이제 막 생겨난 코뮌 구조를 어떻게 할지, 사회안전을 위한 재정은 어떻게 할지에 대한 언급도 없다. 위 문제들은 오늘날 베네수엘라에서는 물론 야권 내부에서도 여전히 합의에 이르지 못한 주제이며, 카프릴레스 역시 이 문제를 회피하는 것에서 벗어나지 못했다.

2. 게임의 법칙과 캠페인

2012년 대선과 관련하여, 중앙선거관리위원회는 선거기본법 관련 조례를 통과시켰다(www.cne.gov.ve 참조). 이 새로운 조례 하나로 선거기본법과 관련한 모든 규범들이 수렴되면서 선거법에 대한 접근 및 조율이 용이해지고 이전 규율들을 폐지하게 되었다. 또한 지난 3년간 기존의 선거기본법이 적용되었던 두 번의 선거를 통해 축적된 경험을 바탕으로 새로운 조례를 현실화했고, 선거 시스템을 쇄신하는 과정에서 생긴 문제들을 해결하기 위해서도 역시 이 새로운 조례가 적용되었다. 그러나 이 신규 조례는 지난 선거 과정에서 지적된 선거법의 문제점을 해결하지 못했다(Lander, 2012 참조).

여기서 말하는 문제점은 '선거선동(propaganda electoral)'이라는 애매한 정의를 일컫는다. 제202조에서 "선거선동은 특정 후보 혹은 특정 정당에 대한 투표를 종용하는 모든 의사표현을 말한다." 위 정의에 따르면, 특정 후보나 정당에 대해 명확하게 지칭하지 않는 의사 표현은 선거선동이 아닌 것으로 해석할 수 있다. 사실 예전부터 이런 식으로 해석되었는데, 왜냐하면 선거캠페인 기간 동안 차베스 대선 후보를 강력하게 선전하는 정부의 선거운동은 선관위에서 선거 선동으로 집계하지 않고 관리 영역 밖의 문제로 남겨두었기 때문이다. 마찬가지로 대통령 특권이라 할 수 있는 '대통령 네트워크'을 발동하여 시간과 횟수에 제한 없이 모든 텔레비전 및 라디오채널에 동시다발적으로 메시지를 전송하는 것에 대한 제재도 가하지 않았다. 민주통합원탁회의의 집계에 따르면, 선거 캠페인 3개월 동안 차베스 대통령은 총 43시간 17분에 달하는 27개의 선거 네트워크를 가동시켰다. 이는 2006년 대선 때보다 4배가 늘어난 양이었다(*La Libertad*, 2012.9.25). 이러한 수단을 통해 차베스는 매일 약 29분 간 언론에 노출되었으며 선관위 조례가 규정한 3분을 훨씬 넘어선 수치였다. 이는 후보들 간의 형평성에 어긋나는 행위였다.

그뿐만 아니라 선거 종료와 함께 행정적 절차가 마무리된 이후 선거법을 위반한 후보와 정당에 대해 금전적 징계를 내리는 것으로 선관위의 권한을 제한하여 선거운동에 어떤 영향도 미치지 못하는 선관위의 조정 능력을 전혀 강화시키지 못했다. 정당과 그들의 선거운동 자금 문제 역시 관여 대상이 아니었다. 베네수엘라는 라틴아메리카에서 유일하게 직간접적인 선거 자금을 모금할 수 없는 국가이다(Zovatto, 2003). 이러한 취약점들이 대선 과정에서 심각한 불평등을 야기하면서 집권당 대선 후보의 선거운동을 유리하게 전개시키는 데 기여했다.

선거캠페인 기간 동안 정부는 아무런 제재 없이 모든 종류의 공적 수단을 사용했다. 차베스 진영이 교묘히 사용한 자원들 중에는 공식 언론매체, 대중교통수단, 건물, 식당, 공적자금이 있다. 국제석유가격의 상승에 힘입어, 차베스는 선거운동기간 동안 빈민층을 구제하는 한편 이를 바탕으로 재선을 보장받기 위한 '위대한 임무(grandes misiones)'[7] 정책에 착수했다. 빈민층의 주거 부족 관련 정책인 주거를 위한 위대한 임무(La Gran Misión Vivienda)는 2011년에 시행되었다. 같은 해 11월에 선보인 노인 사랑을 위한 위대한 임무(La Gran Misión en Amor Mayor)는 노년층을 위한 연금정책으로 연금신청 유무에 관계없이 지급된다. 가재도구와 가전제품 구매 시 정부보조금을 지원하는 살림살이를 위한 위대한 임무(La Misión Mi Casa Bien Equipada)와 더불어, 청소년 산모 및 주부들, 장애 자녀를 가진 가정을 재정적으로 지원하는 베네수엘라 자녀들을 위한 위대한 임무(La Gran Misión Hijos e Hijas de Venezuela)는 엄청난 정치적 반향을 일으켰고 차베스가 재선에서 승리하는 데 크게 기여했다.

2011년에 차베스는 암이 재발하여 한 달 이상 두 차례에 걸쳐 국정을 비운 적이 있기에, 그의 건강 문제는 이번 대선 초기부터 주요한 변수가 될 것으로 보였다(López Maya, 2012b). 그러나 차베스가 완쾌되었고 건강상의 문제가 없다고 공표하자 더 이상 문제가 되지 않았다. 반면, 지난 캠페인과는 다르게 이번 대선에서는 각종 회의와 행사에 차베스가 직접 모습을 드러내는 경우가 줄었고, 차베스 선거 진영은 언론매체 및 사회 네트워크를 통해 차베스의 존재를 부각시키면서 각종

---

7) 차베스가 21세기 사회주의국가 건설과 더불어 추진한 대국민 복지정책으로 교육, 주거, 보건, 의료 등 전 분야에 걸쳐 국민 복지를 향상시키려는 정책이다. — 옮긴이

위대한 임무 정책을 통한 공공재화의 분배에 더욱 집중했다.

한편, 카프릴레스는 경선에서 승리한 후 즉각적으로 선거운동에 착수했고 그의 참모진은 이미 2011년 10월부터 2012년 대선을 위한 선거운동을 시작했다. 차베스의 선거운동과 다르게, 카프릴레스 진영은 시작 단계부터 전국 곳곳을 돌며 유세 현장에 뛰어들어 대중과 직접적으로 만났다. 이러한 유세 전략은 이미 기타 정당은 물론, 최근 몇 년간은 감소했지만 차베스 역시 과거에 전개한 바 있는 전략과 매우 유사한 형태로, '지역마다(pueblo por pueblo)' 및 '가구마다(casa por casa)'라는 구호로 수렴되는 선거운동이다. 카프릴레스는 3개월 동안 총 305개 지역을 방문하면서 베네수엘라 전역을 세 바퀴나 돌았다(*Tal Cual*, 2012.10.5). 그는 선거 캠페인 버스, 배, 헬리콥터, 경비행기로 이동하면서 지리적으로 멀고 가난한 지역을 먼저 방문했다. 선거운동이 진행될수록 카프릴레스에 대한 지지도가 상승하여 대도시에서 수많은 인파가 운집했다(특히 Muñoz, 2012 참고).

카프릴레스 진영은 경선에서 펼친 성공적인 유세 전략을 고수하는 한편, 차베스가 양산한 정치적 양극화 논리를 재고하면서 직접적인 충돌 및 상대편을 특정화하는 것을 피하고 상대편의 인신공격에 대응하지 않는 선거토론을 기획했다.[8] 야권 측 토론은 구체적인 민생 문제를 해결하는 데 집중하고 사회정책 및 위대한 임무 복지정책을 당론화하지 않는 정부 방침을 제시함으로써 집권당과 대조를 이루었다. '진보 버스'에 함께 오르자고 종용하면서 '새로운 길이 열린다'는 구호를 사용했다. '새로운 길이 열린다'는 새로운 대안이 존재함을 시사하고 '진보 버스'

---

8) 차베스가 카프릴레스에게 가한 인신공격으로는 '저질(majunche)', '돼지(cerdo)', '맹탕(la nada)'이 있다.

는 반대로 퇴보하는 현재 상황을 나타낸다.

두 선거캠페인의 공통점은 종교적 아이콘과 같은 민족주의적 상징들을 반복해서 사용한다는 점이다. 선거법에 반하는 베네수엘라 국기의 노란색, 파란색, 빨간색 줄무늬를 바탕으로 만든 두 후보의 벽보가 넘쳐났다. 한편, 차베스의 경우에는 암투병 '극복(superación)'과 연관되는 성모, 십자가, 예수의 이미지로 도배되었고, 카프릴레스의 경우는 차베스 첫 임기 때 겪은 수감생활 경험을 통한 신앙심의 강화와 관련된 이미지들이 주를 이루었다. 카프릴레스는 자신의 가톨릭교 신앙심을 매우 강조하면서 자신의 유태인 혈통이 가져올 수 있는 정치적 파장을 최소화하고자 했다. 차베스의 가톨릭교 신앙심은 좀 더 복합적인 양상을 보이는데, 대부분 아프로-카리브 및 원주민 혈통의 종교적 의식행위가 혼합되었다. 또한 선거기간 동안 다양한 성모와 성인들의 이름으로 다양한 공약을 실천했다.

공식 토론에서 드러난 극적이고 공격적인 정치적 양극화에도 불구하고, 더군다나 야권 후보 선거운동 및 언론에 대한 폭력적인 행위가 있었음에도 공개되지 않았다. 지적하자면, 대통령을 포함하여 집권당의 수뇌부와 관련된 경우, 폭력 행사 의혹을 전적으로 부인했다. 이번 선거를 포함하여 일부의 경우 폭력행사는 정당화되어왔다. 카라카스에서는 무장한 친차베스 일당이 '친차베스(chavistas)' 지역인 코티사(Cotiza), 라베가(La Vega), 리디세(Lídice) 주에 야권 후보가 입후보하지 못하도록 세 차례 강요한 바 있다. 코티사, 리베르타도르(Libertador) 지역의 산호세(San José) 지구에서는 통합사회주의당으로 밝혀진 무장 일당이 카프릴레스를 지지하던 무리 및 현장을 취재하던 방송팀에 총격을 가하고 돌과 병을 던지는 일이 발생했다. 총격 현장을 포착한 한 텔레비전 채널의 카메라는 무장 괴한 일당에 의해 빼앗겼다. 산호세 지구 시장선거에 출마했던 한 후보의 아들은 당시의 총격전으로 부상당했다(http://ve. noticias.yahoo.com/blogs/hora-h/violencia-e-impunidad-dificultan-campa%C3% B1a-en-caracas-184137530.html 2012.9.19). 카라보보 주의 푸에르토 카베요에서는 차베스 측 시장을 당선시키기 위해 무장 괴한들이 야권 후보가 공항으로 들어오는 것을 방해하면서 친차베스 진영과 야권 진영 사이에 막대, 돌, 유리병이 오가는 사태가 벌어졌다. 자동차 두 대와 오토바이 한 대가 불에 탔고 다른 차들은 돌팔매질을 당했다. 카프릴레스는 이 소식을 전날 밤에 보고받고 어부들의 도움으로 해안으로 입성해서 유세를 펼쳤다(*El Nacional*, 2012.9.13). 9월 29일 바리나스 주 바리니타스에서는 카프릴레스 지지자들이 플래카드와 피켓을 들고 행진을 하는 동안 차베스 지지자들이 야권을 지지하는 정치 운동가 두 명을 총으로 살해하는 사건이 발생했다(http://primicias24.com/nacionales/observatorio-electoral-venezolano-condena-hechos-ocurridos-en-barinas/).

정치적 양극화는 다른 선거와 마찬가지로 의사표현의 자유와 정보의 자유에 대한 권리, 그리고 신문기자들의 직업에 영향을 미쳤다. 선거운동 기간 동안 국내외 신문기자들을 비롯해 사진기자, 리포터들이 취재 자료를 몰수당하고 삭제 당하는 등의 사고가 이어졌다. 차베스가 관리하는 공영 언론에 접근을 차단당한 방송 채널 및 기자들도 있었다. 반차베스주의 및 친카프릴레스 언론으로 알려진 글로보비시온(Globovisión) 텔레비전 채널은 붉은 옷을 입고 차베스 플래카드를 든 채 시내 중심지를 선회하며 불꽃놀이를 행하던 모토리사도스[9]로부터 최소한 두 차례 이

---

9) 베네수엘라에서 오토바이 배달 및 오토바이 택시기사로 활동하는 노동계층을 일컫는다. 모토리사도스가 지닌 정치적 가능성은 이 책 제7장 루이스 두노 고트버그의 논문 "반묵시록의 사회적 이미지들: 베네수엘라의 바이커와 민중 정치의 재현"을 참고하라. —옮긴이 주

상 위협을 당했다.

몇 주 전 고국 텔레비전 프로그램에서 차베스 정부를 비판하는 입장을 표명했던 아르헨티나 기자 호르헤 라타나(Jorge Latana)는 2012년 10월 7일 대선을 취재하기 위해 마이케티아 공항으로 입국하던 중 체포되어 감금 및 심문을 당했다. 라타나와 그의 취재팀은 마이케티아 공항에서 출국 수속을 밟던 중 베네수엘라 볼리바르 정보국 요원에 의해 다시 체포되었다. 이들은 취재팀의 소속을 재확인하고 카메라, 휴대폰, 컴퓨터에 저장된 자료를 모두 몰수 및 삭제당했다. 라타나 취재팀 중 한 명이 당시 상황을 촬영하는 데 성공했지만 역시 정보국 요원들에 의해 삭제당했다. 이후 정보국 요원들이 취재장비 중 일부를 돌려주었지만 카메라 두 대가 전부였다(*Tal Cual*, IPSY, 2012.10.13; *Últimas Noticias*, 2012.10.14).

3. 선거 결과: 양극화와 복수성

10월 7일 투표는 큰 동요 없이 진행되었다. 시민들은 일찍부터 개표소를 찾았으며, 개표소 대부분이 일찍 문을 열었고 계획대로 운영되었다. 베네수엘라 선거관측소 측이 제시한 10월 8일 2차 보고서에 따르면, "선거 기간 동안 발생한 폭력사건은 희소했으며 불투명했다"(http://oevenezolano.org/2-uncategorised/31-reporte-n-2-oev-resultados-reflejan-la-voluntad-de-los-venezolanos 2012년 10월 27일 자료). 투표가 종료된 후 곧 선관위가 첫 번째 투표결과를 발표했고 당선자가 곧바로 가려졌다.

차베스는 818만 5120표를 얻으며 658만 3426표를 획득한 카프릴레스를 제치고 재선에 성공했다. 연방기관이 확인한 득표수는 <표 3-1>과

선거구	차베스		카프릴레스		그 외		기권	
	득표수	%	득표수	%	득표수	%	투표수	%
아마소나	38,715	53,49	32,99	45.58	673	0.93	19,622	20.82
안소아테기	409,118	51.57	378,21	47.67	6,038	0.76	188,423	18.87
아푸레	155,782	66.09	78,277	33.21	1,651	0.70	67,688	21.96
아라구아	552,878	58.62	384,592	40.78	5,708	0.61	202,438	17.39
바리나스	243,394	59.22	165,082	40.17	2,525	0.61	100,798	19.36
볼리바르	387,186	53.73	327,72	45.47	5,766	0.80	200,623	21.43
카라보보	651,726	54.49	536,952	44.89	7,417	0.62	296,111	19.57
코헤데스	116,578	65.32	60,584	33.94	1,323	0.74	39,437	17.73
델타 아마쿠로	54,963	66.84	26,506	32.24	758	0.92	28,513	25.30
카라카스	695,162	54.85	564,312	44.53	7,813	0.62	316,452	19.67
팔콘	296,902	59.88	195,619	39.45	3,337	0.67	127,246	20.08
구아리코	249,038	64.31	135,451	34.98	2,74	0.71	101,618	20.47
라라	499,274	51.45	463,538	47.77	7,637	0.79	207,053	17.31
메리다	227,276	48.46	239,653	51.10	2,076	0.44	98,398	17.07
미란다	769,233	49.97	762,373	49.52	7,905	0.51	341,996	19.17
모나가스	272,15	58.34	191,087	40.96	3,237	0.69	115,287	19.51
누에바 에스파르타	132,452	51.02	125,792	48.46	1,349	0.52	63,687	19.41
포르투게사	327,96	70.90	131,1	28.34	3,539	0.77	102,694	17.84
수크레	280,933	60.23	182,898	39.22	2,565	0.55	150,773	24.12
타치라	274,462	43.31	356,337	56.23	2,956	0.47	150,553	18.88
트루히요	252,051	64.10	139,195	35.40	1,94	0.49	99,817	19.94
바르가스	127,246	61.47	78,382	37.87	1,374	0.66	54,205	20.43
야라코이	194,412	60.00	127,442	39.33	2,179	0.67	72,319	17.89
술리아	970,825	53.34	842,145	46.27	7,034	0.39	479,518	20.60
엑스테리오르	5,004	7.97	57,156	91.02	634	1.01	28,491	30.97
인오스피토스	400	92.17	33	7.60	1	0.23	340	
총계	8,185,120	55.09	6,583,426	44.31	89,741	0.60	3,683,760	19.56

자료: www,cne,gob,ve bajado 2012년 10월 27일

같다.

2006년 대선과 마찬가지로 두 후보의 득표율은 유효 투표수의 99% 이상을 기록했고 나머지 4명의 후보가 남은 0.67%의 득표율을 나눠가졌다.

유권자의 80.52%가 투표에 참여한 이번 선거는 베네수엘라 국민이 대거 선거에 참여하면서 차베스 정부 동안 가장 높은 투표율을 기록했다. 이 수치는 두 가지로 해석된다. 우선 베네수엘라 대통령을 선출하는 데 있어서 시민의 투표가 효율적이고 믿을 만한 도구임을 확인하는 긍정적인 계기가 되었다. 이는 투표제도가 보통선거의 대상이 되는 의원을 선출하는 매커니즘으로 자리매김하는 데 큰 지지대가 된다. 선거운동 참모진 대표들과 함께 지난 몇 주 동안 선거 시스템의 토대와 관련한 다양한 요소들을 세심하게 감시하는 데 있어서 선관위의 임무는 국민들의 신뢰를 구축하는 데 큰 기여를 했다(www.oeveneolano.org).

투표율 수치에 대한 두 번째 해석은 베네수엘라 사회가 겪고 있는 성지적 양극화와 관련된 것으로 결코 긍정적이지 않다. 최근 20년간 베네수엘라가 경험하고 있는 사회 분열 상황 및 국가가 나아가야 할 방향에 대한 기본적인 합의조차 구축하지 못한 시민들의 무능력에 대해 많은 글들이 쏟아져 나왔다. 볼리바르 공화국 헌법은 공통적인 합의에 도달하기 위한 첫 발을 내딛으려고 했으나 많은 난관에 부딪혔다. 이번 대선에서의 높은 투표 참여율은 각각의 선거 과정이 베네수엘라의 미래를 만들어 나가는 것임을 베네수엘라 국민 대부분이 숙지하고 있음을 나타낸다. 대선 후보들의 공약은 강조하는 부분이나 분위기의 다양함보다는 서로 배타적이고 대립적인 기획으로 비춰졌다.

전국적인 차원에서, 2006년 대선결과 차베스가 62.8%의 득표율을 차지하며 36.9%의 득표율에 그친 마누엘 로살레스를 제치고 승리한 이후, 여야 세력은 더욱 양극화되었다. 현재는 55.1% 대 44.3%의 분포로 격차는 26%p에서 11%p로 감소했다. 선거가 차베스에게 유리하게 작용한 점을 고려한다면, 격차의 감소는 상당히 의미심장하다. 차베스의 득표수는 야권 득표수에 비해 소폭으로 증가했다(차베스 87만 6949표 증가, 야권 229만 960표 증가).

이는 베네수엘라 국민 대부분이 차베스를 지지하고 있음을 시사한다 하더라도, 45%에 달하는 상당수가 야권을 지지함을 보여준다. 반면 과반수 이상이 정치적 복수성(pluralismo político)을 허용하지 않는 코뮨 국가에 동참할 준비가 되어 있음을 의미한다. 또한 상당수가 이러한 복수성을 요구하고 있음을 또한 보여준다. 여야의 양상이 이렇다 하더라도, 선거제도는 사회주의 코뮨 국가에 관한 공약을 실천하기에는 충분치 않아 보인다. 정부는 2012년 11월 주지사선거에서 여권 지지율의 증가를 기대할 것이며, 그럴 경우 토론 과정은 무시할 것이 분명하다. 따라서 정부는 국가의 단합을 위해 대화의 채널을 열어두어야 한다는 것을 인정하고, 그날밤 카프릴레스 후보에게 처음으로 전화를 걸었다 (*Globovisión en noticias*, 2012.10.8).

10월 7일 대선 결과는 1998년부터 지역적 특성을 기반으로 지속되어 온 정치적 양극화를 반복적으로 드러냈다. 극빈층 지역은 차베스가 승리하고, 중상류층 거주 지역은 야권이 승리했다. <표 3-2>는 카라카스 메트로폴리탄 지역의 선거 결과를 보여주며, 다른 도시에서도 반복적인 양상을 보인다.

<표 3-2>에서와 같이 2004년 소환 투표 때부터 카라카스 메트로폴리탄 지역은 격전지였다. 치베스는 한 차례, 야권은 두 차례 승리했다. 카라카스 메트로폴리탄 지역 내 다섯 개 지구를 살펴보면, 대부분 선거 결과는 덜 치열하고 상당히 안정적이었다. 빈민층이 주로 거주하는 리

〈표 3-2〉 카라카스 메트로폴리탄 지역 2004-2006-2012 선거결과

지역	2004				2006				2012			
	우고 차베스		여당		우고 차베스		여당		우고 차베스		여당	
	득표수	%	득표수	%	득표수	%	득표수	%	득표수	%	득표수	%
메트로폴리탄 지역	679,055	48.41	714,967	50.95	872,324	54.81	710,526	44.59	915,891	48.20	972,35	51.20
리베르타도르	516,84	56.04	405,36	43.96	658,487	62.74	387,446	36.92	695,162	54.85	564,312	44.52
안티마노	38,726	76.69	11,768	23.31	50,195	81.78	10,995	17.91	56,372	75.09	18,241	24.29
산 페드로	10,837	27.95	27,935	72.05	13,118	32.25	27,43	67.45	11,964	26.29	33,335	73.27
바루타	29,513	20.61	113,679	79.39	37,913	24.25	118,123	75.55	36,413	20.75	138,513	78.95
엘 카페탈	2,88	9.28	28,148	91.72	3,452	10.93	28,069	88.90	2,504	7.62	30,262	92.17
차카오	9,963	19.98	39,901	80.02	12,643	23.37	41,354	76.44	10,91	18.37	48,262	81.27
엘 아티요	5,298	17.93	24,246	82.07	6,805	20.35	26,58	79.52	7,329	18.14	32,95	81.56
수크레	117,441	47.12	131,781	52.88	156,476	53.17	137,023	46.56	166,077	46.62	188,313	52.86
레온시오 마르티네스	8,343	21.84	29,854	78.16	10,867	26.44	30,117	73.28	9,889	21.64	35,659	78.03
펠라스 데 마리체	5,889	75.03	1,96	24.97	9,253	79.86	2,299	18.84	12,149	72.68	4,463	26.70

베르타도르 지구에서는 차베스가 항상 승리한 반면, 중산층이 주로 거주하는 바루타, 차카오 및 엘 아티요 지구에서는 카프릴레스가 이겼다. 수크레 지구는 차베스가 한 차례, 카프릴레스가 두 차례 승리하는 등 다소 변동적이었다. 구(parroquia) 단위로 내려가면 선거와 관련한 사회 경제적 여건은 더욱 분명하게 드러난다. 리베르타도르 지구에서 가장 '부유한' 지역인 산페드로는 이번 대선에서 카프릴레스가 73.3%의 득표율을 보이는 등 항상 친여권 지역인 반면, 가장 '가난한' 지역인 안티마노는 전통적인 친차베스 지역으로 이번 선거에서 75.1%가 차베스를 지지했다. 수크레 역시 다소 유동적인 양상을 띠고 있으나 지속적으로 친야권 양상을 보인다. 가장 부유한 지역인 레온시오 마르티네스에서 차베스는 항상 참패를 당해왔는데, 이번 선거 역시 야권이 78%의 지지율을 얻으며 차베스를 물리친 반면, 필라스 데 마리체에서는 차베스가 72.7%의 득표율을 차지하며 압도적으로 이겼다. 바루타의 엘 카페탈 지역에서는, 야권이 항상 85% 이상의 득표율을 기록해왔는데, 이번 대선에서는 92.2%라는 기록적인 득표율을 획득하면서 가장 극단적인 지역 양분화의 예가 되었다.

그러나 이러한 지역적 양극화는 비단 카라카스 메트로폴리탄 지역에서만 표출되는 것이 아니다. 다른 도시들의 선거 결과 역시 양극화 현상이 반복적으로 목격된다. 마라카이보의 빈민 지역인 일데폰소 바스케스에서는 차베스가 62.2%의 득표율을 얻은 반면, 부촌 지역인 올레가리오 비야로보스에서는 카프릴레스가 77.6%의 득표율을 획득했다. 볼리바르 주 카로니 지역의 과야나시 델라 코스타구에서는 62.7%의 득표율을 얻은 차베스가 승리한 반면, 우니베르시다드구에서는 카프릴레스가 76.9%의 득표율을 획득하며 승리했다. 라라주, 이리바렌 지역 바르키시메토 역시 유사한 상황을 연출했다. 우니온구에서는 차베스가

〈표 3-3〉 우고 차베스 득표수 분포도: 2012년 10월 대선

	득표수	%
총득표수	8,185,120	100.00
통합사회주의당(PSUV)	6,381,640	77.97
베네수엘라공산당(PCV)	489,613	5.98
국민조국당(PPT)	219,905	2.69
연합당(REDES)	198,041	2.42
인민선거운동(MEP)	185,705	2.27
투파마로스(TUPAMAROS)*	170,386	2.08
포데모스(PODEMOS)**	156,074	1.91
기타	383,756	4.69

* 도시지역을 중심으로 결성된 게릴라 조직. ─옮긴이
** "우리는 할 수 있다"라는 뜻의 스페인어. ─옮긴이
자료: www.cne.gob.ve

56.5%의 지지율로 승리한 반면, 산타로사구에서는 카프릴레스가 66.9%의 득표율을 차지했다. 카라보보주 발렌시아 및 기타 지역도 마찬가지였다. 산타로사구에서는 차베스가 58.1%의 득표율을 얻었고, 산호세구에서는 카프릴레스가 87.8%의 지지율을 차지했다. 베네수엘라 전 지역 및 도시에서 비슷한 상황이 연출되었다. 베네수엘라 국민의 정치색은 그들의 사회경제적 여건에 의해 뚜렷하게 좌우되는 것처럼 보인다. 이러한 양상은 10월 7일 대선 결과가 실제 결과와는 정반대일 것이라고 기대했던 사람들이 왜 그렇게 많았는지를 이해할 수 있는 중요한 요인이다. 사람들은 보통 상대적으로 동일한 사회경제적 환경 안에서 관계를 맺는데, 대부분이 유사한 정치색을 드러내고 그들의 사회경제적 환경을 국가의 전체적인 상황으로 여긴다.

10월 7일 대선 결과는 정치적 양극화의 내부에서 발생한 분열 또한 드러낸다. 차베스 진영에서는 차베스 대통령이 2007년부터 친차베스

〈표 3-4〉 카프릴레스 라돈스키 득표수 분포도: 2012년 10월 대선

	득표수	%
총득표수	6,583,426	100.00
민주통합원탁회의(MUD)	2,201,685	33.44
제일정의당(PRIMERO JUSTICIA)	1,837,272	27.91
신세계당(UN NUEVO TIEMPO)	1,201,595	18.25
민중의지당(VOLUNTAD POPULAR)	471,392	7.16
진보당(VANZADA PROGRESISTA)	255,937	3.89
베네수엘라비전연합(UNIDAD VISIÓN VENEZUELA)	131,513	2.00
민연합(MIN UNIDAD)	110,692	1.68
기타	373,34	5.67

자료: www.cne.gob.ve

세력을 '단일 대오'의 당으로 통합할 목적으로 통합사회주의당을 창설하는 등 여러 가지 노력을 해왔으나, 실제로는 하나의 당으로 규합하지 못했다. 통합사회주의당은 여전히 친차베스 정당들의 중심이 되고 있지만 애국파에 속한 정당들의 지지가 없이는 힘에 부쳤을 것이다.

차베스가 얻은 득표 중 22%는 통합사회주의당 밖에서 획득했다. 180만 3480표는 카프릴레스를 이기는 데 결정적이었다. 이 정당들은 통합사회주의당에 대한 불만과 반대 의사를 표현할 수 있는 창구가 되었다. 친차베스 세력 내부에서 일반적으로 정부 및 당 운영에 있어서 부재했던 다양성과 복수성에 대한 필요성이 회복된 듯 보인다.

야권 측 역시 뚜렷한 분열 양상을 보였다. 카프릴레스에게 가장 많은 지지표를 보낸 것은 민주통합원탁회의였다. 단합에 대한 요구를 가장 분명하게 표명한 당이다. 다양한 역사적 정당들(AD, COPEI, MAS, LCR)은 당원들에게 야권에 투표할 것을 종용했다. 또한 반정치적 입장에 서 있는 반차베스주의자들이 특정 정당을 지지하지 않고 야권에 투표하

도록 힘썼다. 현재 야권의 제1정당으로 떠오른 제일정의당은 53만 7723
표를 얻은 2006년 선거보다 41.4% 가량 득표율이 증가했다. 2006년
선거 당시 야권 제1정당이었던 신세계당은 35만 3767표가 감소하면서
현재 야권 제3정당이 되었다. 이러한 결과는 2006년 대선 후보가 신세
계당 총재였다가 2012년에는 제일정의당으로 변경되었기 때문일 수
있다.

4. 결론을 대신하여: 시민, 권리, 민주주의 그리고 정의

이번 대선 과정을 통해 라틴아메리카, 특히 급진적인 혹은 '개혁을
추진하고 있는' 국가들에서 일어나는 사회정치적 변화 과정을 되짚어
볼 수 있다. 볼리비아, 에콰도르, 베네수엘라의 사례는 물론 충분히
서로 상이한 양상을 보이지만 일부 입장을 공유하고 있고 정치 전략
및 특정 부분에 있어서 서로 영향을 주고받고 있다.

시험을 거듭하고 있는 새로운 국가 모델 및 정치 시스템에 대한 합법
화는 20세기 민주주의가 베네수엘라 사회 전반에 걸친 사회경제적 여건
을 개선하리라는 기대를 충족시키는 데 난관에 봉착하면서 야기된 환멸
에 기반을 두고 있다. 오래된 고립, 불평등, 빈곤과 결핍의 극복에 집중
하는 정치적 의제를 손에 든 새로운 정부는 현재까지 그 정치적 정당성
을 누려왔다. 불평등의 수준을 낮추는 것은 국민 대부분을 위한 시민의
조건에 부합하기 위한 필수요건이다.

이러한 방향성을 가지고 '혁명'을 정당화하기 위한 핵심적인 요소
중 하나로서, 차베스 내각은 위와 같은 사회악을 퇴치하기 위한 일련의
정치적 계획 및 실천을 준비해왔다. 공식 집계에 따르면, 빈곤과 결핍은

1999년 차베스가 집권한 이후부터 절반으로 감소했다는 것은 시사적이다. 지니계수가 낮아지면서 베네수엘라는 라틴아메리카에서 가장 평등한 국가 중 하나가 되었다(INE, 2012).

1999년부터 차베스 정부가 직면한 빈곤 및 결핍 지표는 대의민주주의에서 '참여 및 직접' 민주주의로의 정치체제 변화를 정당화하려는 요인이었다. 이를 위해 개헌 관련 제헌의회를 소집하여 볼리바르 공화국 헌법이라는 새로운 헌법을 작성했으며 국민투표를 통해 승인되었다. 이는 기존의 대의민주주의 틀 위에 '민주주의를 민주화'하기 위한 직접 참여민주주의 매커니즘을 더한 것이다. 기본적으로 빈민가에 위치한 다양한 형태의 사회단체들이 인간의 기본권으로 여겨지는 물과 전기 같은 기초 자원의 수혜와 관련한 시급한 문제들을 돌보고 해결하기 위해 정부로부터 지원을 획득했다. 국민들이 자신이 처한 문제의 해결에 직접적으로 참여한다는 것은 진정한 의미의 시민이 되는 동력이라는 인식에서 출발한 것이다.

2001년에서 2005년 사이 정부가 처한 정치적 위기(쿠데타, 석유 파업, 소환투표, 민중 소요 등) 당시, 정부는 시급한 사회경제적, 정치적 상황과 직면해야 했다. 시급한 문제들(실업, 공급 중단 사태, 보건)을 지난한 관료 절차를 거치지 않고 동시에 정부 자체의 정당성을 강화하기 위한 목적으로 민첩하게 대응하기 위해 고안된 사회정책들이 태동하던 때였다. 이것이 바로 '위대한 임무(misión)' 정책의 기원이 되었고, 엄청난 성공을 거두면서 그때부터 정부는 위대한 임무 정책들을 모든 사회정책의 중심으로 탈바꿈시켰다.[10]

---

10) 위대한 임무 정책에 대한 연구는 차베스 첫 임기 동안의 국정운영을 평가한 다양한 글이 실린 *Ágora, Revista de Ciencias Sociales*(2006)를 참고하면 된다.

위대한 임무 정책은 정부기관으로부터 독립되어 차베스의 직접적인 관할 하에 전개되어왔다. 석유산업의 번영에 힘입어—2004년에 다시 시작된 호황은 2009년과 2010년에 잠시 주춤한 이후 계속 번영하고 있다—30개 이상의 위대한 임무 정책들이 만들어졌고, 베네수엘라 인구의 상당수가 이 위대한 임무 정책의 수혜를 받은 표시로 각 정책의 이름을 따서 개명했다. 차베스는 지지율을 보장받기 위한 목적으로 이러한 상황을 선거에서 언급했다. 10월 7일 대선에서는 이 관계가 특히 강조되었는데, 이는 통합사회주의당의 민중 동원 능력 때문이기도 했지만, 차베스가 엄청난 자원을 쏟아 부어 선거기간 동안 전국적으로 선전한 위대한 임무 정책을 시행하기 위해서이기도 했다. 관영 언론은 차베스 대통령의 위대한 임무 정책을 지속적으로 선전했다. 그러나 민영 언론 역시 국정정보전달특권법에 따라 국영방송과 함께 차베스의 행보를 매일 방송했다. 정부의 제도에서 독립되어 대통령이 직접 관할하는 이러한 사회정책의 도구화는 파벌적인 관계를 양산해왔는데, 여기서 특혜를 얻거나 이를 기대하는 것은 차베스 정권 및 집권당에 표를 던지고 선거기간에 지지를 약속하는 등의 정치적 충성심을 동반해야 한다. 여기에 통합사회주의당의 세력 확장을 지지 및 지원하며 집권당 후보에게 투표할 수 있도록 공공 부문의 취업을 도모하는 시도 또한 포함되어야 한다. 민간 부문에서의 취업률은 감소하는 추세이기 때문이다.

친차베스 후견주의는 과거의 후견주의와는 일정한 차이를 보인다. 예전에는 기본적으로 정당과 연계되어 있었다면 지금은 대통령이라는 한 인물과 결부된다. 물론 통합사회주의당이 이해관계를 조정하지만 항상 차베스의 이름으로 운영된다. 이는 현재 투표수를 확보할 수 있는 합법적인 매커니즘이 되었다. 또한 차베스 정권의 석유산업은 역사적인 호황을 누리고 있고, 위대한 임무 정책과 코뮨 조직은 과거 정당들이 사용한 매커니즘보다 오일머니에서 나오는 자원을 빈곤층에게 분배하는 데 훨씬 효율적임을 증명해왔다. 따라서 빈민층과 관련하여─공식집계에 따르면, 빈곤은 27%의 가정에 영향을 미치고 있다─국가와 사회는 파벌주의적 관계를 구축하게 되었고, 공공자원은 노동행위가 아닌 차베스의 너그러운 온정에 기반한 배당을 통해 이루어진다. 이러한 파벌 관계의 특징은 이를 발생시킨 시민성의 수준에 대한 무수한 의심을 낳는다. 한편으로는 소외 계층의 기본적인 사회적 필요를 해결하지만 그에 상응하는 정치적 충성심을 요구한다. 반면, 석유 수입의 배분 덕분에 기초 생활 여건은 개선되었지만 정규직 창출이 뒷받침되지 못하면서 빈곤을 실질적이고 영구적으로 퇴치하지 못하고 있다. 또한 공동 책임, 의무이행, 타인과의 연대와 같은 시민의 자질과 가치를 신장시키지도 않는다. 따라서 차베스의 정책은 시민의 권리를 회복시킨다는 점에서 시민성을 확장시켰으나, 자주적인 시민성의 발현은 제한한다.

10월 7일 대선은 공공자원을 불평등하게 이용하는 방식이 민주선거를 훼손할 수 있다는 논쟁을 불러 일으켰다. 베네수엘라에서 선거기간 동안의 정치선전 및 대통령의 특권을 사용하는 것에 대한 제재는 없다. 오히려 공공자원의 이용 및 관료들의 정당 활동은 공식적으로 규제를 받지만, 이러한 활동은 비일비재하다. 차베스의 카라보보 결사대는 정부 관료 및 고위인사들로 구성되었고, 선거운동 책임자는 리베르타도르 시장이 맡아 캠페인을 이끌었다. 이는 선거법에 위배된다. 그러나 이러한 비민주적인 절차가 선거 결과를 뒤집지는 못했다.

이러한 상황의 배경에는 전통적인 혹은 고전적인 민주주의가 지닌 문제의 핵심이 오늘날 라틴아메리카 일부 국가들이 박차를 가하고 있는 개혁개발과 결부되어 있다. 이 국가들은 '혁명적인' 합법성을 취하고 있는데, 베네수엘라의 경우는 그 합법성은 볼리바르 공화국 헌법 제2조

"베네수엘라는 권리와 정의가 살아 있는 사회주의국가이며, 법과 그 효력이 지닌 가치로서 생명, 자유, 정의, 평등, 연대, 민주주의, 사회적 책임 그리고 천부인권, 윤리, 정치적 복수성을 옹호한다"는 내용과 연계되어 있다(필자 강조).

권리와 정의가 살아 있는 국가라는 명제는 법과 헌법에 준하지 않는 차베스 정권의 다양한 활동을 정당화했다. 물론 이 문제는 표면화되지 않았다. '권리'의 문제가 차베스 정부의 방향과 충돌을 빚자, 정부는 자신의 입장을 '정당한(justa)' 것으로 간주하면서 정부의 합법성을 강조했다. 누가 어떻게 정당하다는 것을 결정할 수 있는가? 대통령이?

정부라는 공적 제도의 이러한 행위를 두 가지 예를 통해 살펴보자. 앞에 지적한 바 있듯이, 2007년 차베스가 직접 기획한 사회정책은 베네수엘라의 헌법을 21세기 사회주의 국가 모델과 결부시킴으로써 혁명을 심화하기 위한 헌법 개정으로 이어졌고 이는 국민투표에서 통과되지 못했다. 21세기 사회주의는 민중 권력의 출현은 물론 공동체위원회와 함께 새로운 국가의 기반이 될 새로운 영토적 정치구조를 포함한다. 개헌은 성사되지 못했다. 그러나 개헌과 관련한 일사부재리의 원칙에도 불구하고(제345조), 개헌 제안 중 많은 내용이 대통령령 및 국회에서 제정한 법에 의거하여 실행되었다. 대법원이 대통령 직속기구가 되면서, 헌법을 차베스의 정책에 유리하게 해석할 수 있게 되었다. 차베스의 세 번째 임기(2007~2013년) 말기에 '사회주의법'에 의거하여 베네수엘라 볼리바리안 공화국 헌법과는 다양한 측면에서 충돌하는 '코뮌 국가'라는 새로운 국가 모델이 대두되었다. 이러한 행보를 어떻게 해석해야 하는가? 단지 차베스 대통령이 원하기 때문에 사회주의 기획으로서 정당화되기 위해서 법적인 형식주의라고 해석해야 하는가? 아니면 대통령은 항상 옳기 때문에 정부는 베네수엘라 볼리바리안 공화국 헌법까지도 건너뛸 수 있는가?

두 번째 예는 최근 대선이다. 10월 7일 대선 기간이 지나고 12월 16일 지방선거를 준비하면서 선거관리위원회는 후보 6명에 대한 투표소를 통합사회주의당 및 당원의 관할지역으로 바꾸면서 영구선거인명부에서 108개를 변경했다. 12월 선거에서 영구선거인명부는 10월 대선과 동일한 명부가 사용되었어야 했지만, 이러한 '예외적인' 변경은 선거 결과를 뒤집을 수 없도록 만들었고 투표권을 보호하는 차원에서 이루어졌다(El Nacional, 2012.10.27). 선관위가 정한 규정에 따르면, 보통선거와 관련한 업무를 맡고 있는 시민은 물론 그 주변에 있는 사람에게조차 특별한 권한을 부여하지 않는다. 유권자등록은 4월 15일에 마감했고 예외는 없었다. 이 '예외적인' 경우가 통합사회주의당의 입장과는 또다른 입장을 위한 것이었는지에 대해 재고해보아야 한다. 앞에 언급된 예와 마찬가지로, 민주적인 것과 비민주적인 것 사이의 경계는 어디인가? 선관위는 스스로의 적법성을 저버리고 어디에도 없는 '권리'를 이용하면서 민주주의 자체는 훼손하지 않은 채 편파적인 행위를 할 수 있는가?

오늘날 라틴아메리카에서 일어나고 있는 정치적 변화의 과정은 고전적인 민주주의의 근간을 뒤흔들고 있다. 개혁의 바람이 불고 있는 곳에서는 빈곤 퇴치 혹은 정치적 자유나 시민으로서의 자유 보장과 같은 평등원칙을 무엇보다도 우선시하기 때문이다. 따라서 이들 지역에서는 민주적인 정치와 비민주적인 정치를 구분하기 위한 최소한의 '필터'를 개념화하기 위해 오늘날 민주주의란 무엇인가에 대한 체계적이고 심도 있는 논의가 시급하다(Caetano, 2011). 또한 20세기보다 확장된 그리고 성숙해진 시민성을 형성해야 할 필요성에 대한 논의가 요구하다. 우리가 이 글에 제시한 것과 같은 발전 과정은 더욱 강력한 민주주의로 나아가는 여정에 대해 확신보다는 아직은 약점이 더 많이 드러난다.

부록_ 2012년 12월 지방선거

2012년 12월 16일, 대선이 끝난 지 10주 만에 2013~2016년 임기를 위한 23개 주지사 및 국회의원 233명 선출을 위한 지방선거가 열렸다. 10월 대선과 마찬가지로 12월 선거에서도 선관위가 평등원칙을 보장할 수 없었고 후보들 역시 이를 준수하지 않았다. 그러나 투표 당일 베네수엘라는 선거와 관련한 폭력적인 사건 없이 평화로웠다. 자유투표와 비밀투표의 원칙을 바탕으로 한 투명하고 깨끗한 선거 결과가 미약하게나마 새롭게 보장되었다. 비록 차베스 대통령이 1998년부터 처음으로 통합사회주의당 소속 후보를 주지사선거 후보로 천거하는 데 거센 입김을 불어넣었지만 선거운동기간에는 모습을 거의 드러내지 않았다. 물론 차베스의 이미지는 모든 곳에 편재했지만 말이다.

일반적으로 이번 선거의 결과는 10월 대선의 양상을 재확인시켜 주었지만, 몇 가지 차이점 또한 지적할 수 있다. 우선 이번 지방선거에서 주목할 점은 상대적으로 저조한 투표율이다. 10월 대선에서는 기권율이 19.5%였으나, 12월 지방선거에서는 47% 가까이 급증했다. 물론 두 선거를 직접 비교할 수는 없다. 베네수엘라 정치체제가 강력한 대통령 중심이기 때문에, 대통령선거에 대한 관심이 다른 선거보다 높다. 12월 지방선거에서의 기권율은 다른 지방선거 때와 유사한 수치였다.

또한 이 기권율은 다른 후보들에게 동일하게 작용했다는 점을 지적해야 한다. 10월 대선에서 차베스는 유효표의 55.1%, 카프릴레스는 44.3%를 획득했고, 12월 선거에서는 집권당 소속 후보들이 52.3%, 야권 후보들이 42.6%의 표를 얻었다. 통합사회주의당과 민주통합원탁회의 소속 정당들은 10월 대선에서 12월 지방선거로 넘어가면서 상당한 수의 표를 잃었다. 여권은 330만 표를, 민주통합원탁회의 소속 정당들은 270만 표를 놓쳤다. 그러나 유효표의 비율만 따졌을 때, 두 선거 모두 비슷한 양상을 보였다.

그러나 차이점도 존재한다. 10월 대선에서 차베스는 주지사 및 법률위원회가 없어 12월 지방선거가 열리지 않은 카라카스를 포함하여 21개 연방주에서 승리를 차지했다. 반면 카프릴레스는 메리다 및 타치라에서 승리했다. 선관위는 미란다에서 7901표를 얻은 차베스의 승리를 공식적으로 기록했으나, 카프릴레스의 사진 위에 기표가 된 것이 1만 800표 이상 나왔고, 집계 과정 중에 발생한 변경사항으로 인해 다른 후보의 표에 합산되거나 혹은 무효표로 처리되었다. 이는 많은 유권자가 투표방법을 제대로 인지하지 못했으나 카프릴레스에게 투표를 하려던 의도가 있었다고 보는 것이 타당할 것이다. 12월 지방선거에서 집권당 주지사 후보 20명이 선출되었고, 야당에서는 아마소나스, 라라, 미란다 주에서 주지사 3명이 당선되었다.

친차베스 진영과 반차베스 진영으로 양분된 베네수엘라의 정치적 양극화에 대해 많은 이들이 토론을 벌여왔다. 어떤 선거든지 간에 이러한 양극화는 어디에 투표할지를 정하는 중요한 요소로서 많은 유권자들에게 결정적인 요인이 된다. 따라서 정치적 양극화는 항상 존재해왔다고 말한다. 그러나 앞서 언급했듯이 2012년에 열린 두 선거에서 양 진영이 획득한 득표율은 대동소이하다 할지라도, 투표 결과를 잘 살펴보면 뚜렷한 차이가 드러난다.

10월 대선 당시 차베스가 패배한 2개 주에서 12월 지방선거에서는 차베스가 지지한 후보가 승리를 거두었다. 특히 타치라주의 결과가 주목할 만하다. 카프릴레스는 여기서 56.2%의 득표율을 보였고, 재선을 노린 야당 후보 세사르 비바스 페레스(César Vivas Pérez)는 45.5%의 득표율로 10% 이상 격차를 보이며 패배했다. 차베스주의자인 호세 비엘마 모라(José Vielma Mora)는 차베스의 득표율보다 10% 앞섰다. 타치라 주에서 기권율이 증가했다 하더라도 전국 평균치에는 못 미쳤다. 따라서 지역적 특성과 후보에 대한 평가가 타치라주 선거에서는 결정적인 역할을 했다. 메리다주에서도 역시 투표율의 변화는 크게 유동적이지 않았지만 비슷한 상황이 연출되었다.

아마소나스주와 라라주는 정반대였다. 2008년 여당연합 소속으로 당선되었다가 현재는 야당으로부터 공천을 받아 재선을 노린 리보리오 구아루야(Liborio Guarulla) 후보와 헨리 팔콘(Henry Falcón) 후보는, 차베스가 10월 대선에서 승리했던 바로 이 아마소나스주와 라라주에서 당선되었다. 야당 후보들이 재선에 성공한 3개의 주를 포함하여 다른 주에서는 차베스주의가 여전히 승리의 요인이 되고 있는 데 반해, 10월 대선과 12월 지방선거 사이의 투표율의 차이는 15% 이상을 기록했다. 이러한 예시들은 첨예한 정치적 양극화, 후보들, 그들의 공약에도 불구하고 중요한 의미를 지닌다. 정치와 지역성을 재고해보아야 할 것이다.

AAVV. 2006. "Venezuela en transición. La experiencia bolivariana de gobierno (II)." *Ágora, Revista de Ciencias Sociales*(España), N° 14.

Caetano, Gerardo. 2011. "Pobreza y derechos humanos, Cambios en la ciudadanía y nuevas democracias en América Latina." *Documento circulado por el Instituto Interamericano de Derechos Humanos de Costa Rica*. Montevideo, 1 de noviembre.

Chávez, Hugo Rafael. 2006. "Discurso del 15 de diciembre." en <http://www. analitica.com/bitblio/hchavez/partido_unico.asp>

_____. 2012. "Propuesta del candidato de la patria comandante Hugo Chávez para la gestión bolivariana socialista 2013-2019." en <http://www.chavez.org.ve/ programa-patria-venezuela-2013-2019/>

INE. 2012. "Estadísticas." en <http://www.ine.gov.ve/documentos/Productos_y_Ser vicios/Productos/pdf/EstadisticasINE2011.pdf>

Lander, Luis E. 2012. "Debilidades no superadas." *Revista SIC*, N° 748, Año LXXV, septiembre-octubre, pp.346~249.

Lander, Luis E. y Margarita López Maya. 2008. "Referendo sobre la propuesta de reforma constitucional: ¿Punto de inflexión en el proceso bolivariano?" *Revista Venezolana de Economía y Ciencias Sociales*, N° 2, Vol. 14, mayo-agosto, pp.195~215.

LOC. 2010. *Ley Orgánica de las Comunas*. GOl N° 6.011 Extraordinario del 21 de diciembre.

LOCC. 2009. *Ley Orgánica de los Consejos Comunales*. GO N° 39.335 de fecha 28 de diciembre.

López Maya, Margarita. 2006. *Del Viernes Negro al referendo revocatorio*. Caracas, Grupo Alfa.

_____. 2012a. "La relación gobierno-oposición en Venezuela. Notas sobre unas relaciones negadas." *Jornadas de Análisis Político Internacional* (OEP-IDEA-PNUD). Octubre 1-3, 2012. Cochabamba y Santa Cruz, Bolivia.

_____. 2012b. "Venezuela entre incertidumbres y sorpresas." en <http://www.nuso. org/upload/articulos/3793_1.pdf>

López Maya, Margarita y Luis E. Lander. 2007. "Venezuela: las elecciones presidenciales de 2006 ¿Hacia el socialismo del siglo XXI?" *Cuadernos del CENDES*, N° 64, Año 24, enero-abril, pp.1~22.

López Maya, Margarita y Alexandra Panzarelli. 2011. "Populismo, rentismo y socialismo del siglo XXI: el caso venezolano." *Recso_02 Revista de Ciencias Sociales de la Universidad Católica del Uruguay*, Vol. 2, Año 2, 2011, pp.39~62.

LOPRE. 2009. *Ley Orgánica de los Procesos Electorales*. GO Extraordinario N° 5.928 del 12 de agosto.

Mayorga, Fernando. 2011. "Democracia, ciudadanía y exclusión en la región andina." *Documento circulado por el Instituto Interamericano de Derechos Humanos de Costa Rica*. Montevideo, 1 de noviembre.

Muñoz, Boris. 2012. "La suerte de Capriles Radonski." *Revista Gatopardo*(Bogotá), 17-9.

Zovatto, Daniel. 2003. "Dinero y política en América Latina: una visión comparada." *Biblioteca de Reforma Política*, N° 2, IDEA International y Asociación Civil Transparencia, Lima.

제 2 부

볼리바르 혁명의
사회적, 문화적, 인종적 관점

제4장

줄어든 불평등, 늘어난 폭력

카라카스의 모순

베로니카 수비야가 _박정원 옮김

베네수엘라의 도시 폭력에 관한 연구에서는 한 가지 모순이 발생한다. 한편으로 (불평등 수준에서 우루과이에 동등하게 위치할 만큼) 사회적 지표가 향상된 것을 목격할 수 있다면, 높은 살인율로 인해 폭력의 측면에서는 엘살바도르와 과테말라와 버금갈 정도로 지역에서 가장 위험한 나라가 되었다. 폭력과 죽음의 확산, 특히 빈민 지역에서 희생자의 증가라는 현실에 직면한 카라카스는 비판에 빠진 반(反)도시의 모습으로 두려움의 시민권이라는 시기를 지나고 있다.

베로니카 수비야가 Veronica Zubillaga 벨기에 로바이나 가톨릭대학교 사회학 박사. 베네수엘라 시몬 볼리바르대학의 교수로 2012년 미국 풀 브라이트 장학금 수혜자이다.

* 이 글은 안드레스베요 가톨릭대학교 인문과학기술발전위원회, 시몬 볼리바르대학교 연구개발대학 및 열린사회연구소 재단의 재정 지원을 받아 작성되었으며, 2012년 7월 16-20일 카라카스 베네수엘라 중앙대학교에서 개최된 "민중 세계를 다시 상상하기(Reconfiguraciones del mundo popular)"에서 논의된 내용을 체계적으로 정리한 글임을 밝힌다. 이 글은 *Nueva Sociedad*, No. 243 (2013.1-2)에 실린 글을 옮긴 것이다.

1. 이론적 시각과 방법론

도시 공간에서 공존하는 방식에 대해 고민한다면 시민의 개념을 떠올리게 된다. 엘리자베스 젤린(Elizabeth Jelin)의 제안은 이러한 의미에서 우리의 생각을 정리하는 데 시사적인 것 같다. (기억과 시민이라는 주제를 연구해온) 젤린의 지적에 따르면, "분석적인 관점에서 본 시민의 개념은 권력과 갈등 관계에 위치하는 실천 행위를 의미하며, 이는 공공의 문제가 무엇이고 이를 어떻게 다룰 것인가를 결정하는 과정에서 누가 무엇을 발언할 수 있는가에 관한 투쟁을 함의하고 있다. …… 즉, 권리와 마찬가지로 시민이라는 개념도 항상 구성되는 과정에 있으며 변화 선상에 있다"(Jelin, 1996: 104). 시민의 개념을 만들어가는 실천적 행위와 제도 그리고 문화적 재현과 같은 사회적 과정을 분석하는 작업에 있어서, 일반적으로 타인과의 관계, 특히 '특권적인 타인' 즉, 국가와의 관계 속에서 집단적이고 개인적인 주체성을 확립해 나가는 과정들이 주된 관심사가 되어야 한다(Jelin, 1996: 101). 우리가 이해하는 시민의 개념은 도시와 '결부된' 과정으로, 도시는 (가깝고 먼) 타인과 관계를 맺고 그 과정에서 '우리'를 결속시키고 '타인'을 배제하기 위한 공간적이고 도덕적인 경계를 설정하는 공간이자 무대이다.

도시에 거주하는 타인들 간의 상호작용이 활발한 상태에서 목격되는 폭력은 일종의 표식의 의미를 넘어 타인에 대한 적대감을 표현하는 주체성에 대한 논의를 이끈다. 지난 십 년간 카라카스에서 일어난 일련의 변화들을 곁에서 지켜보면서, 우리는 수사나 롯커(Susana Rotker)의 글에서 논의된 바 있는 '공포 속의 시민(ciudadanía del miedo)'(Rotker, 2000)의 존재에 대해 공감할 수 있다. 또한 이러한 상황에서 타인과의 경계를 설정할 때 표출되는 적대감은 더욱 커지는데, 이러한 경계 설정은 단순히 공간(공간적인 경계)을 구분하는 것을 넘어 타인에 대한 적대감이 악화되는 것을 드러냄과 동시에 도덕적인 경계선이 강화되는 것을 보여준다.

미셸 라몽(Michèle Lamont)의 제안에 따르면, 상징적인 경계 설정은 사람들이 각자 가지고 있는 문화적 자원뿐만 아니라 그들이 살고 있는 구조적인 환경에 의해 규정되는 기본적이고 일반화된 사회적 과정을 포함한다(Lamont, 2002). 상징적인 경계들은 개인이 사람들을 분류하여 "우리"를 "그들"보다 나은 것으로 간주할 때 세우는 기준선이다. 특히 도덕적인 경계는 사회적으로 선한 것, 옳은 것, 바람직한 것으로 정의되는 특징들에 초점을 맞춘다(Lamont, 2002). 따라서 우리와 타인 사이의 상징적인 경계 설정이 정체성을 구축하는 일상적인 과정의 일부를 이루고 있다 할지라도, 현재 우리가 직면하고 있는 것은, 주위에서 경험하게 되는 위협으로 인해 생긴 두려움이 만연한 시기에 그러한 경계들이 더욱 두드러지고 그러한 경계들이 점점 더 협소해지는 공간과 연결되며 그 도덕적 성격은 악화된다는 것이다.

카라카스의 파편화된 도심 공간은 강력한 도덕적 특성을 띠고 있으며 도시민의 동선을 차단하는 안전 구역과 위험 구역(Remy y Voyé, 1981)으로 편성된 지도 그 자체이다. 도시 공간의 도덕적 영역은 하늘을 치솟고 세계는 이미 알고 있는 도시의 공간으로 한정된다. 즉 우리 집과 우리 가족의 공간, 내 친구와 동료들의 공간처럼 지리적으로 인접한 우리라는 공간, 그리고 우리 커뮤니티와 이웃들의 공간처럼 비슷한 영토에 거주하며 오가는, 좀 더 확장된 형태의 우리라는 공간이 그것이다. 따라서 어느 정도는 동일하다고 할 수 있는 우리라는 세계의 일부를 이루지 않는 모든 것, 즉 완전히 다른 타자는 나쁜 것으로 인식되고, 타자의 공격에 대비하여 우리는 위협적인 감금 도시 모델에 기초하여 마찬가지로 공격적인 방어 태세를 갖춘다. 그리고 타자들의 존재가 극도로 부정될 때에는 무기 사용이 증가한다. 사형 선고가 늘어나고 우연한 죽음들은 미궁 속으로 빠지며, "죽음은 필연적인 것으로 변하고" 현재 우리가 마주하고 있는 비인간화와 폭력의 순환고리 속에 갇히게 된다.

이 글에서는 방법론적인 관점에서 주관적인 경험뿐만 아니라, 일반적인 경향에 관한 정보 또한 제시하고자 한다. 이 글은 다양한 출처의 통계학적 자료를 한데 모으고, 현상학적인 접근을 통한 다양한 연구를 안에서 폭력, 타인, 도시 그리고 이것들이 카라카스 시민들에게 어떤 의미를 가지는가와 관련하여 카라카스 거주민들의 경험을 기록하고 해석하려고 한다.[1] 우리 능력을 넘어서는 사건들을 말로 의미화해야 할 필요성과 그 의미를 모색하려는 우리의 해석학적 노력의 일환으로, 우리는 통계자료, 설문조사 자료, 민족지학적 관찰을 통한 기록 그리고 인터뷰를 통한 새로운 서술 자료들을 이용하고 연계시켰다. 모든 '자료들'은 우리가 오늘날 카라카스의 일상적 현실 안에 만들어놓은 다양한 의미의 징후처럼 느껴진다. 그러나 우리는 카라카스를 하나의 총체성 안에서 이해하기보다는, 새로운 현상들을 제시해줄 해석학적 제안으로 접근하고자 한다.

---

[1] 연구명은 구체적으로 "청년 폭력 방지를 위한 계획: 빈민가 출신 청소년의 경험들 (Iniciativas juveniles contra la violencia en Caracas: experiencias de jóvenes varones de sectores populares)"이다. 또한 마누엘 요렌스(Manuel Llorens), 힐다 누네스(Gilda Núñez) 그리고 존 소토(John Souto)가 공동 참여한 "공동체와 무장 청년들 사이의 공존을 위한 시스템화: 배움과 보급을 위한 열쇠(Sistematización acuerdos de convivencia entre comunidades y jóvenes de bandas armadas: claves para aprender y difundir)"이다.

2. 줄어든 불평등, 늘어난 폭력

베네수엘라 볼리바르 혁명공화국은 도시 폭력에 관한 연구에 있어서 역설적인 면을 드러낸다. 한편으로는 사회 공적 투자가 확대되면서 저소득 인구의 기초 생활 여건이 개선된 반면, 바로 이 저소득층이 속한 구역에서 폭력이 현저하게 증가하는 양상을 보이고 있다.2) 여기서 드러나는 모순은 지극히 명확하다. 영아사망률은 줄어들었고3) 영양실조로 사망하는 영유아 비율 역시 감소했으나,4) 생존한 유아 중 상당수가 청소년기 및 청년기에 이르면 또래집단 혹은 경찰과의 대치 중에 사망한다. 베네수엘라에서 15세에서 24세 사이 남성 청년들의 가장 큰 사망 원인은 살인이다(살인 사건 피해자의 81%가 남성이다).5) 또한 이들 내부에서도 사망 위험률의 분포가 불규칙하게 나타나는데, 사망자 대부분 (83%)이 도시 빈민 계층에 속한다.6)

---

2) 2003년에서 2008년 사이, 베네수엘라에서 빈민 가정으로 분류된 가구의 비율은 (국민총생산에 의거하여) 총가구 수에서 55%에서 28%로 감소했다.

3) 영아사망률은 영아 1000명당 1999년 19명에서 2008년 13.9명으로 감소했다. 자료: <www.sisov.mpd.gob.ve/indicadores/> 2012.9.18.

4) 영양실조로 인한 영유아 사망률은 1997년에서 2006년 사이 12개월 미만 영아 10만 명 당 72명에서 27명으로 감소했다. 자료: <www.sisov.mpd.gob.ve/> 2012.9.18.

5) 베네수엘라 보건부(Ministerio de Poder Popular para la Salud), 「사망률 연차보고서(Anuario de mortalidad)」, Caracas, ediciones 1997-2008.

6) 도시 안전에 대한 인식과 피해에 관한 국가 차원의 설문조사(la Encuensta Nacional de Victimización y Percepción de Seguridad Ciudadana)에 따르면, 살인 사건 피해자의 상당수가 두 부류의 빈민 계층에 속하는데, 56%는 상대적 빈곤층(estrato IV)이고, 27%는 심각한 빈곤층(estrado V)에 속한다. INE, *Encuensta Nacional de Victimización y Percepción de Seguridad Ciudadana 2009*(INE, Caracas, 2010). (베네수엘라는 빈곤 계층을 빈곤의 정도에 따라 5단계(I~V)로 분류한다. ─옮긴이)

반면, 빈민층 여성과 아동들을 위한 사회적·경제적 지원 프로그램에 많은 노력을 쏟아부었으나, (대부분이 폭력의 희생자들인) 빈민층 남성 청년들은 볼리바르 복지정책에서 잊힌 존재들이다. 게다가 기회의 박탈이라는 문제와 직면하여 마약 산업에 발을 담그게 되면서 경찰 및 조직 간의 분쟁에 일상적으로 노출되어 있다. 따라서 앞서 언급했듯이 베네수엘라는 엘살바도르 및 과테말라와 함께 주변지역 중에서 범죄율이 높은 지역에 속한다.[7] 이와 동시에 라틴아메리카 대륙 내에서 사회적 불평등이 적은 나라에 속한다.[8]

요약하자면, 베네수엘라에서 발생하는 폭력은 도시에서 발생하고 무기를 사용하는 사회적인 현상이다. 즉, 대부분의 살인 범죄는 총기가 사용되고 경제적 재화 및 흐름 그리고 사회적 불평등이 집중되어 있는 도시에서 발생하며 또한 주변으로 확산되는 특징을 지니고 있다(Zaluar, 1997). 이는 두 가지 차원에서 확장된 분쟁의 모습을 보여주는데, 하나는 마약 및 무기의 유통, 조직범죄와 같이 지하경제활동이나 그 자원을 통제하려는 움직임에서 포착되는 도구적이고 경제적인 차원이다. 다른 하나는 "지하 정치적(infrapolítica)" 차원으로 명명할 수 있겠는데, 이는

---

7) 베네수엘라의 살인범죄율은 인구 10만 명 당 50명이다. 참고로 멕시코는 인구 10만 명 당 24명, 콜롬비아는 31명, 과테말라는 38명, 엘살바도르는 69명이다. Ana María Sanjuán, "Seguridad ciudadana en Venezuela," Woodrow Wilson Center, Washington, DC, 30 de mayo de 2012; Oficina de las Naciones Unidas contra la Droga y el Delito, "International Homicide, Count and Rate per 100.000 Population(1995-2011)," <www.unodc.org/documents/data-and-analysis/statistics/crime/Homicide_statistics2012.xls> 2012.9.20.

8) 불평등 정도를 측정하는 지니(Gini)계수에 따르면, 베네수엘라의 사회경제적 격차는 1998년 0.48에서 2010년 0.38로 감소했다. 자료: <www.sisov.mpd.gob.ve/> 2012.9.18.

경찰 및 법률 행정 시스템과 같은 사회적 결속이 파괴되고 사회생활의 기본 조건이 악화될 때 드러난다(Wieviorka, 2004).

베네수엘라의 현대사가 보여주는 복잡하게 뒤얽힌 과정들은 이러한 폭력의 양상을 잘 형상화한다고 말할 수 있겠지만, 이를 설명하는 것이 우리의 주된 목적은 아니다. 그렇지만 이를 간단히 언급하고 넘어가자면, 이러한 폭력의 기원을 1980년대 가속화된 도시화 및 파편화, 1980년대 생활 조건의 악화와 더 나은 삶에 대한 희망의 좌절, 1990년대 정부의 쇠약과 라틴아메리카 내의 불법 유통 경로의 확장 등에서 찾을 수 있다. 그러나 무엇보다도 21세기로 들어서면서 새로운 문제들이 부상했고 이러한 전대미문의 폭력이 발생했다고 볼 수 있겠다.

볼리바르 정책의 전개와 더불어 고조된 정치적 긴장은 2002년 군부쿠데타, 2004년 석유파업 그리고 친정부파와 반정부파 간의 거리 시위 등을 위시한 일련의 대치 상황에서 드러나듯이, 경찰 및 법적 시스템의 악화와 일반적인 탈제도화(desinstitucionalización)에 기여하고 있다. 시민들 내부에서 무기 소지의 증가, 타인에 대한 혐오감 증가, 무기 및 탄약 통제와 관련한 국가의 무능력, (경찰조직 및 군대조직과 같은) '질서의 수호자들(agentes del orden)'이 가하는 위협을 더욱 부추기는 이러한 형태의 분쟁은 빈민가 출신 청년들이 결코 대항할 수 없는 공권력의 남용으로 인해, 그리고 납치, 강도, 마약, 무기, 탄약 거래와 같은 조직범죄에 가담하게 됨으로써 오늘날 베네수엘라가 경험하고 있는 잔혹한 폭력을 발생시켰다. 그뿐만 아니라 앞서 지적했듯이, 빈민층 남성 청년들은 지속적인 사회적 배제를 경험하면서 마약이라는 지하경제에 스며들었고(그 안에서 폭력을 행사하는 능력은 '전문적인 솜씨'와 신뢰로 이루어진다), 상당수가 스스로가 소모품이라는 것을 인지하고 있다는 점에서 이들은 죽음과 살인 행위에 노출되어 있다. '범죄자의 제거'를 폭력 문제에 대한 즉각적인 해결책으로 제시한 다양한 제도 집행자들과 빈민층 및 중산층 대변인들의 격앙된 논쟁은 우리 스스로를 인간으로 인식하지 못하게 하는 것이며 죽음을 배가시키는 것에 다름 아니었다. 우리의 관점에서 이 모든 요소들은 단단하게 연결되어 있으며 오늘날 베네수엘라에서 발생하는 폭력이 야기하는 치사율이 이를 보여주고 있다.

그러나 우리가 제시한 자료들이 폭력을 분석하는 데 유용하다 할지라도, 폭력의 희생자 대부분을 차지하는 빈민층 사이에 현저하게 나타나는 새로운 형태의 극도의 공포에 대해서는 거의 설명하지 못한다. 마찬가지로 가족들이 겪는 고통과 그들을 옥죄는 슬픔에 대해서도 언급하지 않는다. 남성 청년들이 폭력에 의해 죽어가고 있는 이 순간 그들의 어머니, 할머니, 형제들, 친척들, 부모들은 형언할 수 없는 비탄의 고통 속에 남게 된다.

3. 공포의 도시에서 비탄의 반(反)도시로?

1990년대 말부터 시작된 연구 과정에서 우리는 중산층이 살해 위협 앞에서 느끼는 공포에 대한 이야기뿐만 아니라 빈민층이 겪는 반복되는 무장 대치 상황 및 또 다른 위협 요소를 떠안고 살아가야 하는 상황에 대한 증언을 수집했다(Zubillaga y Cisneros, 2001: 161~176). 폭력과 관련한 경험의 변화들을 기록하는 일은 그에 관한 증언들이 계속 쌓이면서 방대한 작업이 되었다. 1990년대 말에 수집된 빈민층 여성들의 증언은 무장 대치 상황이 일상의 한 부분인 것처럼 이야기한다. 이들이 사용하는 단어는 '총알받이(los primeros en caer)'와 같이 전쟁의 희생자들과 관련한 단어이다. 인터뷰에 응한 한 여성의 이야기에 따르면, 빈민가에서도 가장 외곽에 위치한 집에 사는 것은 매일 총알받이 신세가 되는 것이었으며, 그 집의 아이들 또한 총을 맞았다(Zubillaga, et al., 2012).

여기에는 물론 폭력과 무관한 무고한 사람들도 살고 있어요. 내 경우만 보아도, 우리 조카가 죽었어요. 어린애였는데. 우리 집과는 아무런 문제가 없었어요. 보세요. '총알받이'는 우리 가족이 된 거에요. 우리 집에 들어와 서는 내 여동생에게 총을 쐈어요. 우리가 여기에 살고 있다는 이유로, 우리 집이 가장 외부에 위치했다는 이유로 모든 총알이 우리 집으로 날아들었던 거예요(Zubillaga, et al., 2012).

통근이나 일상적 일을 하는 것조차 무장 폭력에 노출되어 죽게 될까 두려움에 떤다는 이야기가 종종 들린다. 뛰어다니고, 물어보고, 도피해야 한다.

밖에 나와 있는 사람은 안으로 들어가도 되는지, 빨리 들어갈 수 있는지 물어야 한다. 정말 불안하다. 우리에게는 야간 통행금지와 같다. 24시간 내내 말이다(Zubillaga, et al., 2012).

무장 폭력과 그에 따른 죽음에 노출된 일상은 분노와 무기력한 자포자기의 상태와 같은 감정의 파괴와 마비 증상을 일으킨다. 한 여성은 다음과 같이 말한다.

나는 너무 많은 일을 겪었고, 너무 많은 죽음을 봐왔지요. 누군가는 말하지요. 아, 이제는 그만 단념해야지! 말하자면 누군가가 살해당할 때 말이지요. 사람들은 죽은 이들의 살아생전 모습을 그대로 기억하지, 죽은 모습을 기억하지는 않지요. 그들이 농담 따먹기를 좋아했고, 항상 행복해했고, 음악을 즐겼던 모습을 말이에요. 추억이란 그런 거잖아요(Zubillaga, et al., 2012).

정의의 부재와 역사적인 원한은 비탄의 고통과 연결되어 있다. 고통은 치유하지 않고 방치하면 분노로 변하고, 분노는 복수로 이어진다(Caldeira, 2000). 고통은 지워지지 않으며 죽음은 또 다른 죽음을 불러온다. 한 여성의 말이다.

너무 고통스러워서 그 아이들을 모두 기억해내서 말을 걸기 시작했어요. 아이들은 100명이 넘었어요! 첫 번째 아이는 저 여자의 남동생이었어요. 저기 저 쪽에서부터 보세요(Zubillaga, et al., 2012).

연속적인 죽음을 낳는 일상에서의 무장 폭력은 우리들에게 예기치 않은, 끊임없는 고통의 상태를 생각하도록 만든다. 우리는 끊이지 않는 장례 행렬과 그로 인한 반복된 슬픔 속에서 사는 삶을 '반(反)도시(anticiudadanía)'라는 새로운 이름으로 부른다. 우리가 말하는 안티도시는 권리를 호소할 기관이 없고, 정의를 실현하고 문제를 해결하며 안위를 보장해줄 국가가 없다. 롯커(Rotker)는 '공포의 도시(ciudadanía del miedo)'에 대해 다음과 같이 말한다.

공포의 도시는 새로운 도시환경으로서 잠재적 희생자들의 도시이다. 라틴아메리카의 도시들을 물들인 일반화된 불안의 감정을 특징으로 하는 새로운 형태의 주체성을 의미하는 도시이다. 무방비 및 마비라는 일반화된 도시 감성을 내포하고 있으며, 권력, 동일성, 공간과의 관계를 재정의하려는 불안한 감정에 대한 행위를 포함한다(Rotker, 2000).

그러나 카라카스 내 상당수 지역에서 지속적으로 발생하고 있는 무장 폭력과 그로 인한 죽음 때문에 받는 고통은, 두려움과 불안의 문턱을 넘어, 가족 상실에 따른 고통 속에, 그리고 자신 및 주변 사람들의 생명을 위한 최소한의 보장조차 언급이 불가능한 상황과 주변의 빼앗긴 생명들이 뒤섞여 있는 장례 행렬 속에 자리를 잡는다.

지속되는 비탄의 상태는 안티 도시의 결정적인 특성이 된다. 한나 아렌트(Hannah Arendt)를 상기시키는 젤린(Jelin, 1996)과 롯커(Rotker, 2000)의 논의를 따르자면, '권리를 가질 권리(derecho a tener derechos)'라는 의미에서, 그리고 권리와 책임을 가진 공동체에 속한다는 의미에서 도시를 사유하게 한다. 또한 시민의 도덕은 비폭력을 전제로 한다는 것, 그리고 그 누구도 고통을 받거나 상처를 받지 않아야 한다는 것을 일깨워준다. 빈민가에서 발생하는 이러한 죽음은 보호 및 정의 실현의 가능성과는 철저하게 무관한 형태로 발생한다. 이는 시민들을 고아로 만들고 나아가 결국 소모품처럼 죽어간 빈민가 청년들의 생명을 부정하는 것이 된다.

4. 도시 내 위협적인 감금의 확대[9]

강력 범죄가 절정에 이르렀던 1990년대에 카라카스는 라틴아메리카의 다른 대도시들과 마찬가지로 도시의 진화를 부추기는 분쟁의 여파로

---

9) 이 부분은 V. Zubillaga, "Violencia, subjetividad y alteridad en la Caracas del siglo XX," en Roberto Briceño-León, Alberto Camardiel y Olga Ávila(eds.), *Violencia e institucionalidad. Informe del Observatorio Venezolano de Violencia 2012*(Caracas: Alfa, 2012)의 논의 내용을 차용한 것이다.

인해 새로운 도시 지형을 형성하게 된다(Dennis Rodgers, 2006). 총병력 수의 증가와 더불어 기동성을 갖춘 경찰 병력은 국토 전 지역을 아우르는 국민들 사이에 만연한 '불안'을 퇴치하기 위한 지역 관리 정책과 국토 전 지역을 아우르는 근본적인 지침을 마련했다(Antillano, 2006). 카라카스는 완전무장한 경찰들이 주둔하는 수많은 검문소의 본거지로 변모하여, 범죄율의 감소에는 아무런 영향을 끼치지 않은 채(Sanjuán, 2008: 145~173), 위협이 상주하는 국가 이미지를 형성하고 있다.

빈민가에서는 무장한 경찰들이 난입하여 거주민들을 상대로 지속적이고 심각한 직권 남용을 행하고 있으며, 빈민가의 무장한 시민들과 충격전을 벌인다. 볼리바르 혁명이 시작되고 빈민가 범죄조직을 소탕하려는 시도가 시작된 후, 새벽에 대규모 경찰 병력이 빈민가를 급습하는 것을 일컫는 '범죄조직 소탕 작전(madrugonazo al hampa)'이 최근 들어 도를 넘어섰고, 빈민가 자체를 범죄의 온상으로 낙인 찍는다. 한 시민이 다음과 같이 말했다. "각각의 빈민 구역은 하나의 독립국가인데다가, 각 구역 사이에 권력 다툼이 있기 때문에 그들은 늘 전쟁을 하고 있는 셈이지요. …… 전시 상황이라고 봐야 할 것입니다(Chacón y Trujillo. 2009)."

강력 범죄가 증가하면서 그에 대한 대응 역시 강경해졌다. 공포와 관련된 일화들이 회자되고 더 과장되게 부풀려져 괴담을 확장시켰다. 1990년대 우리가 수집했던 범죄 이야기들이 무장한 범죄자에 의한 차량 강도에 관한 것이었다면(Zubillaga, y Cisneros, 2001 참고), 최근에는 레퍼토리가 더 다양해지고 강도는 세졌다. 오늘날 폭력에 관한 전형적인 이야기들은 무장한 일당이 영화관을 급습한 후 역할을 나누어서 관객들의 주머니를 터는 것이다. 또는 무장 공격원들이 건물에 침입하여 아파트 거주민들을 공격한다. 마찬가지로 납치 역시 도처에서 일어날 수 있다는 특성 때문에 더욱 심각한 두려움을 낳는데, 이는 통근길, 등굣길, 야간 외출과 같은 카라카스 시민들의 일상생활 속에 납치라는 범죄가 깊숙이 침투해 있기 때문이다.[10]

빈민가 괴담의 진위 여부를 확인해주는 다른 사람들의 이야기에서도 역시 이러한 극심한 공포가 드러나는데(Zubillaga, y Cisneros, 2001 참고), 도시 지형의 새로운 변화와 기술 발전의 확장 덕분에 그 두려움은 더욱 심화된다. 1990년대 카라카스의 주택은 철창과 벽으로 둘러싸여 있었고 도시는 사설경비업체로 뒤덮여 있었으며, 사이가 가까운 사람들끼리만 함께하는 연대 및 타인과의 거리 두기에 대한 기준이 이미 확실하게 정립되어 있었다(Remy y Voyé, 1981). 테레사 칼데이라(Teresa Caldeira)(Remy y Voyé, 1981 재인용)에 따르면, 상파울루나 멕시코시티와 마찬가지로 카라카스 역시 철창과 벽을 가지고 도시를 격리시키는 모델을 따르고 있는데, 이는 거리 두기를 위한 상징적이고도 실질적인 과정이자 경계를 세우는 것으로 도시 안에서 벌어지는 전형적인 교환과 흐름의 가능성을 제거한다.

공포심이 더욱 심화되는 21세기에 들어서면서(오늘날에는 단순히 무장강도의 피해자가 되는 두려움뿐만 아니라 정치가 극도로 불안정한 시기에 반대파들의 공격에 의한 두려움도 추가된다)(Salas, 2004; Trinkunas, 2004), 하나의

---

10) 도시 안전에 대한 인식과 피해에 관한 국가 차원의 설문조사(la Encuensta Nacional de Victimización y Percepción de Seguridad Ciudadana 2010)에 따르면, 베네수엘라 전체에서 2만 6873건의 납치가 발생했으며, 카라카스에서만 7017건의 납치가 일어났다. 이는 인구 10만 명 당 203건의 납치율을 의미한다. 집계된 납치의 유형은 '익스프레스 납치'라고 알려져 있는 경미한 납치 유형으로 대부분 신고하지 않은 상태에서 몇 분 안에 해결되는 경우부터, 신고 후 해결되기까지 며칠 혹은 몇 달이 걸리는 심각한 납치 유형까지 포함한다.

접근금지 모델이 도입 되는데, 이는 거리를 두는 것을 넘어 그 자체가 하나의 위협이 된다. 즉, 이미 높게 솟은 벽에다가 예리한 가시와 전기충격을 가미한 전자 철망 시스템을 설치하는 것이다.

여기서 말하는 위협적인 접근 금지 모델의 도입은 도시 격리 모델이 부정적으로 발전한 증거이다. 도시 괴담에 회자되는 이 호전적인 건축물을 관찰해보면, 각각의 주택 벽에 생기는 변화들은 사람들의 공포감을 고스란히 축적하고 있음을 확인할 수 있다. 1990년대 중반에 벽이 높아졌고 경계선이 짙어졌다. 그 이후에는(2000년대 중반) 솟아오른 벽에 (증언에 따르면, 보통 주택에 강도가 침입한 후에는 더 높아지는데) 또 다른 침입을 피하고 차단하기 위해 전기 철조망을 설치했다. 따라서 이러한 벽 앞에서 보호받지 못한다는 감정을 외부인에게 경험하게 하면서 이 위협적인 차단기와 함께 경계선이 그어지고, 그 선을 감히 넘고자 하는 이들을 향해 공격적인 위협을 가한다.

그렇게 가시는 스스로 무기가 된다. 이는 공격 위협을 표명하는 호전성의 미학과 건축물의 확장을 의미한다. 사실 어느 곳을 돌아다니며 관찰하든 관계없이 위협은 반복적으로 확인된다. 전류가 흐르는 가시철조망이나 전기 차단기로 둘러싸인 벽 옆이나 그 위로 "접근 금지. 이 시설은 심각한 신체적 손상을 일으킬 수 있는 안전 시스템에 의해 보호되고 있음"이라는 경고 표시가 그것이다. 그리고 위협은 도시 전체를 아우르며 반복된다.

반면, 경제 부흥기에는 고위층의 불안감이 커져 신변 보호 관련 상품들의 기능이 더욱 강력해진다. 이 모든 것은 무장 투쟁이 가장 심각하던 시기의 콜롬비아를 상기시킨다. 부유한 지역의 거리와 벽으로 둘러싸인 시내 중심가에는 경호원들, 블라인드를 친 자동차, 무장 경호 서비스가 목격되기 시작한다.

도시에서 계속되는 무장 폭력은 빈민가를 더욱 격리시킨다.[11] 그러나 빈민가 내부는 물론 일상적인 무장 폭력의 테두리 안에서, 공간적 구획과 윤리적인 경계의 강화 및 공동체적 연대의 축소를 야기하는 도시의 파편화가 두드러졌다. 빈민가는 여러 구역으로 갈라져 이웃들은 이미 서로 안면이 없다. 철창은 구불거리는 골목길을 폐쇄하고 통행로를 차단했으며 아주 기괴한 동네로 변모했다. 끝이 뾰족한 깨진 병 역시 이 벽들을 장식한다. 또한 각 구역마다 바로 옆 구역의 무장 청년과 대치하는 젊은 무장 청년의 모습이 보인다. 만약 이 청년이 자기 구역의 '안전'을 책임지고 있으면, 적이 나타났을 때 다른 지역 이웃의 안전은 안중에도 없다.

따라서 공식적인 안전 보장이 전무하고 도시가 격리되어 가는 과정 속에서 빈민가는 공동체 간의 연대를 포기하게 된다. 이는 이웃 간의 교류 및 공동체로서의 의미가 제한되는 것을 경험하게 하며 윤리적인 경계가 더욱 경직됨을 의미한다. 무장 청년들은 자기 구역 이외에는 무관심하기 때문에 자기 바로 주변의 가족과 이웃만을 챙기지, 인접 구역의 거주민들은 일절 생각하지 않는다. 가까운 이웃들은 함께 살아가야 하는 사람들로 여기며, 이들의 생존 역시 청년들의 의지에 따라 좌우된다. 이 청년들이 자기 이웃을 공격하지 않는다는 최소한의 규칙을 준수하고 그들만의 '싸움'을 우리 동네가 아닌 바깥에서, 즉 거리가 아주 멀어서 온갖 역경을 공유해야 하는 공동체적 연대로부터 무관심할 수 있고 해방될 수 있는 외부에서 해결하기만 하면, 이웃들은 이 청년들에 대해 항상 관대하다.

---

11) 이 부분에서는 카라카스 시내 세 개의 자치구에 위치한 빈민가에 대한 민족지학적 관찰 결과를 이야기할 것이다.

도시에서 함께 살아가는 일은 보통 일이 아니다. 이는, 앞서 논의했듯이, 이미 만들어진, 우리끼리 공유하는, 윤리적인 경계의 경직화를 의미한다. 단순히 타인을 배제하는 것뿐만 아니라 방어가 필요한 시기에 이들의 생명 자체를 무가치한 것으로 바꿔버린다. 주디스 버틀러(Judith Butler)가 지적한 바와 같이(Butler, 2009), 이러한 궁극적인 상실감은 결국에는 감정을 무뎌지게 만든다. 왜냐하면 사람들은 두려움을 느끼게 되면, 위험 인물의 전형적인 특징을 지닌 이들과는 상대하지 않으며 위협을 가하려는 징후라도 보일라치면 그들을 죽어 마땅한 존재라고 여긴다. 그들의 생명은 소중하지 않으며 그들의 죽음에 대한 애도 역시 없다. 따라서 견고한 영토로서의 빈민가라는 도시 격리 모델이 도시를 절단하고 두려움을 유발하는 타인에 대한 불신과 거리 두기를 발판으로 삼는다면, 위협적인 감금 모델은 타인에 대한 반감 및 약탈자로 여겨지는 타인에 대한 공격적인 방어 태세를 발판으로 삼는다.

5. 결론

베네수엘라 사회의 이 독특한 경험은 전통적으로 사회에서 소외되어 온 계층을 포용하려는 노력과 희망의 빛인 동시에 라틴아메리카 사회를 어둠의 빛으로 잠재우려는 시도로 보여진다. 또한 이러한 경험이 사회적·경제적으로 나타내는 것은 빈민층을 포용하려는 노력이 반드시 폭력의 감소로 이어지지는 않는다는 것이다. 오히려 이를 더욱 부추긴다. 일련의 과정이자 역동적인 실천으로 이해되는 시민성을 구축하기 위해서는 물리적인 포용의 노력과 더불어 상호 인정이 요구된다. 타인을 비인격적인 호전성의 관점에서 바라보거나 분류하기보다는, 대화와 관심 속에서 그리고 존엄과 차이가 상호 충돌하는 역동성을 바탕으로 한 사회적 계약이 실현되어야 한다.

사실 벽과 무기, 고립무원, 그 밖의 위협들로 둘러싸인 도시에서 공존을 실현하는 것은 불가능하다. 시민과 가족을 실질적으로 보호하려는 국가의 노력이 없다면 차별과 불평등을 야기하는 자가 방어만이 시민들이 가진 해결책이기 때문에, 권력과 돈, 무기를 가진 사람들만이 사설 경호를 보장받을 수 있으며 나머지 사람들은 위험에 그대로 노출되고 만다.

라틴아메리카에 더 나은 평등과 민주주의, 시민의 참여를 끌어내려는 사회 변혁에 대한 약속은 타인과 그들의 권리에 대한 존중, 연대, 의견 충돌, 요구 사항들, 그리고 불평등 저지를 위한 운동이라는 맥락 안에서 지켜질 수 있다. 그뿐만 아니라 사회적 계약 및 제도의 강화라는 맥락 역시 고려되어야 한다. 이는 대치 상황을 극복하고 무기를 내려놓으며 차이를 존중하는 하나된 우리를 가능하게 한다. 수많은 고통과 상실 이후에 우리가 연약하다는 것을 인정하는 것, 이를 바탕으로 우리를 이해하는 것, (버틀러의 지적처럼) 우리가 타인과 함께 공존한다는 사실을 아는 것은, 이제는 무기를 내려놓아야 할 시간(너무 많은 목숨을 앗아갔다)이라는 것을 이해하는 일일 것이다. 또한 제도를 확립하고 계속되는 불평등을 감소시키기 위한 투쟁을 존엄과 생명을 지키면서 지속할 수 있는 기초적인 합의를 이끌어내기 위한 초석을 다지는 일일 것이다.

참고문헌

Antillano, Andrés. 2006. "La Policía en Venezuela: una breve descripción." en Soraya El Achkar(ed.). *Reforma policial. Una mirada desde afuera y desde adentro.* Caracas: Comisión Nacional para la Reforma Policial.

Butler, Judith. 2009. *Vida precario: el poder del duelo y la violencia.* Buenos Aires: Paidós.

Caldeira, Teresa. 2000. *Ciudad de muros.* Barcelona: Gedisa.

Chacón, Anrea y Andres Trujillo. 2009. "La construcción social y personal de la identidad del policía en barrios y urbanizaciones de Baruta." Universidad Católica Andrés Bello, Escuela de Ciencias Sociales.

Dennis Rodgers, V. tb. 2006. "Slum Wars of The 21st Century: The New Geography of Conflict in Central America." *Working paper* N° 10, Londres: Crisis States Research Centre, London School of Economics.

Jelin, Elizabeth. 1996. "Citizenship Revisited." in E. Jelin y Eric Herschberg(eds.). *Constructing Democracy: Human Rights, Citizenship and Society in Latin America.* Westview, Boulder, p.104.

Lamont, M. 2002. "Symbolic Boundaries and Status." in Lyn Spillman(ed.). *Cultural Sociology.* Malden: Blackwell.

Remy, Jean y Liliane Voyé, 1981. *Ville, ordre et violence. Espace et liberté.* París: PUF.

Rotker, S. 2000. *Ciudadanía del miedo, Nueva Sociedad.* Caracas.

Sanjuán, Ana María. 2008, "La Revolución Bolivariana en riesgo, la democratización social en cuestión. La violencia social y la criminalidad en Venezuela entre 1998-200." *Revista Venezolana de Economía y Ciencias Sociales*, vol. 14 N° 3, pp.145~173.

Salas, Yolanda. 2004. "La revolución bolivariana y la sociedad civil: La construcción de subjetividades nacionales en situación de conflict." *Revista Venezolana de Economíá y Ciencias Sociales*, vol. 10 N° 2, pp.91~109.

Trinkunas, Harold. 2004. "Venezuela: The Remilitarization of Politics." en Kees Koonings y Kirk Krujit(eds.). *Armed Actors, Organised Violence and State Failure in Latin America*. Londres: Zed Books.

Wieviorka, Michel. 2004. *La violence*. París: Ballard.

Zaluar, Alba. 1997. "Violence Related to Illegal Drugs, 'Easy Money' and Justice in Brazil: 1980-1995." *Discussion Poper*, No. 35, Management of Social Transformation(MOST), Unesco.

Zubillaga, V. y Ángel Cisneros. 2001. "El temor en Caracas: relatos en barrios y urbanizaciones." *Revista Mexicana do Sociología* vol. 63, N° 1, pp.161~176.

Zubillaga, V., Manuel Llorens, Gilda Núñez, y John Souto. 2012. *Sistematización acuerdos de convivencia entre comunidades y jóvenes de bandas armadas: clave para aprender y difundir.* proyecto de investigación en curso, Parque Social Manuel Aguirre, Universidad Católica Andrés Belllo, Universidad Simón Bolívar y Universidad Central de Venezuela.

제5장

군중의 색(色)

인종 정치학, 인종 포퓰리즘, 그리고 차베스 시대의 재현

루이스 두노-고트버그 _박정원 옮김

차베스 집권 기간 동안 나타나는 '인종'의 문제는 포퓰리즘과 밀접한 관련이 있다. 반차베스 진영에서는 '군중의 인종화'를 통해 거리를 점거하는 어두운 피부의 군중에 대한 이미지를 반복적으로 생산하면서 차베스주의 대중운동에 낙인을 찍어왔다. 반면, 차베스주의 역시 특정한 포퓰리즘적 호출을 통해 인종화된 담론을 생산하고 있다. 즉, 아프로-베네수엘라인들을 역사의 주인공으로 설정하는 동시에 백인-엘리트들을 반(反)민족적이고 반(反)민중적인 세력으로 묘사하고 있다. 이는 베네수엘라 역사에서 지배권을 행사해오던 엘리드 세력이 헤게모니를 상실함으로써 드러난 모순을 보여주며, 이들의 주도권 상실은 과거 과두제 민주주의의 틀과 다른 인종들 사이의 조화라는 신화 내부에 놓여 있던 다양한 사회적 힘이 분출된 결과이다.

루이스 두노-고트버그 Luis Duno-Gottberg　미국 라이스 대학교(Rice University) 스페인어학과 교수.

* 이 글은 데이빗 스밀드(David Smilde)와 다니엘 헬링거(Daniel Hellinger)가 편집한 『베네수엘라의 볼리바르 민주주의(Venezuela's Bolivarian Democracy)』(Duke University Press, 2011)에서 루이스 두노의 글을 발췌, 번역한 것이다.

1. 거리를 중재하기

현대 베네수엘라의 정치적 긴장은 거리를 차지하기 위한 투쟁은 단순히 공공장소에서뿐만이 아닌 시민들이 미디어 메시지를 접하는 사적인 영역에서도 일어난다는 것을 암시한다. 따라서 거리는 '중재(mediate)'된다. 사건의 진실을 보여주는 증거들과 이에 따른 미래에 벌어질 행위들이 신문·잡지나 TV를 통해 순환된다. 예를 들어, 두 진영에 각각 얼마만큼의 지지자들이 존재하는지, (소위 시민사회에서) 어떤 정치 주체가 받아들여지는지, 또한 누가 폭력적이거나 비이성적인 군중인가를 파악한다. 사회문화적 프로세스는 합법적인 혹은 그렇지 못한 대중에 대한 개념을 생산하고, 이에 반대하기도 하고, 이 둘을 동시에 선택하기도 한다. 이로 인해 어떤 사람들이 대중이 되어야 하는가와 공적 영역에서 어떻게 행동하여야 하는가에 대한 구체적 역사성뿐 아니라, 미디어의 중재에 상당한 영향을 받는다.

이전에 나는 개인 소유의 베네수엘라 매체에 의해 유포된 차베스주의와 관련한 담론을 연구했다(Duno-Gottberg, 2003). 저널리즘, 언론의 사진, 그리고 TV를 통해서 거부당한 정치 주제인 '무리' 또는 '군중'의 구조에 대해 분석했다. 개인적으로 그 이미지들은, '미디어 반-저항 세력의 상상', 즉 라나지트 구하(Ranajit Guha)의 유명한 에세이에 나오는 종속 상태, 반란, 그리고 저항을 따라하는 것과 비슷한 것으로 보인다(Duno-Gottberg, 2003). 이러한 과정은 다음과 같은 결과를 초래했다. 첫째, 이는 달갑지 않은 집단의 이미지를 만든다. 이를 통해 반체제적 대중의 정치 단체는 배제된다. 둘째, '도덕적 공황'(Cohen, 1980)을 촉발시키는데, 이는 특정 부분에 있어 언제 공격할지 모르는 군중을 대비해 바리게이트를 설치하도록 유도한다.[1]

나는 이 과정에 나타나는 효과인 '군중의 인종화(racialization of crowds)' 현상에 집중하고자 한다. 다른 말로 하면, 인종의 틀을 따르면서 거리를 점거하는 어두운 피부의 군중에 대한 이미지를 반복적으로 생산하는 차베스주의 대중 운동에 낙인을 찍는 재현 방식을 논한다. 또한 이 현상의 상호 보완적인 측면을 분석하고 한다. 내가 이해하기로는 차베스주의 역시 특정한 포퓰리즘적 호출을 통해 인종화된 담론을 생산하고 있다.

이 페이지들에서 논하는 재현 과정, 더 자세히 말하자면 대중을 인종화하는 것은 오늘날에 베네수엘라의 정치에 스며든 주도권을 잡기 위한 많은 기제들 중에 하나이다. 인종화는 식민주의의 유산을 유지하는 국책사업, 즉 인종차별, 인종적 불평등, 그리고 노동에 대한 멸시와 같은 모순들의 결과물 중 하나이다.[2] 현재의 인종차별적 언어의 확산 현상을

---

1) 도덕적 공황의 개념은 1960년대 영국에서 젊은이들의 반항(youth disturbances)에 대한 스탠리 코헨(Stanley Cohen)의 연구에서 제기되었다. 그는 그 개념을 다음과 같이 정의한다. "상태, 정황, 개인 또는 개인들로 이루어진 집단은 사회적 가치와 흥미에 대한 위협으로 정의되기 시작한다. 그들의 본성은 대중매체에 의해 범주화되고 스테레오타입으로 그려진다. 도덕적 바리케이드는 편집자, 주교, 정치가 그리고 다른 올바른 사상가들에 의해 구축된다. 사회적으로 승인된 전문가들은 그들의 진단과 해결책을 표명한다. 대처법이 나온다. 그런 후 그 상태는 사라지거나, 감춰지거나 또는 악화된다. 그리고 더 잘 보이게 된다"(Cohen, 1980: 9).

2) 아니발 키하노(Anibal Quijano)는 식민주의가 사라진 이후 인종이라는 사고에 대한 식민지 기원과 이후 지속되는 효과를 탐구해왔다(Quijano, 1995). 그는 다음과 같이 말한다. "식민성은 오늘날 사회 권력의 중심적 특징이 될 때까지 중단되지 않았다. …… 아메리카의 형성과 함께 새로운 사회적 범주가 확립된다. 이것이 바로 '인종'의 개념이다. …… 그 이후로 상호 주관적인 관계와 권력이 실행되면서 비유럽인들은 유럽인들과 다른 생물학적 구조를 가지고 있을 뿐만 아니라, '열등'한 수준 혹은 범주에 속한다는 관념이 발생한다. 반면, 문화적 차이가 그런 생물학

고립되거나 지나가버린 일로 치부하는 것은 현실을 호도하는 것이다. 오히려 인종이 형성되는 국가적 과정과 오늘날 벌어지는 이질적인 정치 세력들의 대립과 연관성이 있다. 현대의 베네수엘라에서 나타나는 대중의 인종화에 대한 다양한 과정은 식민성의 개념적 틀과 주도권을 위한 투쟁을 기반으로 이해해야 한다.

전체적으로 이 글은 차베스 시대의 인종정치학에 대한 이해를 위한 것이다. 하지만 더욱 중요한 것은 이 현상을 단순히 '전투적인 포퓰리스트 리더'가 고안한 것으로 평가할 수 없다는 점이다. 필자는 현재의 상호 교환 과정에서 벌어지는 긴장이 엘리트 세력이 헤게모니를 상실함으로써 드러난 모순의 심각성을 보여주는 현상임을 보여주고자 한다. 이들의 주도권 상실은 과거에 과두제 민주주의의 틀과 인종 간의 조화라는 신화 내부에 놓여 있던 사회적 힘들을 분출시켰다.

2. 베네수엘라의 인종 정치학과 인종 포퓰리즘 문화

베네수엘라에서는 인종차별 주제를 논의하는 것조차가 어렵다. (피가 섞여 있다는 측면에서 사실인) 메스티소 국가라는 것을 받아들이면서, 우리 베네수엘라인들은 (미국과 유럽만을 비교해보자면 사실이기도 한) 인종차별이 없다는 것에 대해 스스로 자부심이 있다. 우리는 백인과 흑인의 독특하고 조화로운 혼합을 이룬 커피 우유(café con leche)인들이라고 스스로를

적 불평등과 결부된다는 관념 …… 이 관념들은 심지어 식민지적 정치 관계가 근절된 시기에도 깊고 끊임없는 문화적 형성, 사고의 기반, 이미지, 가치, 태도 그리고 사람들 사이의 관계에 연루됨을 멈추지 않는 사회적 실행을 구성해왔다(Quijano, 1995: 167~169 필자 강조).

정의한다. 쿠바인들과 유사하게 우리는 다른 나라들에 공통적으로 존재하는 편견이 없다고 생각한다. 이러한 이슈가 이론적으로는 해결되었기 때문에, 우리는 이야기하기를 거부할 뿐 아니라 우리의 '인종적 민주주의 (racial democracy)'를 반성하려고 시도할 때 방어적으로 반응한다.

문화 횡단(transculturation) 및 혼혈(mestizaje)과 같은 인종적 민주주의 담론은 혼혈인들로 구성된 단일국가 내에서 벌어진 민족 간의 갈등이 해결되었다는 것을 가정하면서, 인종적 편견의 존재를 무시하는 정치학을 구축하는 데 있어 주요한 요소였다. 이와 같이 '민중들'을 구성하는 데 있어 다수의 전략과 협상이 실행되었고, 나는 이를 '인종 포퓰리즘 (ethnopopulism)'이라고 부른다.3)

이 아이디어는 '커피 우유 나라(patria café con leche)'에서 왜 인종 간의 어떠한 긴장도 부정했는지, 그리고 차베스주의와 반대파가 헤게모니를 얻기 위해 활용한 전략을 이해하는 데 도움을 줄 수 있을 것이다. 이 전략 안에서는 사회적 갈등과 민의를 채택하는 것과 급진적인 대중 동원이 모두 가능하다. 여기서 나는 에르네스토 라클라우(Ernesto Laclau)의 잘 알려진 포퓰리즘의 개념(Laclau, 1977)으로부터 출발하겠다.

이데올로기적 담론을 포퓰리스트로 변형시키는 것은, 인민민주주의 설명이 들어 있는 독특한 형태의 절합 형태이다. …… 포퓰리즘은 지배적인 이데올로기에 대해 적대의 종합으로서 인민-민주 진영을 호출하는 모습으로 나타난다. …… 포퓰리즘이 시작되는 시점은 지배적인 연합의 이데올로기에 맞서

---

3) 이와 같은 성찰은 「대중의 색: 베네수엘라의 인종 포퓰리즘과 문화정치학」이란 제목으로 진행 중인 연구의 한 부분이다. 여기서 언급하는 인종 포퓰리즘의 개념은 잠정적인 개념이며, 이상의 논의는 앞으로의 연구에서 내놓을 것이다.

인민민주주의 요소들이 적대적인 선택지로 인정받을 때이다(Laclau, 1977: 172~173, 강조는 원저자).

라클라우의 공식을 확장하면서 나는 인종 포퓰리즘을 인민민주주의에 대한 요구가 문화적 또는 생물학적 기반에 호소하면서, 민족과 인종의 선상에서 통일된 주체를 생성하려는 특정한 표현으로 이해할 것을 제안한다. 이러한 담론은 같은 종족 또는 민족에 기초한 화합하는 전체로서 과거를 만들어내며 미래를 예측하면서 사람들의 정체성을 근본적으로 만든다.

이 개념은 에티엔 발리바르(Etienne Balibar)의 '허구적인 종족성(fictive ethnicity)'의 개념과도 연결시킬 수 있다. 저자는 이 사고가 역사적 맥락 없이 단순한 환상을 이야기하는 것이 아니라고 설명한다. 오히려 그 안에 포함되어 있는 공유된 근원, 문화 그리고 관심과 함께 자연공동체로서 대표되는 법적 전통상의 가공의 인물(persona ficta)와 비슷한 방식으로 이해해야 한다. 결국 '허구적 종족성'은 국가 형성의 중대한 메커니즘과 연관성이 있다.

허구적 종족성은 순순하게 그리고 단순히 애국심의 목적인 이상적인 국가와 동일하지 않다. 하지만 이것을 빼고는 국가는 정확히 단지 발상이나 임의적인 관념이 되기 때문에 없어서는 안 된다. 애국심에 호소하는 것은 누구도 의심하지 않는다. 허구적 종족성은 기존에 존재하는 국가의 통합이 가시화되고, 나라에 봉사하는 과정에서 '역사적 사명'에 기대어 지속적으로 국가를 평가하고, 결과적으로 정치를 이상화하는 것을 가능하도록 만든다. 보편적 성격에 반대하여 사람들을 허구적 종족성을 통해 구성함으로써 각 개인은 오직 하나의 민족적 정체성을 부여받으며, 그 결과 전 인류를 다른 종족 그룹으로 나누며 잠재적으로 많은 민족과 민족 정체성을 갖게 되는데, 이는 인구를 통제하기 위해 채택하는 정당화 전략 이상의 의미를 지닌다. 이 용어는 무엇이 한 사람의 소속감을 만드는가, 그리고 무엇이 집단의 소속감을 만드는가에 대한 이중적 의미로서의 소속 감을 사전에 포함시킨다. 즉, 집단의 이름이 만들어내는 집단성의 **이름**으로 한 사람이 개인으로서 호출될 수 있다는 것을 의미한다. 소속감이 형성되고 이상적인 나라로 승화하는 현상은 동일한 과정의 두 가지 측면이다 (Williams, 2002: 36에서 재인용. 강조는 원저자).

최근의 논의에서 라클라우는 두 가지 중대한 요소들이 포퓰리즘 절합에 선행한다고 말한다. 첫째는 대중과 권력 사이의 분리 현상이며, 둘째는 대중의 요구 사항들을 확인하고 만족시킬 가능성이다(Laclau, 2005: 99). 이 개념적인 해석을 우리의 논의에 적용하자면 '혼혈(mestizaje)'을 통해 **통합**(integration)과 **동화**(assimilation)의 국가적 기획으로 혹은, '정체성 정치학(identity politics)'을 통한 **차이의 인정**(recognition of difference)로 이해할 수 있다. 이러한 반대되는 요구와 재현 전략은 두 개의 다른 인종 포퓰리즘 전략임에도 불구하고 역설적으로 민중을 구축한다는 점에서는 일치한다. 첫째로, "우리 모두 같다. 모두 메스티소이다(Somos todos la misma gente; todos mestizos)"와 같이 민족성은 역설적으로 동화 과정에 의해 지워진다. 이러한 방식은 시민 공동체적 민주주의로 이어질 수 있는 가능성이 있고, 이때 개인(시민들)은 법, 문화, 영토와 그 사람의 특정한 출신 또는 혈육에 의해 소속이 결정된다.

두 번째 가능성은 차이를 더욱 강조하는 종족적 민족주의와 관련된 것으로 보인다. 뒤에 설명을 하겠지만 이 표현은 우고 차베스 정부에서 가시화되기 시작했지만, 더 널리 보급된 공동체적 민주주의의 표현과 공존했다. 여기에는 야당을 묘사하기 위해 인종화된 표식을 사용하고, 헌법에 토착민의 권리를 분명하게 명시하며, (국민투표로 패배한) 2007년의 헌법 개정안에 아프로-베네수엘라인4)들을 위해 비슷한 법령을 명시한 시도가 포함될 수 있다.

종족 민족주의(ethnic nationalism)에 관한 연구에서 앤소니 스미스(Anthony D. Smith)는 이 이데올로기를 "통합과 분열을 모두 초래하는 야누스적인 두 얼굴의 전략"이라고 부른다(Smith, 1983: 256). 이 구분은 우리의 인종 포퓰리즘의 개념에 있어 특히 효과적이다. 이러한 야누스 얼굴을 한 특징은 "지배적인 이데올로기에 대하여 인위적이고 적대적인 복합체로서 인민민주주의 요구"인 포퓰리즘이 활용하는 적대의 전략을 만족시키기 때문이다(Laclau, 2005: 99). 이런 역동적인 적대의 틀 안에서 대중의 힘과 요구는 헤게모니를 확립하기를 희망하는 엘리트들에 의해 흡수되거나 혹은 이들의 수단이 될 수도 있다. 하지만 이러한 좁은 의미에서의 대중 또는 대중 정치학이 간과하는 현상에 의해 형성되는 근본적인 동원의 가능성을 무시할 수 없다. 우리는 포퓰리즘이 근대화 과정 내부에서 엘리트들이 이질적인 단체를 포함시키는 방식으로 형성된다는 것을 명심해야 한다. 또 한편으로는 저항의 공동체 형성을 용인하는 동원의 정치적 전략으로서 특정한 억압된 그룹들 내부에서부터 조직될 수도 있다.5) 나는 이 후자 형태의 포퓰리즘을 하위 주체의

---

4) 아프리카계 베네수엘라인을 지칭하는 용어. －옮긴이

5) 이 문제에 관련된 연구에서 가레스 윌리엄스(Gareth Williams, 2002)는 이 개념들이 상호 연관되어 있다는 점을 지적한다. "발전주의적 포퓰리즘과 …… 문화 횡단에 대한 담론은 신식민주의적 과두정치의 국가기구를 극복하고, 권리를 박탈당한 부문을 현대적 (국가) 사회경제로 통합하기 위해 민중을 효과적인 수단으로 설정하는 것을 (공유한다)(Williams, 2002: 34).

절합뿐 아니라 이들의 반-헤게모니적 충동을 강조하기 위해 '민중-민족 (popular ethnic)'으로 표현하고자 한다. 이런 두 가지 공존 가능성 사이의 팽팽한 긴장감은 포퓰리즘의 역학에서 결정적 역할을 수행한다. 나는 마우리시오 슬론(Mauricio Slaun)과 시드니 크로너스(Sidney Kronus)가 콜롬비아의 경우를 설명했던 것처럼(Slaun and Kronus, 1973), 이러한 사고가 '유연한 인종차별(soft racism)' 또는 '폭력 없는 차별(discrimination without violence)'로 결정되는 국가적 기획에 대한 우리의 접근 방식에 영향을 준다는 사실을 덧붙이고자 한다.

이 장에서 분석하는 대부분의 인종 간 담론은 앙헬 라마(Ángel Rama)가 '지식인 도시(the lettered city)'(Rama, 1996: 4)로 명명했던 것과 우리가 '중재되는 도시(the mediatic city)'라고 말하는 틀 안에서 진행된다. 즉, 근본적으로 어떠한 적대의 표출을 억제하는 수단으로서 통합된 국민 주체를 집단 주체로 호명하는 크리올계 지적 엘리트가 주도하는 담론이다. 라클라우가 강력히 경고한 바와 같이, "포퓰리즘이 항상 **혁명적인 것은** (아니다). 한 계급 또는 계급 분파가 헤게모니를 획득하기 위해 권력의 블록 내에서 상당한 변화를 필요로 하는 것으로도 충분하며 포퓰리즘의 경험이 가능하다"(1977: 172~173. 강조는 원저자).

이런 종류의 담론들은 차베스 시대에 인종화된 군중의 현대적 시위로 인해 발생한 모순이 드러나기 시작한 훨씬 이전부터 베네수엘라 문화와 정치의 교차점으로 오랫동안 지속되어왔다. 저명한 시인이자 민주행동 당(Acción Democrática)의 창당 멤버인 안드레스 엘로이 블랑코(Andrés Eloy Blanco)가 1994년 4월 25일 자 ≪엘파이스(El País)≫ 기고문에서 베네수엘라의 민족 구성을 '커피 우유'에 비유한 것은 잘 알려진 일화이다. 그 기사는 브라질 정부가 '흑인 문제(Negro problem)'를 해결하고자 아프리카계 브라질 사람과 결혼한 백인들에게 급여를 제공하는 방안을 고려 중이라는 사실을 전달한 친구의 편지에 대한 답장이었다. 윈드롭 라이트(Winthrop Wright)가 언급한 바와 같이, 그 시인은 특히 여러 혼혈 시대를 겪은 후 '인종 균형'에 다다른 그의 베네수엘라 동포에게는 그 제안이 매우 공격적이고 비현실적이라고 생각했다(Wright, 1990: 391).

이와 관련하여 엘로이 블랑코는 한 미국 교수와의 대화를 기억해낸다. 엘로이 블랑코는 교수에게 다음과 같이 말했다. "당신은 결코 어떻게 커피를 만드는지 혹은 어떻게 흑인들을 대해야 하는지 알 수 없었습니다. 당신들 미국인들의 커피는 너무 밝은 색이고 흑인들은 아주 검어요. ……아메리카가 하얗게 되어야 한다면 나는 차라리 우리의 커피 제조법을 택하겠습니다. 만드는 시간은 오래 걸리지만 맛있는 커피를요"(1944). 이런 이야기와 함께 하급직에 많은 아프로-베네수엘라인들이 만든 단체의 설립 멤버인 블랑코는 가상의 비인종차별적 담론을 통해 '미백(Whitening)'의 고전적 개념과 문화적 흡수를 설명했다. 아프리카적 구성요소는 오직 그들이 '하얗게' 되기를 바라거나 '더 하얗게' 되려고 할 때에만 국가에 동화되는 것이다.

이런 방안들을 고려해 볼 때, 『불쌍한 흑인(Pobre Negro)』(1937)과 같은 소설을 살펴보는 것은 흥미롭다. 그 소설은 '연방 전쟁(Federal Wars)'으로 잘 알려진 19세기 전쟁들에 대해 이야기한다. 특히 '연방 전쟁'에는 악명 높은 인종 분쟁이 존재했다. 저자 로물로 가예고스(Rómulo Gallegos)는 민주행동당의 또 다른 설립 멤버이고 1948년에 대통령으로 당선되었다. 『불쌍한 흑인』은 노예해방이 완벽한 통합 혹은 흡수로 마무리되지 못했다면 분쟁을 유발했을 것으로 보고 있다. 화자는 "바로 그 자유는 전제군주적 필요성에 대한 교착 상태를 이끌었던 좁은 길을 그에게 제공함으로써 그의 인생을 복잡하게 만들었다"(Gallegos, 1937: 117. 필자 번역, 강조는 원저자).

그러나 인종 분쟁은 소설의 마무리에 앞서 희석된다. 주인공 페드로 미겔(Pedro Miguel)의 반란은 루이사나(Luisana)익 메스티소식 사랑의 영향 아래서 시들고 만다. 토대소설[6]의 로맨스는 인종이 **이론상** 자연적 균형상태에 도달한 후에야 국가는 미백(whitening)의 과제를 달성하게 된다. 가예고는 말한다. "그는 이전에 두려워했던 것처럼 화해 불가능한 인종들 사이에 더 이상의 전투는 없다. 그 반대다. 혼혈을 기정사실로 받아들임으로써 단호함과 용기를 통해 미래로 나아가는 나라의 건설적 조화로움이다"(Gallegos, 1937: 89 필자 번역, 강조는 원저자). 존 베벌리(John Beverley, 1999), 줄리 스쿠르스키(Julie Skurski, 1994), 하비에르 라사르테 발카르셀(Javier Lasarte Valcarcel, 1992, 1995) 그리고 라켈 리바스-로하스(Raquel Rivas-Rojas, 2001)의 분석에 따르면, 이 화해의 서사는 가예고스의 포퓰리스트 문학적 재현을 보여주는 중요한 요소이다. 그리고 그것은 베네수엘라의 정치적 무대에서 중재를 위한 도구적 측면으로 보아야 한다.

그러면 우리는 베네수엘라의 가장 중요한 포퓰리스트 정당의 두 설립자들인 가예고스와 블랑코가 일반적으로 말하는 흑인 주체를 지우는 것을 바탕으로 한 국가의 통합을 기대하고 있는 것을 목격한다. 이 담론은 1935년과 1948년 사이, 그리고 1958년에서 1989년 사이에 일어난 베네수엘라의 민중적이고 민주적인 근대화 기획과 재구성에 있어서 매우 중요했다. 그럼에도 불구하고, 우리의 존재가 '커피 우유' 주체라는 것으로 베네수엘라 사람들을 통합하는 것은 인종주의에 관련된 어떤

---

6) 19세기에 나온 라틴아메리카의 주요 소설들은 남녀 간의 로맨스를 통해 독립 이후 사회의 방향을 논하였다. 국가의 토대를 암시적으로 드러낸다는 점에서 '토대소설(Foundational Fiction)'이라고 부른다.

논의도 불합리한 것처럼 보이게 만들었다. 왜냐하면 메스티소 국가로서의 정체성은 국가적으로 관련된 모든 사안에 참여하는 것을 보장하고 있기 때문이다. 인종적 민주주의는 이렇게 인종 배제를 동반하는 방식으로 존재하며 우리에게 포퓰리즘의 반혁명적 표현들에 관한 라클라우의 언급을 다시 한 번 상기시킨다.

3. 동부/서부: 시민사회 vs 군중

인종-민주주의와 인종차별주의의 팽팽한 긴장감은 정부와 야당이 발표한 다음의 인용문에서 전형적으로 보여주는 바와 같이 거의 매일 뉴스를 장식한다.

글로보비시온(Globovisión)의 직원인 호세 에스피노사(José Espinoza)는 알타미라 광장에서 한 차베스 지지자와 혼동되는 바람에 심각한 부상을 입었다[차베스주의 웹사이트(www.aporrea.org)에서 인용].

우고 차베스 대통령을 지지하는 한 무리는 볼리바르 광장에서 소요 현장의 사진촬영을 하던 스페인인을 납치하려고 했다[야당 웹사이트(www.libertaddigital.com)에서 인용].

오늘날 베네수엘라에는 군중의 인종화(racialization of crowds)라는 매우 현실적인 결과들 가져오는 정치적 대립의 가상적인 지형도가 존재한다. 이 지형은 수도 카라카스의 두 공간에 의해 잘 상징되는데, 동부의 알타미라 광장 그리고 서부의 볼리바르 광장이 그것이다. 한 곳은 선거에서 선출된 차베스 대통령을 해임시키기 위한 방안을 모색 중인 야당이 점유한다. 그리고 다른 곳은 차베스 대통령을 지지하는 쪽이다. 한지역에선 정부에 거세게 반대하는 일군의 부유한 동네가 자리 잡고 있다. 50년 넘게 버텨온 판자촌에서 멀지 않은 다른 지역은 차베스의 지지자들에 의해 민주적 체계가 세워진다. 비록 정치를 현실 공간에 배치하는 것은 약간 유동적이지만, 양자가 꿈꾸는 정치는 이렇듯 극명하게 대립한다. 2003년 5월, 야당은 서부 지구에서 대중적 지지를 얻기 위한 행사를 준비했다. 그리고 이를 '서부 재정복'이라고 명명했다.[7]

차베스의 <안녕, 대통령!>에 대항하기 위해 특별히 <안녕, 시민들!(Aló ciudadano)>라고 이름 지어 글로보비시온에서 방영한 이 프로그램은 야당 지지자들 사이에서 상당한 인기를 얻었다. 우리는 이런 종류의 지형도를 통한 정치적 영향력을 명심하면서 이 TV 프로그램의 한 에피소드에 이 지형도가 어떻게 반영되는지 알아보자. 그 에피소드는 2002년 1월에 방영되었다. 그리고 대립적인 두 정치 주체들의 주장을 보여준다. 그 두 가지 주체 중 하나는 시민사회이며, 나머지는 '타자' 또는 군중이다. 진행자 레오폴도 카스티요(Leopoldo Castillo)는 알타미라 광장의 반대파와 동쪽으로 이동하여 베네수엘라석유공사의 사무실 앞에 자리를 잡은 차베스 지지자들의 집회를 비교한다.

글로보비시온 방송의 초반은 아무런 설명 없이 광장 안의 반대파의 집회를 보여주며, 이들에 대해서는 아무런 성격 규정을 내리지 않는다. 이 방송에서 카스티요는 반대로 차베스 지지자들인 친정부 그룹을 무지하고 게으르며 폭력적인 군중으로 묘사한다. 그들이 마치 어떤 불법적인 일을 하기 위해 음모를 꾸미는 것처럼 작당하는 중이라고 말한다.

---

7) "서구의 정복(La reconquista del oeste)," *Panorama, Maracaibo daily*, 2003.5.24.

또한 나무 아래에 모여 도박을 하며, 교통을 방해하는 이들이다. 요약하자면 그들은 자신들의 소유지가 아닌 공공장소를 독점한다. 한 남성은 어깨에 가방을 멘다. 카스티요는 즉시 그 모습을 잠재적인 폭력의 신호로 해석한다.

"그들 가방엔 무엇이 들어있을까요? 심지어 저널리스트들이 입은 조끼조차 차베스 지지자들이 입으면 수상쩍어 보입니다. 저렇게 커다란 주머니에 그들은 무엇을 넣어둘까요?"[8] 이 시사평론가는 이들의 성격이 좋은지 나쁜지에 대해 판단하는 것이 아니라 단순히 그들을 묘사하는 중이라고 주장한다. 그는 부정적인 어떤 말도 할 필요가 없다. 왜냐하면 그 옆에 앉은 다른 패널이 알타미라 광장과 차베스 지지자 집회 사이에는 '문화적 차이'가 존재한다는 결론을 내주기 때문이다.

이 시청각적 메시지는 거리에 모이는 '특정 종류의 사람들'의 존재에 대한 일련의 담론에 속하며, 조직된 정치 대상 혹은 위험한 일반 군중으로 재현되는 특정 집단을 호출함으로써 주체를 구축하려는 시도로 보인다. 그런 간접적 묘사는 구분되지 않을뿐더러 TV에서 배척되지도 않는 것이 현실이다. 일간지 ≪엘 나시오날(El Nacional)≫에는 차베스를 지지하는 시위를 비난하는 다음과 같은 노골적인 사설 하나가 올라왔다. "우리가 겪고 있는 일대 위기에 대해 사회의 문제에 대처하는 대통령과 그의 측근의 대응은 …… 자신들 내부의 룸펜을 거리로 불러내어, 이들에게 빵 조각과 럼주 병으로 구애하는 것으로 구성되어 있다."[9]

사회 주체들에 대한 배제를 보여주는 미디어 구조의 또 다른 예시는 ≪엘 나시오날(El Nacional)≫의 헤드라인에 분명히 드러난다. 첫 번째

---

8) 카라카스의 문화부가 관리하는 자료에서 작가가 필사함.

9) 「정부의 답변(La respuesta del gobierno)」, *El Nacional*, 2002.10.14.

페이지를 보면, "시민사회는 냄비와 프라이팬을 두드린다(Civil Society Bangs Its Pots and Pans)"(October, 2002). 이 기사는 냄비와 프라이팬을 두드리는 방식으로 자신들의 불만을 표출하는 차베스 반대파에 관해 언급한다. 그러나 헤드라인이 정부 동조자들을 소위 제3분파로 당연하게 간주한 사실을 고려해볼 때, 시민사회를 제한된 방식으로 인식한 점이 상당수 독자를 화나게 했다. 심지어 이 비판에 대한 그 신문의 대응은 누가 시민사회에 속하는지 판단하는 것이 갈수록 더 어렵다는 주장을 하면서 스스로를 방어하는 모습을 보였다. 이 답변에서 논쟁적인 지점은 '군중'이란 새로운 사회 주체가 가시화되었다는 점이다. '군중'인 이들의 정치행위는 합법적인 프로젝트의 용어 안에서 설명하거나 상상조차 할 수 없는 것이다(Coronil and Skurski, 1991 참고).

차베스주의를 지지하는 공적영역에 대한 이러한 멸시는 지금은 해체된 이전의 패권질서 안에 침전되어 있다가 이제는 새로운 정치적 그룹이 된 이들이 출현했음을 설명해준다. 오래된 질서를 유지해온 이들에게 걱정을 유발한 것은 바로 공적영역 및 제도 내에 등장한 새로운 집단의 가시성이다. 그런 점에서 RCTV의 TV 프로그램의 사회자인 나폴레온 브라보(Napoleón Bravo)의 논평은 상당히 흥미로운 사실을 보여준다. 그는 (국외자 및 사회에서 소외된) 주변인(marginals)과 그들이 권력을 장악할 때 발생할 상황에 대해 말한다. "그들과 함께하는 상황은 정말 좋지 않습니다. 그들은 실수를 저지를 때 다른 이들을 비난합니다. 심지어 주변인들이 권력을 장악한 이런 국가가 얼마나 민주적일지 모르겠습니다"(2002년 2월 24일. 채널4에서 방영. 강조는 필자).

대통령궁에 입성한 주변인들은 인종차별을 당한다. 민주행동당의 저명한 지도자 움베르토 셀리(Humberto Celi)는 당선 연설을 듣기 위해 대통령궁으로 모인 군중을 다음과 같이 묘사했다. "나는 발코니에서 군중을 맞이하며 승리를 자축하는 차베스를 보았습니다. 그리고 TV 카메라들이 좋아서 어쩔 줄 모르는 군중의 표정에 초점을 맞출 때, 나는 스스로에게 '신이시여, 저들은 애국파의 흑인들(negritos)입니다'라고 혼잣말로 중얼거렸습니다"(Hellinger, 2003: 42). 이 문장은 동시대 베네수엘라 민족 정치의 복잡한 성격을 이해하는 데 대단히 중요하다. 만약 '애국파의 흑인들'라는 용어가 특정한 사회집단을 흡수하고 조종하기 위한 크리올계 엘리트의 갈망을 표현한다고 읽는다면, 우리는 이런 시도가 차베스주의가 야기한 헤게모니의 변화에 의해 생겨난 불안감의 기원이라는 것과, 또한 이것이 인종 담론들과 연결되는 방식을 보게 된다. '흑인들'은 항상 존재했다. 그러나 그 문제는 이들이 더 이상 고분고분하지 않을 때─더 이상 그들의 '흑인'이 아닐 때─발생한 것이다. 인종적 표식이 대중을 동원하는 당파의 중요한 홍보 전략이 된 2006년 선거기간 동안 반대파가 사용한 담론 전략은 이 가설을 증명했다.

반면에 2002년 차베스에 대항한 쿠데타가 실패한 후 국가가 통제하는 언론매체뿐 아니라 대안 언론매체가 급속도로 확산되었다. 대부분의 매체에서 우리는 비합법적 정치 주체가 나타나는 것을 목도했다. 차베스 반대파들을 '빼빼 마른 놈(el escuálido)'이라고 지칭한다. 이 주체를 만들어내는 수사는 차베스 지지자들이 (파시스트로 혹은 과두층으로 부르면서) 엘리트를 거부하고 이들의 자격을 박탈하는 것과, 정부에 반대하는 이들은 베네수엘라 사람이 아니라고 말하는 외국인 혐오증에 기반을 두고 있다. 이런 점에서 차베스주의 역시 민족적이고 민중적인 유색인(national-popular-of-color)과 외국인─백인(white-foreign) 사이의 대립을 기반으로 투쟁을 전개시키는 포퓰리즘의 논리를 명확히 보여준다.

2006년 선거운동 당시 마누엘 로살레스(Manuel Rosales)의 대응은 이런 점에 있어서 매우 효과적이다. 로살레스의 선거 공약 중 하나는 국가가

〈그림 5-1〉 2006년 선거운동 기간 중 마누엘 로살레스의 한 지지자는 '나의 검은(Mi negra) 카드' 한 장을 보여준다. 로살레스의 선거운동본부장인 호세 비센테 카라스케로 (José Vicente Carrasquero)는 DDC외의 인디뷰에서 이것은 선기운동의 중요 요소로 '검정색 플라스틱 현금인출카드'라고 설명한다. 그는 약 200만 명의 빈민층에게 그것을 나누어줄 것이라고 밝혔다. "매달 우리는 석유 시가에 따라 그 카드로 450달러까지 교환 가능하게 하려고 한다. 그래서 가족들은 식료품을 사거나 작은 사업을 시작할 수 있는 돈을 모을 수 있다." (〈베네수엘라 야당을 위한 새로운 길?〉 2006.10.3, BBC News 〈http://news.bbc.co.uk/2/hi/americas/5389460.stm〉)

제공하는 서비스(건강, 교육 등)를 수령할 수 있는 현금인출카드를 통해 직접 석유 수익을 분배하는 것이었다.[10]

---

10) 로살레스 선거 캠페인을 공격하기 위해 차베스 지지자들이 퍼트린 몇 가지 이미지 중 콘돌리자 라이스(Condolezza Rice)와 조지 부시(George W. Bush)가 마누엘 로살레스와 나란히 나타나는 이미지를 통해 '나의 검은카드'가 미국 제국주의를 상징하고 따라서 반민족적이라고 암시한다. 전통적인 포퓰리즘 호명 전략에서

이 공약은 종종 또 다른 주제와 짝을 이뤘다. 가난한 나라에게 국가적 유산인 석유를 할인하여 유리하게 제공해주는 프로그램을 운영한다. 비록 모순적이지만 민간 부문이 정부보다 효과적이고 신뢰할 수 있다는 점과 소비자가 되는 것은 시민들에게 힘을 주는 것이라고 주장하는 신자유주의 현상 속에서 현금인출카드 시스템은 자리를 잡았다. 선거운동의 또 다른 흥미로운 요소는 '검정색'으로 활용되는 다중가치(multiple values)였다. 그것은 명확히 '석유'에 대한 언급이었지만 선거운동의 '얼굴' 역할을 했던 여성인 글래디 아스카뇨(Gladys Ascaño)의 경우에서처럼 '민중(the people)'을 연상시킨다.[11]

이 메시지는 경제(광물)와 정치(인종차별적 인기 선거구)라는 이중의 주요 자원을 담고 있다.

수많은 차베스 지지자들은 인종화된 담론을 통해서 공격했으며, 사진 속 여성이 베네수엘라 출신이 아니거나 그녀가 콘돌리자 라이스(Condoleezza Rice)의 표본이라고 암시하는 공격도 받았다.

그녀가 야당을 지지했다면 아프리카계 베네수엘라인이 아닐 것이라는 이야기도 돌았다. 이것은 위에서 논의된 바와 같이 민족주의적 담론에 인종적 포퓰리즘이 연결되는 좋은 예가 된다.

모든 흑인이 베네수엘라 사람들의 이익을 보장하지는 않는다는 점을 암시하는 민족주의적 틀 안에서 *인종*은 다시 결합된다. ─옮긴이

11) 글라디스 아스카뇨(Gladys Ascaño)는 기독사회당(COPEI)의 구성원이다. 그리고 그녀는 페타레의 '훌리안 블랑코(Julian Blanco)'라고 부르는 빈민가인 그녀의 공동체 안의 민중 단체에서 적극적으로 활동한 것으로 알려져 있다. 글라디스 아스카뇨와의 인터뷰는 <헨티우노(Gentiuno)>의 웹사이트에서 찾아볼 수 있다. <http://www.gentiuno.com/articulo.asp?articulo=4777>

4. 군중의 색

가예고스의 『불쌍한 흑인』에서 설명하는 연방 전쟁(1859-1863) 속의 역사적 분쟁에 그려지는 인종화된 묘사는 종종 대중문화 안에서 더욱 가공되지 않은 형태로 나타난다. 하나의 좋은 예는 그 전쟁에서 해방군이 19세기 (백인과 흑인 사이에서 태어난) 뮬라토 장군인 에세키엘 사모라(Ezequiel Zamora)에게 보여주는 처우이다. 전쟁 중 해방군과 보수파 사이의 대립은 독립까지 거슬러 올라간 인종 투쟁과 들어맞았다. 차베스가 사모라를 군중의 영웅으로 인정한 것은 커다란 관심을 불러일으킨 동시에 학문적 논쟁을 자극시켰다. 차베스 지지자들이 사모라의 이미지를 수용한 반면, 야당은 이 역사적 인물에 대한 복잡하고 모순적인 말과 행동에 주목했다.

다니엘 헬링거(Daniel Hellinger)는 민족 영웅들과 공휴일에 관련된 논쟁을 설명하면서 차베스주의를 역사해석학적으로 탐구한다(Hellinger, 2001). 그는 에세키엘 사모라를 볼리바르 해방운동(Bolivarian movement)의 수사 안에 사용된 주요한 역사적 인물들 중 하나로 인정한다. 다른 두 명의 역사적 인물은 시몬 볼리바르(Simon Bolívar)와 시몬 로드리게스(Simón Rodríguez)이다. 이러한 재현 방식은 좌파들이 1960년대에 걸쳐 이 인물을 재평가했기 때문에 그다지 새로운 것은 아니다. 그렇지만 새로운 정치적 분위기 속에서 그가 재출현한 것은 상당히 강렬하며 논쟁의 여지가 있다. 차베스는 자신과 같은 바리안스 지역 출신이며 널리 알려진 이 영웅의 상징적 힘을 영리하게 이용했다. 사실 차베스와 그의 동조자들은 1992년 2월 4일에 벌인 자신들의 반란에 이 자유파 토호(caudillo)의 이름을 가져왔다. 또한 헬링거는 설명한다. "차베스는 사모라와 마찬가지로 평등주의적 담론을 이용했다. 그 담론은 종종 세부 사항이 모호하고 인종 편견적 뉘앙스가 가미되었으며, 군중의 반란을 자극하고 엘리트들을 위협한다"(Hellinger, 2001: 5~6).[12]

차베스의 신랄한 비판자인 엘리아스 피노 이투리에타(Elías Pino Iturrieta)는 사모라를 미화하는 것은 이 역사적 인물의 실제 모순뿐 아니라, 현 정부의 문제점 역시 은폐하고 있다고 언급했다.

확실히 사모라는 초기에 농민반란을 이끌었고 토지의 재분배를 주장했다. 그러나 또한 분명한 점은 이후에는 상류 사회에서 그의 이미지를 높이기 위해 좋은 집안과 결혼을 하고 대농장을 승계하면서 그가 내세우던 해방 슬로건을 잊어버렸다. 그리고 노예들의 땀의 결실을 만끽했고 19세기 가장 통탄할 인물인 호세 타데오 모나가스(José Tadeo Monagas)의 독재정치를 지원했다. 신분 상승과 인격주의와의 공모한 이 인물의 에피소드는 어떠한가? 스스로 세습 지주와 부패한 대통령의 친구가 되기 위해 빈곤층의 대장이 되는 것을 그만둔 이 인물에 대해 어떻게 생각하는가? 공공연하게 수치심을 드러낼 수 없을 뿐 아니라, 의심의 여지없이 그러한 저속한 본성을 존경할 혁명가는 없을 것이다. 그들은 평범한 이들의 자존감을 훼손시키는 이러한 불명예를 간과했음에 틀림없다. 그리고 사람들의 부주의를 이용해 눈속임을 시도한다. 그래서 우리는 용서를 구하지 않는 사모라라는 사령관에 대한 윤색된 이미지를 가지고 있다. 삶을 변화시키는데 보탬이 되지 않으면서 스스로 제공하는 방안을 찾을 수 없는 동떨어지고 과장된 영광을 단독으로 도용하는 '혁명'을 경계할 필요가 있다. 과거의 왜곡은 조작 가능한 여지를 열어줄 뿐만 아니라 변화에 반대하는 적과

---

12) 리처드 고트(Richard Gott, 2005)는 에세키엘 사모라(Ezequiel Zamora)와 우고 차베스의 이데올로기 기획의 관계에 관하여 한 챕터를 할애해 서술한다.

싸우는 것의 시작이다. 이것은 사령관에 반대하는 이들을 '과두층'으로 몰아가는 담론을 가능하게 만든다. 이런 이유로 연방군의 군가를 다시 읊조릴 필요가 있다. 이런 이유로 옳든 그르든 사모라를 재창조한다. 그의 이미지를 조국의 악당들에 대항한 전투에서 희생된 애국자로 만든다. 그리고 모두의 과거를 비추는 저장소이자 바보들의 모임으로 전락하는 것을 막아주는 신호등인 사회적 기억은 지옥에 가고 만다(Hellinger, 2001).

야당 성향의 TV방송국 RCTV에서 인기리에 방영된 코미디 프로그램 <라디오 로첼라(Radio Rochela)>의 한 에피소드는 어떻게 이 지적 담론이 대중적 형식으로 나타나는가를 보여준다. 이 장면에 참여한 두 백인들 사이의 대화는 기록할 만한 가치가 있다. 이 대화는 엘리트가 '민중', 특히 정형화된 아프로-베네수엘라인의 이미지를 가진 이들과의 관계를 원하면서도 다른 한편으로는 거부하는 복합적인 양상을 드러내고 있다.

모랄레스(백인 남자 1): 연방군은 예쁜 모든 이들을 탄압하고 있어. ······ 그리고 나는 에사 모라(Eza Mora)[13]를 너무나 사랑해.

백인 남자 2: 모랄레스, 나는 그런 사랑은 이 순간에는 불가능하다고 생각해. 너는 이레네 사에스(Irene Sáez)와 같은 여성을 원해야 해.

모랄레스: 나는 왜 모라에게 빠졌는지 모르겠어. 언제까지, 언제까지 이 추악한 독재국가를 견뎌야 하는 거지? 이걸 봐. (그는 한 아프로-베네수엘라 남자의 사진을 보여준다) 이 남자를 잘 봐. 그는 마치, 그는 마치 초상화처럼 보여. 오랑우탄의 초상화. (화가 난 나머지 그는 바닥에 그 사진을 집어 던졌다)

---

13) 19세기 리더를 분명하게 연상시키기 위해 'Esa Mora'를 'Eza Mora'로 바꿔 적었다.

백인 남자 2: 모랄레스, 넌 그 여자의 사랑을 받을 만한 많은 일을 했어. 너는 이를 닦지도 않고, 면도도 않고, 심지어 샤워도 하지 않고 외출했어. 넌 못생긴 남자의 가면을 쓰고 다녔어. 좀 진정해봐.

모랄레스: 네 말이 맞아, 친구야. 네 말이 맞아. 내가 할 수 있는 일이 있다면 ……. 모라가 연방군인을 보듯이 나를 쳐다봐준다면 나는 어떤 일이라도 …….

백인 남자 2: 벽에 부딪쳐서 네 얼굴을 망가뜨리는 건 어때? 타이슨이 네 귀를 물어뜯게 하는 건 어때?

모랄레스: 아냐, 아냐. 우리가 무엇을 하던 간에, 우리는 기발한 아이디어가 있어야 돼.

백인 남자 2: 모랄레스, 너 환생을 믿어?

모랄레스: 응, 약간은. 왜?

백인 남자 2: 아마도 넌 다음 생을 기다려야 할거야. 그래야 넌 성형수술도 할 수 있고 너 스스로 못생겨 보일 수도 있지.

이 에피소드에서 백인 남성은 검은 피부이며 가난하다고 상정된 사람들(움베르토 셀리의 흑인들)을 대변하는 여성 인물인 '에사 모라(Eza Mora)' [발음상 '에세키엘 사모라(Ezequiel Zamora)'와 유사함]에게 구애한다. 그녀를 유혹하기 위해 이 상류층 남성은 샤워, 양치, 깔끔하게 옷 입기에 관심 없는 사람들을 닮고자 한다. 또 다른 인물인 친구는 그에게 백인이며 금발에 미스유니버스 대회에서 우승한 베네수엘라의 이레네 사에스와 같은 다른 누군가의 사랑을 갈구하라고 충고한다. 그럼에도 불구하고, 그 백인 남성의 포퓰리즘적 복장도착증(populist transvestism)은 성공하지 못하고, 그로 인해 '추악한 독재'가 계속해서 발생한다고 불평한다. 19세기 당시 백인 엘리트들이 위생 담론을 통해 스스로를 빈민층으로부터 구별하려는 시도는 그럴 듯하다. 하지만 이 글의 목적과 관련하여 흥미로운 사실은 현재에도 위생 프로그램을 널리 알려진 일종의 대표적인 에티켓으로 간주하면서 여전히 그 방식을 고수한다는 점이다. 그리하여 이들은 가상이면서도 현실이기도 한 차베스주의가 가져온 역사적인 단절의 순간에 오히려 과거에 살며 과거의 지속성을 유지하고 있다 (González-Stephan, 1999).

위의 장면은 베네수엘라의 엘리트 사이에서 '서민들'을 어떻게 인식하고 있는지 드러내준다. 게다가 '민중(el pueblo)'에 호소하면서 그 결과로 생긴 욕망과 거부라는 두 가지 감정을 보여준다. 그러므로 그것은 동화라는 미묘한 형식을 통해 인종 간 차이를 숨기는 복장도착증의 형태인 인종 포퓰리즘(ethnopopulism)이 표현된 예이다. 다소 미묘한 남성적 욕망이 있음을 드러내는 것은 여기에서 핵심적이다. 미국 남부의 인종차별과 같은 공공연하고 공격적인 통치에 의지하는 것은 선택 사항이 아니다. 미국에서 노예제의 그림자로 남아 있는 폭력적 배척과는 달리, 베네수엘라에서 흑인들은 이성애적 국가에서 온화한 가부장적 이미지를 가진 이들로 그려진다.

TV에 방영된 차별에 대한 대중의 불만에 관하여 차베스 정부의 반대파에 동조한 TV채널의 사장들은 베네수엘라식 유머 감각에 대한 이해가 부족하다고 주장해왔다. 대부분의 예시들은 이러한 방어적인 변명이 베네수엘라에서 인종적 민주주의 담론의 심오한 모순을 만들었다고 증명한다.[14] 빈곤, 차베스주의, 그리고 민중을 이미지를 연결시키

---

14) 여러 아프리카 국가의 대사들로부터 공식적 항의를 받은 이후로 글로보비시온 (Globovisión)의 사장인 알베르토 페레디코 라벨(Alberto Feredico Ravell)은 이를 비난한 이들이 베네수엘라의 유머 감각을 이해하지 못한 것이라고 밝혔다. 항의는 2004년 2월 28일 방영된 프로그램 이후에 발생했는데, 거기에는 짐바브웨의

〈그림 5-2〉이 폭력적 이미지는 빈곤, 차베스주의 그리고 대중이 모두 연결되어 있다는 인종차별적 암시를 담고 있다. 자료: 야당 블로그(http://resistenciabucarecaracas.blogspot.com, 2003).

는 인종적 관점을 이용한 〈그림 5-2〉[15]는 야당 웹사이트에 유포되었다. 사진은 차베스 지지자에 대한 상당히 공격적이고 모욕적인 이미지를 조작한다.

이런 종류의 인종화된 주체의 구성에 대한 또 다른 예로는 만화를 통해 '군중(mob)'의 모습으로 변장한 세 명의 유명한 반-차베스 저널리스트들을 보여준다. 그 그림에서 이 전문직 종사자들은 자신들을 극도

대통령과 다른 아프리카 외교관들의 모임이 영화 〈혹성탈출(The Planet of the Apes)〉과 비교된다.

15) 포스터는 앞니가 없는 흑인들을 조롱하는 내용을 담고 있다. 중간에 칫솔모가 없는 칫솔이 치약을 아낄 수 있고 이빨 없는 부분을 닦는 불편한 느낌을 없앨 수 있다면서 칫솔 모형을 보여주고 있다. 그리고 '이 칫솔이 민중의, 민중에 의한, 민중을 위한 제품'이며 '가난과 싸우기보다는 창조적으로 가난을 받아들이라'면서 흑인들의 요구와 구호를 비웃는 어구를 첨가한다. ―옮긴이

로 적대하는 자들이 알아보지 못하고 지나치도록 검게 칠해진 봉제인형의 모습을 하고 있다.

본문은 또한 베네수엘라에서 가난한 유색인종을 일컫는 의미가 담긴 원숭이(mono)라는 단어로 말장난을 하고 있다. 이들이 계속 분장을 하고 있다는 것은 등장인물들에게 동물 냄새가 나는 것이 틀림없다는 의미를 암시한다. 차베스 지지자들을 원숭이와 결부시키는 또 다른 시각이미지가 야당 지지자들 사이에서 유포되었다. 그 사진에서는 원숭이가 베네수엘라의 헌법을 들고 있다.

또 다른 강력한 예는 TV프로그램 <오늘의 헤드라인(Today's Headlines)>에 소개되었다. 사회자인 오를란도 우르다네타(Orlando Urdaneta)는 정치적으로 긴장감 넘치는 기간(2002년 12월부터 2003년 3월까지의 석유파업)의 방송분에서 그가 '추한 사람들(ugly people)'이라고 불렀던 것에 대해 길게 설명한다. 혼혈에 대한 담론에 나타나는 포퓰리즘적 제스처 속에는 인종차별적 발언이 뒤따른다. "아, 어째서? 아름다운 흑인 남녀로 가득한 나라, 인상적인 원주민의 나라, 혼혈인의 나라, 유럽식 생산물에 크리올 마법을 섞은 최고 수준의 맥주 양조업을 자랑스러워하는. 그런데 왜 이리 추한 사람들이 많은가? 그들은 어디에서 왔는가? 이는 마치 페데리코 펠리니의 영화와 같다, 다만 그 이탈리아인의 재능만 부재할 뿐이다"(Today's Headlines, 2002.12.19. Globovisión, 발화자 강조). 첫 부분에서 우리는 동일한 민족 주체로 통합되는 민족적 요소의 수용 가능성을 제공하는 혼혈 사상에 기반에 두는 민족 포퓰리즘을 확인할 수 있다. 여기에서 다른 인종을 통합해야 할 책임감은 '크리올 마법'과 '유럽 최고의 산물'을 혼합할 '양조업체 사장'에게 돌아간다. 즉, 나라를 운영하고 권력을 지키고자 하는 백인 남성들의 욕망이 드러난다. 우르다네타는 흑인들과 토착민들이 종속되는 격렬한 동화 과정에 대해서는 언급하지 않는다. 마법처럼 멋지게 표현된 혼혈에 대한 부수적인 것만 다음과 같이 말한다. 그 장인이 혼합하는 것을 주목하라. 그의 성생활의 동력은 마법과도 같다. 베네수엘라 출신이며 흑인인 토착민들의 행위는 그 장인의 기술을 통해 현실로 나타난다. 만약 이 해석이 옳다면, 베네수엘라의 엘리트들은 여전히 대서양의 노예 식민지였을 때부터 획득한 권력과 통제의 역할을 이 공화주의 국가에서도 계속해서 생각하고 있음을 보여주는 것이다.

우르다네타 담론의 또 다른 측면은 어떻게 이 온정적이고 수사적인 제스처가 확연하게 공격적인 자세로 변하는가를 분명하게 보여준다. 교육부장관을 지낸 저명한 아프로-베네수엘라인 정치가인 아리스토불로 이스투리스(Aristóbulo Istúriz)를 언급하면서 우르다네타는 다음과 같이 말한다.

아리스토불로, 예를 들어 …… 그가 여기서 일할 때를 기억합니까? 그는 썩 좋아 보이지 않았죠? 저는 지금 이를 분명히 표명합니다. (그의 입을 가리키며) 그는 고릴라 턱으로 고통받는 것처럼 보입니다. 제가 고릴라를 언급했기 때문에, 당신은 상대방의 몸짓들을 관찰하고 있지 않습니까? 약간은 크로마뇽인 같고, 네안데르탈인 같기도 하고, '수도사' 같은, 그런데 거의 바나나의 수준이지요.[16] 저를 믿지 못하겠으면, 종종 동물세계의

---

16) 이전에 아리스토불로 이스투리스는 그 방송국의 쇼를 진행했다. 농담은 아프로-베네수엘라인인 장관의 외모에 관한 것이었다. 그런 후 차베스를 언급하는데, 차베스는 (아프리카계와 원주민의 혼혈인) 삼보라는 이유로 조롱을 당한다. 또한, 원래는 수도원(monastery)을 지칭하는 모네스틱(monestic)이란 농담조의 단어를 사용해 원숭이(mono)를 암시하고 있다는 것을 알 수 있는데, 이에 대해 대통령이 격노하자 유인원을 암시하는 것으로 바뀌었다.

이런 보석들에 대한 정말 흥미로운 다큐멘터리들을 방영하는 발레 티비 (Vale TV)를 한번 보세요(Today's Headline, December 19, 2002, Globovisión).

일반적으로 이러한 이미지, 사진 그리고 만평의 목표는 사회문제에 참여하고 국가정책에 개입하는 차베스와 자신들을 동일시하는 지지자들을 비난하려는 것이다. 그들은 웃음을 유발한다는 미명 하에 다양한 형태의 인종 비방을 통해 타자에 대한 폭력과 문명/야만의 이분법적 구도를 강화하고 있다.

위에 언급된 예들은 베네수엘라의 정치적 양극화를 이해하기 위해서는 이러한 재현이 길거리와 가난한 지역의 권력기관을 통해 나타난다는 사실과 직접적으로 연결된다. 과거 포퓰리스트 정권하에서는 이 공간을 조직하고 통합함으로써 대중의 정치적 행위성이 소외되었다. 비록 차베스주의 내부에서도 위와 같은 선택적이고 차별적인 정치가 재생산되기는 하지만 분명한 차이점이 존재한다.

5. 민족 포퓰리즘과 소수민족 사이의 차베스주의

시몬 볼리바르(Simón Bolívar)의 초상화에 대한 오랜 논쟁은 차베스 시대에 재개되었다. 국가의 중심을 나타내는 이 상징적 인물에 대해 정치적 의제와 기획이 바뀜에 따라 계속적으로 다시 쓰여진다는 것은 예측 가능하다. 최근 출간되지 않은 에세이에서 하비에르 게레로(Javier Geurrero, 2006)는 그해 브라질 리우 축제를 위한 무대차에 베네수엘라가 재정을 지원할 것인가에 관한 논의를 설명하면서 '조국의 위대한 남자'를 퀴어(queer)로 바꾼 것을 둘러싸고 벌어진 논쟁을 소개한다.

물론 주제는 시몬 볼리바르였다. 나는 베네수엘라의 성과 정치학에 대해 게레로가 제기한 흥미로운 쟁점을 외면하지 않으면서도 이 영웅의 인종 정체성에 대한 논란에 초점을 맞추고자 한다. 왜냐하면 그것은 복잡한 인종적 포퓰리즘 안에서뿐만 아니라 인종적 민주주의 안에서 우리가 확인해온 모순을 다시 한번 보여주기 때문이다.

볼리바르를 카리오카(carioca)적[17]으로 표현하는 것에 대해 베네수엘라의 저널리스트 마리아넬라 살라사르(Marianela Salazar)는 이 영웅의 이미지가 차베스 정권의 공모로 인해 훼손당했다고 불평한다. "카니발 행진대(La comparsa carnavalesca)"라는 기사에서 그녀는 다음과 같이 적는다.

> 납작코와 반달 같은 눈썹을 가진 통통한 허수아비로 묘사하는 것은 드래그퀸적인 요소를 추가함으로써 볼리바르의 모습을 희화하고 있다. ······ 벌거벗은 쇼걸(naked garotas)의 퍼레이드라는 일탈적 행위를 후원하는 베네수엘라석유공사는 희화되고 비하되어 변형된 해방자의 이미지를 허락했다(*El Nacional*, 2006.3.1).

볼리바르가 '납작코'라고 했다가 글 후반부에서는 오래된 자료를 인용하며 그가 실제로는 그의 코가 매부리코라고 증명하는 것은 그다지 잘 구성하지 못한 인종화된 담론의 일부이다. 차베스주의자들이 이 19세기 인물을 이용한 숨은 목적은 현 대통령과 동일화하기 위해서라는 것을 내비치면서 불평은 계속된다. 살라사르는 "볼리바르를 만난 이들로부터 그에 대한 수많은 증언이 있었지만 차베스를 닮은 곳은 단 하나도 없다"라고 적고 있다(*El Nacional*, 2006.3.1).

---

17) 브라질적인 요소와 특징을 지칭하는 형용사. ―옮긴이

차베스의 외모가 볼리바르와 닮았다는 주장이 제기하는 바는 오늘날 국가라는 정치적 상상체를 이해하기 위해 하나의 통합체로 보여야 하는 동일성 문제에서 매우 복잡한 고리의 한 측면인데, 이 고리를 통해 차베스는 '민중'을 확장하려 했다. 게다가 이 동일화 과정은 대통령의 인종적 정체성을 비하하는 것에 기초한 정치적 절합방식에 문제를 제기하면서 리더와 민중들 사이를 역동적으로 움직였다. 볼리바르가 백인이 아닌 신분으로 상상되고 요약된 나라의 본체가 그 대통령의 이미지뿐만 아니라 국가적 영웅의 모습에서 '민중'을 투사하는 반면, 백인 신분 입장의 해석은 이와는 반대가 된다. 이러한 방식을 통해 동일화 과정은 인종 포퓰리즘의 역학 안에서 주요한 역할을 한다. 평론가들이 이해하지 못했던 것은 정확히 인종적 민주주의의 실패로 인해 위와 같은 방식의 절합이 가능했을 뿐 아니라, 차베스 시대에 엄청난 성공을 거두었다는 사실이다.

당연하게도 우고 차베스 역시 주간 프로그램 <안녕, 대통령!>에서 리우 축제의 볼리바르 퍼레이드가 야기한 논쟁에 대해 응답하면서 백인이 아닌 시몬 볼리바르의 이미지를 강화하는 데 활용했다.

3시 30분이 되자 삼바 학교의 이사벨 무대차(Villa Isabel)가 리우데자네이로의 삼바 축제장에 입장했다. 그러자 수십만의 관중들이 삼바의 리듬, 사랑의 리듬, 즐거움의 리듬, 유토피아의 리듬 또는 이 땅에 내려온 새로운 시대를 환호하기 위해 자리에서 일어섰다. …… 그리고 우리 시몬 볼리바르의 위풍당당한 모습을 보아라. 나와 너무 똑같아 보이는 그의 검은 피부를 보아라. 지금까지 베네수엘라식 과두정치가 볼리바르를 하얗게 만들었기 때문이다. 나는 백인들에 반대하지 않지만 볼리바르는 백인이 아니었다. …… 볼리바르는 흑인들 사이에서 태어났다. 그는 곱슬머리이다. 그는 초록 눈을 가지고 있지 않다. 여러분들은 그가 초록 눈, 노란 머리 그리고 하얀 얼굴을 가진 몇몇 초상화들을 보았다. 볼리바르는 작았지만 그들은 그를 크게 만들었다. 절대 아니다, 볼리바르는 작았고 날카로운 목소리를 가졌다. 그리고 그는 삼보(zambo)였다(*Aló Presidente* No. 248).

그리하여 차베스는 분명 다른 이들이 부정하는 볼리바르의 유색인적 특징을 찬양하고 강조한다. 이 제스처가 포퓰리즘 담론의 수많은 표현들 안에서 발견되는 카리스마 있는 리더와 국민을 동일시하는 역할을 수행한다. 동시에 이 의지의 표현은 인종을 차별하지 않는 사회에서 배척당해왔다고 느끼는 사람들 사이에서 보상심리를 나타낸다고 할 수 있다.

이러한 인종, 동일화 그리고 보상의 상호작용을 대중을 추종하는 단순한 선동메커니즘으로 이해하는 것은 포퓰리즘의 복합적 성격을 무시하는 것이다. 이 환원주의는 군중들이 리더가 실행한 주술에 의해 최면 상태에 빠진 것으로 보았던 19세기의 군중 심리학에서 그 선례를 찾을 수 있다. 라클라우는 동일화 과정에 대한 분석에서 이와는 다른 접근법을 제안한다. 프로이드를 정밀하게 읽으면서 집단의 합리성을 폐기하는 대신, 강압과 합의 사이에서 구성되는 헤게모니 안에 존재하는 다중변수를 만들어내는 리더와의 관계를 가정한다(Laclau, 2005: 84~85). 차베스 시대의 베네수엘라식 인종 정치학에 따르자면 이러한 사고는 정부와 원주민, 아프로-베네수엘라인들의 운동 사이에서 성립된 관계를 이해함에 있어 유용하게 사용될 수 있다.

분명한 사실은 차베스주의 내부에서 만들어진 인종화 과정은 자신만의 특징이 있고 내가 인종 포퓰리즘이라 부르는 것의 **다른 형태들**을 결합하고 있다. 우리는 그 형태들 중 하나를 '민중-인종(popular ethnic)'이라고 부른다. 이 용어는 야당에 반대하는 경향을 보이고 현 정부를 지지하는 한편, 자치정부를 구성하기 위해 정책적 기획들을 구성하고 협상하는 아프로-베네수엘라인들과 원주민 공동체 단체들을 지칭한다.

그럼에도 불구하고 모순은 적지 않다. 인종화된 담론에 대한 특정한 표현들은 민주행동당(Acción Democrática)이 인종 정치를 사용했던 역사적 잔재이기도 하다. 예를 들어 차베스는 멕시코 여행 중 과달루페 성모가 있는 성당을 방문했다. 그리고 그의 담화는 '혼혈(mestizaje)' 이데 올로기를 떠올리게 한다. "갈색 피부의 성모는 멕시코인들의 영혼일 뿐만 아니라 갈색 아메리카의 모든 사람들 중 하나이다. 이것이 바로 그녀가 갈색 피부를 가진 이유이다. 왜냐하면 성모는 우리와 같기 때문이다. …… 우리 모두가 갈색의 아메리카 유토피아를 위한 지평선을 열어갑시다."[18] 혼혈 담화에 대한 이러한 표현은 멕시코의 바스콘셀로스(Vasconcelos)가 제기한 우주적 인종(raza cósmica)라는 동화(assimilation)의 전통보다는 쿠바의 호세 마르티(José Marti)가 생각한 민중의 개념에 더 가깝다. 이것은 '갈색의 아메리카 유토피아'라는 전략이 크리올계 엘리트들이 조종한 것보다는 급진적 포퓰리스트들이 호출하는 민중 민주주의 형태를 나타낸다는 것을 의미한다.

차베스주의 내부에서 시행된 인종화의 또 다른 전략은 자유주의적 다문화주의에 더 가까워 보인다. 민주행동당이 베네수엘라 통합을 대변하는 어떤 인종도 아닌 주체인 후안 빔바(Juan Bimba)의 이미지를 만들었다면, 차베스주의는 흑인, 원주민과 메스티소 정체성 사이에 존재하는 다인종의 민중 주체를 인정한다. 발리바르와 월러스타인(Balibar and

---

18) "우고 차베스가 과달루페 성지를 방문하다(Acude Hugo Chávez a la Basilica de Guadalupe)," *El Universal*, 2004.5.27.

Wallerstein, 1991) 그리고 웨이드(Wade, 1997)를 통해 알 수 있듯이, 이것은 차이 속에서 통합을 강조하는 민족 담론에서 주요한 요소이다. 서발턴(Subaltern) 그룹이 국가 내부에서 완전체(monadic units)의 기능으로 이끄는 가능성이 있다. 그러나 우리는 볼리바르 국가 내부와 그 경계를 넘어 인종적 담론과 – 정치적 실천 – 을 다시 구상한 아프로-베네수엘라 및 원주민 운동의 기원과 그 중요성을 간과해서는 안 된다.19)

---

19) 그런 사실을 묵살하는 것 역시 포퓰리즘 정치학의 체계 안에서 효과적으로 움직이는 사회집단의 행위성을 무시하는 것이다. 라틴아메리카의 지식인, 운동가 그리고 아프로-베네수엘라 조직 네트워크(the Network of Afro-Venezuelan Organizations)와 아프리카계 후손들의 전략적 연대(Strategic Alliance of Afro-descendants)의 리더인 헤수스 '추초' 가르시아(Jesús "Chucho" García)의 작업은 볼리바르 국가와 함께 진행한 몇 가지 사회운동의 복잡하면서도 성과를 거둔 협상에 관한 훌륭한 예시를 제공한다. 개인적 대화에서 가르시아 자신은 차베스주의자도 아니고 볼리바르주의자도 아닌 혁명가라는 말을 되풀이했다. 그럼에도 불구하고 그런 주장들은 일반적으로 우고 차베스보다 앞서 일어나고 그를 넘어서는 다른 사회집단들의 투쟁과 함께 그가 권력을 잡으면서 생기는, 보다 광범위한 현상으로서 이해되는 과정(el proceso)에 대한 지지를 뜻한다.
국회가 발의한 새로운 헌법을 토의하던 1999년에 가르시아는 아프로-베네수엘라를 헌법에 포함시키는 것에 대해 오랫동안 노력이 부족했다는 점에 대해 매우 비판적이었다는 사실을 상기할 필요가 있다. 그 순간 흑인여성동맹(Unión de Mujeres Negras)과 아프로아메리카재단(Fundación Afroamérica)은 정부를 압박하기 위해 아프로-베네수엘라 조직들의 네트워크로 통합한다고 결정했다["우리는 정부가 이 제안을 거절할 것 같다고 예감했을 때 대립과 설득 중에서 선택해야 했다. 그리고 차베스 정부를 다시 교육시키는(realphabetizing) 과정을 통한 설득 방식에 동의하게 되었다"].
베네수엘라 원주민운동의 경우 더욱 즉각적인 결과들이 1999년 국회의 논의에서부터 나왔다. 이는 의회에서 이들을 대변하고, 국가적 사안에 이들의 참여를 증가시키는 결과를 이끌었다.
아프로-베네수엘라와 원주민 양자의 운동은 아마존, 구아히라 그리고 바를로벤토

1980년대 후반 이후에 베네수엘라 정치 지형을 바꾼 대중운동과 마찬 가지로 인종적 각성과 운동이 차베스에 선행했다는 사실을 인식하는 것은 중요하다. 여러 문화 및 정치 집단들은 자체적으로 혹은 정부와의 동의를 통해 국가 정체성에 대해 아프로-베네수엘라인들과 원주민들의 특성을 인정할 것을 요구했다. 예를 들어 1970년대에 교육부는 베네수 엘라 역사교육을 개혁하기 위해 그다지 성공적이진 못했지만 진보적이 었던 야심찬 기획을 진행했던 단체인 '사상, 사회적 행동과 민족 정체성 (Pensamiento, Acción Social e Identidad Nacional: PASIN)'을 후원했다. 현 아프로-베네수엘라 운동의 리더를 발굴한 바를로벤토(Barlovento)의 흑 인 극단(Teatro Negro)이나 마린 지역(El Barrio Marín)을 위한 활발한 모임 과 같은 다른 기획들이 자치적인 방식으로 번창했다. 1990년대엔 둘 다 검은 피부를 가진 클라우디오 페르민(Claudio Fermin, AD)과 앞서 언급 한 아리스토불로 이스투리스(Aristóbulo Istúriz, Causa R) 역시 베네수엘라 인종 정치의 변화를 알렸다.[20) 이 선례는 오늘날 베네수엘라 정체성 정치를 추구하는 다른 운동들의 자치성에 대해 생각하는 데 중요하다.

2001년 하반기에 나타난 인종화의 다른 문제적 형태는 우리가 **국외 추방**(Expatroation)이라고 명명하는 것을 유도했다. 이 담론은 차베스주의 에 반대하는 분파를 외국인 혐오증을 확대시키는 백인 외국인으로 묘사

지방의 공공시설기반, 보건, 그리고 교육에 관련된 다양한 프로젝트들의 이행을 관리했다. 또한 국경, 회의 구성, 세미나뿐 아니라, 다비드 에르난데스-팔마르 (David Hernandez-Palmar)와 같은 와이우우(Wayuu) 출신 감독들은 브라질의 다른 원주민 공동체와 공동제작뿐 아니라 네트워크를 구성하고 있다.

20) 이 기간 동안 인종정치학과 베네수엘라 국내정치에 있어 클라우디오 페르민 (Claudio Fermín)의 존재감에 관한 훌륭한 연구로는 알레한드로 벨라스코 (Alejandro Velasco)의 「인종의 내상(The Hidden Injuries of Race)」(2002)이 있다.

한다.[21] 이것은 검은 피부와 원주민 정체성을 강화함에 따라 지난날 권력을 가졌던 세력을 인종차별적/계급주의적 권력 집단으로 파악하는 적대(antagonism)의 전략으로 읽힐 수 있다. 일부 야당 지역에서 발생한 담론들은 '민중-민족(popular ethnic)'들에게 극단적이고 배제를 강화하는 반응을 촉발시켰다. 게다가 그런 담론들은 인종차별주의자들에게 맞서 왔던 혼혈인, 흑인, 원주민과 같은 민중에게 전통적인 형태의 인종 포퓰리스트 방식을 사용하도록 부채질하게 되었다.

6. 결론

차베스는 그의 연설에서 전략적인 방식으로 자신을 메스티조, 삼보, 흑인 그리고 원주민으로 정의하면서 그의 인종적 정체성을 재구성한다. 결국 메스티조, 삼보, 흑인, 원주민들은 포퓰리즘적 카리스마를 가진 리더를 '민중'과 연결시키는 전통적인 방식을 반복하면서 종종 차베스를 자신들과 동일시한다. 그럼에도 불구하고 만약 너무 좁은 시각으로 포퓰리즘에 대한 전통적인 비판에 초점 맞춘다면 우리는 근본적인 문제들을 간과할 것이다. 예를 들어 사회 권력자들이 '민중-민족'에 대응하

---

21) 2003년 7월 17일, 마리오 실바 가르시아(Mario Silva García)는 "차베스에 대한 증오와 이민자의 유산(El oido a Chávez o la herencia del inmigrante)"을 포털사이트 Aporrea.org에 게재했다. 글에서 그는 다음을 적었다, "무엇 때문에 우고 차베스를 그토록 증오하는가? 야당의 표명한 모든 언술에서는 사령관 차베스의 민중적 정책에 대한 수많은 중상모략을 볼 수 있다. 또한, 거의 모든 유럽의 자손과 스페인, 포르투갈 그리고 이탈리아인 등 대부분 백인이라는 뚜렷한 특징을 가진 동일한 중산층의 얼굴을 볼 수 있다."(번역은 필자)

면서 만들어낸 것은 무엇인가? 그리고 그들은 어떤 수준의 자치권을 획득했는가?[22] 결국, 최근까지 권력을 지킨 파벌들이 민중의 거울이 되는 대통령이 보여주는 유색인, 비크리올계 출신이란 정체성을 부인할 때 무슨 일이 발생할까? 만약 여기서 포퓰리즘이 과거 지배 블록에 대해 정치적으로 적대적인 다인종의 그리고 다계급을 결합하는 전선으로 기능한다면, 대중적 지지를 공고하게 하기 위해 인종적 재현에 대한 새로운 체제를 만드는 것이 중요하다는 사실을 이해할 필요가 있다.

언론매체에서 유포하는 '대통령의 추접함'과 그가 보여주는 '품위의 결핍'에 대한 언급은 차베스에 대립하는 정치 세력이 민중을 적극적 정치 주체라고 생각하는 것을 반대한다는 것을 다시 한 번 상기시킨다. 여기서 '그 흑인들(sus negritos)'이라고 말한 움베르토 셀리(Humberto Celli)와 "흑인들에 대한 그러한 잘못된 언급은 베네수엘라 정치 문화에 계급과 인종 정체성이 서로 연결되어 있다는 사실과 함께, 차베스가 이를 효과적으로 활용했다"는 헬링거(Hellinger)의 주장을 상기할 필요가 있다(Hellinger, 2003: 49).

이 주제는 복잡하다. 그리고 인종적 재현은 양 진영에서 수정되었는데, 특히 2002년의 쿠데타 이후로 그렇게 되었다. 각 진영은 그들이 만든 언어와 시각 담론을 조심스럽게 관찰하면서 더 포괄적인 방식으로 서로의 정체성을 재정립하고자 한다. 앞서 설명한 것처럼 특히 마누엘 로살레스(Manuel Rosales)의 선거운동에서 야당이 인종 담론을 이용한 사례는 이의 적절한 예시다.

인종 담론의 최근 변화로 볼 때 베네수엘라의 인종 정치 모순은 극복되기보다는 오히려 재등장하게 된다. 민중적 요구를 채택하는 방식을

---

22) 곤살레스 스테판(González-Stephan, 1999)을 참고하라.

통해 인종 포퓰리즘의 가장 부정적 측면 중 하나를 강화하는 결과를 가져왔다. 그럼에도 불구하고, 이 인종적 맥락에 대한 복합적인 재정립 속에서 새로운 사회운동이 차베스주의 대 야당의 토론을 넘어서는 정치적 의제와 함께 생겨났다는 것 역시 가능하다.[23]

내가 '인종 포퓰리즘의 상상(ethnopopulist imaginary)'이라고 부르며 설명한 베네수엘라의 혼혈에 대한 편안한 담론을 흔들 필요가 있다. 현재 군중에 대해 재현하고 생산하는 미디어에 대한 연구는 현대의 정치 갈등이 미묘하면서도 그리 미묘하지 않은 인종화 형태를 가지고 있다는 것, 그리고 차베스 정부 이전에 합의된 사항은 국가 설계의 근간이 되는 편견을 숨기는 것에 기초하고 있음을 시사한다. 이 긴장 관계에 대한 인종 포퓰리즘적 접근으로 인해 베네수엘라는 인종 차별적이지 않았다기보다는 인종적 갈등을 애당초 알아차리지 못했다.

---

23) 로살레스가 지적한 선거캠페인에서 사용되는 인종포퓰리즘의 표현은 대중을 소비자로 인식하는 신자유주의적 방식이라는 점을 지적하고 싶다. 로살레스는 민중의 인종화된 조직의 중요성을 인식했다. 이러한 기획은 그렇지 않다면 국가에 의해 수행될 사회서비스에 대한 소비자를 만들어내면서, 석유 수입을 재분배하고자 한다.

참고문헌

Balibar, Etienne and immanuel Wallerstein. 1991. *Race, Nation, Class: Ambiguous Identities*. Translated by Chris Turmer. London: Verso.

Beverley, John. 1999. *Subalternity and Representation: Arguments in Cultural Theory*. Durham: Duke University Press.

Cohen, Stanley. 1980. *Folk Devils and Moral Panics: The Creation of the Mobs and Rockers*. New York: St. Martin's.

Coronil, Fernando and Julie Skurski. 1991. "Dismembering and Remembering the Nation: The Semantics of Political Violence in Venezuela." *Studies in Comparative Society and History*, 33(2), pp.288~337.

Duno-Gottberg, Luis. 2003. *Solventar las diferencias: La ideología del mestizaje en Cuba*. Frankfurt: Vervuert-Iberoamericana.

Gallegos, Rómulo. 1937. *Pobre Negro*. Caracas: La asociación venezolana de escritores.

González-Stephan, Beatriz. 1999. "Cuerpos de la nación: Cartrografías disciplinarias." *Anale*, 2, pp.71~106

Guerreero, Javier. 2006. "El gran varón: Disputas del cuerponacional en tiempos de revolución." Paper presented at the symposium Reinventing Venezuela: A Symposium on Culture, Memory and Power, November 17, University of California, Berkeley.

Hellinger, Daniel. 2001. "Chávez, Globalization, and *Tercermundialismo*." Paper presented at the Congress of the Latin American Studies Association, Washington, D.C., September 2-8.

_____. 2003. "Political Overview: The Breakdown of Puntifijismo and the Rise of Chavismo." in Steven Ellener and Daniel Hellinger(eds.). *Venezuelan Politics in the Chávez Era: Class, Polarization, and Conflict*. Boulder, Colo.: Lynne Rienner, pp.27~54.

Laclau, Ernesto. 1977. *Politics and Ideology in Marxist Theory: Capitalism, Fascism,*

Populism. London: New Left.

_____. 2005. *La razón populista*. Méxio: Fondo de Cultura Económica.

Lasarte Vlacárcel, Javier. 1992. *Sobre literatura venezolana*. Caracas: Ediciones La Casa de Bello.

_____. 1995. *Juego y nacio: Postmodernismo y vanguardia en Venezuela*. Caracas: Fundarte/Alcaldía de Caracas.

Rama, Ángel. 1996. *The Letered City(Post-Contemporary Interventions)*. Durham: Duke University Press.

Rivas-Rojas, Raquel. 2001. *The Venezuelan Identity Tale(1935-1941) from Criollismo to Populist Regionalism*. London: University of London Press.

Skurski, Julie. 1994. "The ambiguities of Authenticity in Latin America: *Doña Barbara* and the construction of National Identity." *Poetics Today*, 15(4), pp.605~642.

Smith, Anthony D. 1983. *Theories of Nationalism*. 2nd ed. Teaneck, N.J.: Holmes and Meier.

Solaún, Mauricio and Sidney Kronum. 1973. *Discrimination without violence: Miscegenation and Racial Conflict in Latin America*. New York: Wiley.

Wade, Peter. 1997. *Race and Ethnicity in Latin America*. London: Pluto Press.

Williams, Gareth. 2002. *The Other Side of the Popular: Neoliberalism and Subalternity*. Durham: Duke University Press.

Wright, Winthrop. 1990. *Café con leche: Race, Class and National Image in Venezuela*. Austin: University of Texas Press.

제6장

휴대용 정체성

문학과 영화에 나타나는 이민과 국경 넘나들기

빅토르 카레뇨 _성유진 옮김

1980년대부터 현재까지 라틴아메리카에서는 경제적·사회적·정치적 위기로 인하여 국경을 넘는 국제적 이주가 주요한 사안이 되었다. 이에 대해 문화와 예술 방면에서 생산된 다양한 작품은 혼종 문화, 문화적 이종성(異種性), 복합적 시간, 경계 문화 등의 용어로 정의되었고, 또한 민족과 정체성을 다시 생각하도록 하였다. 그러나 베네수엘라에서는 다른 라틴아메리카 국가들과 비교해 이에 대한 연구가 드물었다. 이 글은 최근 수십 년간 베네수엘라 문학과 영화에서 이러한 현상이 재현되는 양상을 연구한다. 이러한 문화적 생산은 베네수엘라인들의 이주가 증가하면서 나타난 사회정치적이고 경제적인 맥락으로 이해될 수 있다. 그리고 장소를 이동하는 베네수엘라인들의 정체성이 재현되는 방식을 살펴보기 위해 문화연구 방법론을 사용해 일군의 작품을 분석한다. 그 결과 문학과 영화적 표현은 휴대용 정체성을 드러낸다. 즉, 이 정체성은 과거와 현재의 계속적인 교섭을 통해 드러나는데 텔레노벨라, 대중가요, 구전문화 등의 대중문화적 요소를 전략적으로 사용한다. 이들 통해, 한편으로는 정치적으로 분열된 베네수엘라의 상황을 보여주며, 다른 한편으로는 디아스포라의 경험이 이 나라에 대한 복합적 상상을 가능하게 한다는 점을 보여준다.

빅토르 카레뇨 Victor Carreño　베네수엘라 실험예술대학교 예술연구소 교수.

* 이 글은 *Revista de Literatura Hispanoamericana*, No. 62(Enero-Junio, 2011)에 실린 글을 옮긴 것이다.

1. 서론

  1980년대부터 현재까지 라틴아메리카에서 경제적·사회적·정치적 위기로 인한 이주와 국경 넘나들기 문제는 중심 화두가 되었다. 혼종문화, 문화적 이종성, 다층적 시간성, 경계 문화와 같이 상이한 특징을 보여주는 다양한 문화 및 예술을 양산해온 것은 물론, 국가 및 정체성에 대한 개념을 고정적이고 안정적이기보다는 복수적이고 유동적인 관점에서 재고할 수 있는 기회를 제공해왔다. 이 글에서는 라틴아메리카 다른 지역에 비해 크게 주목받지 못하던 최근 수 십 년 동안 베네수엘라 문학과 영화에서 재현된 이주와 국경 넘나들기 현상을 다룬다. 우리는 이러한 현상을 정치적·사회적·경제적인 맥락 안에서 다룰 것이며, 이는 베네수엘라의 이민 증가 현상을 설명하는 배경으로서 작용할 것이다. 과도기에 있는 베네수엘라인들의 정체성이 어떻게 재현되는지를 관찰하기 위해서 선별된 작품들을 문화연구 방법론에 의거하여 비교분석한다. 결론에서는 문학적·영화적 표현들이 휴대용 정체성 즉, 과거와 현재의 끊임없는 협상을 통해 구축되는 정체성을 제시하고 있음을 보여줄 것이다. 휴대용 정체성은 주로 드라마 문법, 노래, 구술문화와 같은 대중문화의 상징을 전략적으로 사용한다. 특히 매우 특별한 정체성과 관련된 서사 작품들이 있는데, 하나는 정치적으로 양분된 국가의 지표로 등장하며 다른 하나는 디아스포라 현상이 가져온 국가의 다양한 이미지로 나타난다.

2. 이론적 배경

이민의 역사를 논하는 것은 국경 넘나들기의 역사와 그에 얽힌 다양한 정체성을 이야기하는 것이다. 이러한 역사들은 예술과 문화에 투영되어왔고, 이미지 혹은 레이먼드 윌리엄스(Raymond Williams)가 말하는 감정의 구조(estructura del sentir)를 공식 담론과의 충돌 여부에 관계없이 드러낸다(Williams, 2000). 전 지구적인 힘에 대해 자주 논하는 세계에서 이러한 역사의 다양성은 제도와 감시를 강제하는 힘을 가진 국경을 마주하게 된다. 하지만 국경이라는 것이 무엇인가? 다행히도 국경은 단 하나의 의미에만 국한되지 않는다. 에티엔 발리바르(Étienne Balibar)는 이 질문을 던진 후 국경을 중층결정(sobredeterminacion), 다의성(polisemia), 이질성(heterogeneidad)과 연관시켜 특징짓는다(Williams, 2000: 85~86). 발리바르에 따르면, 정치 영역은 국경을 다양한 측면에서 다루기 때문에, 국경은 미리 결정되지도 영원하지도 않으며, 군사적·경제적·이데올로기적·상징적 이해관계의 상호작용에 따라 변화되는 문화적인 구축 과정이다. 이러한 상대성은 다의성과 연결되는데, 국경을 넘나드는 것이 서로 다른 사회계급을 가진 사람들(사업가, 대학생, 이민자, 관광객 등 각자의 사회적 조건과 출신 국가에 따라 상이한 대우를 받는다)에게 어떻게 영향을 끼치는가를 통해 관찰된다. 이질성은 전천후적인 국경 통제와 관련되는데, 이는 지리적으로 제한적일 뿐만 아니라 민족 내부에서 그리고 다른 민족을 통해서 또 다른 통제가 행사된다. 국경의 편재성에 대한 이 같은 입장은 외국인에 대한 통제가 이루어지는 곳이면 어디든지 목격되지만, 심리적인 영향 또한 포함한다. 후안 비요로(Juan Villoro)는 멕시코 작가 페데리코 캄벨(Federico Campbell)과 관련하여 국경을 '심리적인 영역(categoría psicológica)'으로 언급했는데(1995: 72), 여기서 정체성 개념과 더불어 우리의 출입처를 감시하는 지역에 대한 개념은 국경이 하나의 정신적인 조건으로서 다른 방식으로 우리 곁에 존재하고 우리가 하는 행동에 영향을 끼친다. 국경이 개인은 물론 집단적인 이주의 역사를 만들어내는 다양한 시공간의 구축 과정이라고 한다면, 이주의 역사는 이와 관련한 이미지를 생산하기 때문에 국경을 다양한 각도에서 읽어낼 시각을 제공해준다.

우리는 끊임없이 긴장이 감도는 현실과 마주하고 있다. 국경은 문제인가 아니면 기회인가? 발리바르는 이 질문에 대한 대답은 관련된 행위자와 시행된 정책에 따라 다양하다고 말할 것이다. 가르시아 칸클리니(García Canclini)의 경우, "오늘날 모든 문화는 국경에서 나온다"라고 말하면서 혼종 문화의 세계에 거주하는 우리는 "헤게모니적 지식과 민중적인 지식 사이의 상호작용"에 의존한다고 말한다(1990: 325). 이 두 입장 사이에서 지역 간의 경계와 국가 간의 국경은 동시에 열리고 닫히는 문과 같다. 라틴아메리카 이민자들의 이야기는 지우기도, 그렇다고 염두에 두기도 어려운 위압적인 현실을 반영한다. 당장 해결책은 없다. 왜냐하면 각각의 행위자가 자신이 넘나드는 지역으로부터 이익을 챙기려고 하기 때문이다. 이민자들은 매일 성공과 실패가 공존하는 긴장 속에서 살아간다.

국경 넘나들기와 이주를 그리고 있는 베네수엘라 작품에서 우리는 다의성을 발견할 수 있다. 관광객, 학자, 작가, 상인, 정치가, 더 나은 사회적 기회를 찾는 여성, 군인, 중산층과 같은 서로 다른 환경 속에서 국경 넘나들기와 이주가 나타나지만, 베네수엘라뿐만 아니라 다른 나라의 다른 정체성을 가진 사람들, 특히 소외 계층에서도 목격된다. 그러나 문학과 영화예술을 사회학적인 자료로서만 다루지는 않는다. 우리는 상상력이 어떻게 여행하는지 또한 감상할 수 있을 것이다. 에드워드

사이드의 '여행하는 이론(teorías viajeras)' 개념을 차용하자면, 여행하는 그리고 이주하는 상상력도 존재한다. 이주 주체의 상상력은 그의 문화적 이질성에 대한 표현이다. 영화와 문학은 정체성이 시간과 기억의 절합이자 과거와 현재의 상호작용이라고 할 때, 이 주제를 논하는 데 적절한 서사 담론이다.

3. 최근 수십 년간의 사회정치적 맥락에서 본 베네수엘라의 이주 문학과 영화

필자가 분석하려는 영화의 감독과 작가에 대한 배경 설명을 위해, 1980년부터 2010년에 이르는 기간을 연대기적 순서로 다루고자 한다. 이주 문학이 1990년대에 생겨났다면, 영화는 1980년대부터 시작과 동시에 호황을 누렸다. 1983년 통화의 평가절하뿐만 아니라 제도적 안정성에 영향을 준 심각한 사회적 위기가 발생하면서 소위 '검은 금요일(Viernes negro)'이 발생했다. 몇 년 후인 1989년 '카라카소(Caracazo)' 사건이 터지고, 1992년에 일어난 쿠데타는 미수에 그치고 말았다. 1998년 대선에서 우고 차베스가 대통령에 당선되면서 '제4공화국' 시대가 저물고 '제5공화국'이 선포되었다. 정치권은 친차베스 진영과 반차베스 진영으로 양분되었고 이는 2002년 또 다른 쿠데타 시도를 비롯하여 다른 사회적 충돌 속에서도 분명히 드러났다. 정치적 논쟁은 여권과 야권 사이에 욕설과 공격이 오가면서 격화되었다.

베네수엘라 정치 상황을 다루는 문학은 과격하고 유감스럽게도 정치적 양극화를 재생산하는 경향이 있다. 필자는 객관적인 관점을 유지하고자 하는데, 하나의 관점을 그렇다고 진실에 가장 가까운 관점을 제시하는 것도 아니지만, 최소한의 맥락을 제시하지 않고서는 우리 주변에서 일어나는 현상을 제대로 설명할 수 없다. 여기서 멈추겠다. 필자의 의도는 대규모 연구에서 필요로 하듯 베네수엘라의 최근 역사를 요약하는 것이 아니며, 더욱이 베네수엘라의 복잡한 현실을 정리하는 것도 아니다.[1] 필자는 여기서 문학과 영화 텍스트가 베네수엘라 현대사의 이미지를 어떻게 만들어내는지를 보여주는 데 중점을 둘 것이다.

우리의 입장과는 별개로, 베네수엘라의 정치사회적 위기와 베네수엘라인들의 이주, 그리고 베네수엘라 문학과 영화에 이주와 국경 넘나들

---

1) 다양한 연구가 베네수엘라의 양분된 정치적 스펙트럼에서 현실을 분석한다. 커뮤니케이션 매체에 대해 특별히 주목해보자. 루이스 두노는 2002년 4월 쿠데타로 이어진 정치적 긴장 속에서 반정부 성향의 언론이 내보내는 선별적인 정보에서 고위층에 대한 정치적으로 편향적이고 인종차별적인 재현 방식을 지적한 바 있다. 친차베스 성향의 미디어가 야권을 언급할 때 가하는 '무국적자(los apátridas)', '과두 지배자(los oligarcas)', '더러운 놈(los escuálidos)'과 같은 정치적인 비방을 가한다(Luis Duno, 2006: 870n2). 두노의 글은 정치적 양분화가 극에 달한 카라카소 사태부터 석유 파업까지의 특정 시기에 집중한 중요한 글임에 틀림없다. 비록 이후 정치적 분위기는 미디어에서 벌어진 여야 사이의 공격적인 비방으로 점철되었지만 그 내용과 상황은 당시와 동일하지는 않았다. 마르셀 오플리거(Marcel Oppliger, 2010)에 따르면, 차베스가 2006년 세 번째 임기를 시작한 후부터 미디어에서 그의 존재감은 더욱 커졌다. 이를 뒷받침하기 위해서 오플리거는 다음과 같은 사실은 언급한다. 2007년 시행된 RCTV의 방송권에 대한 사후 조치가 없었다는 점, 베네비시온(Venevisión) 및 텔레벤(Televén)과 같은 방송국이 야권 관련 콘텐츠를 감소시킨 점, 글로보비시온(Globovisión)이 야권에 손을 내민 유일한 전국 방송국이 되었다는 점이 그것이다. 반면, 정부는 현재 많은 전국 방송국을 점유하고 있고, "약 160개의 민영 라디오방송과 300개의 국영 라디오방송, 친차베스 신문 ≪베아(Vea)≫와 함께 가장 큰 방송국 두 개를 포함하는 전국 라디오방송 네트워크에 영향력을 갖고 있다"(Oppliger, 2010: 78~79). 미디어와 정치라는 사안은 훨씬 규모가 크기 때문에 좀 더 주의 깊게 읽어내야 할 것이다.

기라는 주제가 반영된 시기가 우연히도 겹친다. 1990년대부터 현재까지 베네수엘라를 떠나는 이민자의 수는 증가해왔다.2) 베네수엘라의 이민 현상은 상대적으로 최근의 일이며 다른 라틴아메리카 국가와 비교하여 규모가 크지 않지만 분명히 존재한다. 더 나은 경제적 기회를 찾는 이민자를 다룬 서사나, 개인적인 이유나 정치적인 이유로 이민을 선택한 사람들의 이야기들을 접할 수 있으며, 필자는 양쪽에서 그들의 기억과 문화적 흔적을 발견한다. 그리고 이 중에는 베네수엘라와 해외에 거주하는 베네수엘라인 공동체 사이를 이어주는 사람에 대한 이야기도 있는데, 이들의 이야기가 바로 디아스포라적 이미지를 형상화한다. 이러한 현실은 유동적이기 때문에 많은 경우 하나의 카테고리로 분류되지 않는다. 비록 작가들이나 영화인들이 연구가 필요한 소재들을 항상 나라밖에서 발견하는 것은 아니지만, 베네수엘라 문학과 영화는 이러한 현상을 다루어왔다.3)

---

2) 2010년 미국 인구통계자료에 따르면, 미국에 거주하는 '민족 구분에 의한 (étnicamente)' 베네수엘라인 인구는 2000년에 9만 1507명으로 그전부터 상당수의 베네수엘라인이 거주해왔음을 보여준다. 2010년 수치는 135%가 증가한 21만 5023명을 기록했다. 이 자료에는 정확한 수치를 측정하기 어려운 '불법(no autorizada)' 이민자의 수는 포함되지 않지만 퓨히스패닉센터(Pew Hispanic Center)에서 이를 다루고 있다. 미국에 거주하는 베네수엘라 인구는 약 30만 명으로 증가 추세에 있다. 물론 이 수치가 해외에 거주하는 베네수엘라인에 대한 유일한 자료는 아니다. 유럽(특히 스페인), 캐나다, 다른 라틴아메리카 국가, 호주 및 다른 국가에 거주하는 베네수엘라인들도 포함시켜야 할 것이다. 이에 대해서는 수치가 제공되지 않지만, 분석할 문학과 영화 텍스트에서는 미국, 유럽, 캐나다 및 라틴아메리카에 거주하는 베네수엘라인들에 대해서도 다룰 것이다.

3) 이 주제를 다루어온 베네수엘라 작가들 중에서 해외에 거주하는 작가들로는, 후안 카를로스 멘데스 게데스(Juan Carlos Méndez Guédez), 미겔 고메스(Miguel Gomes), 후안 카를로스 치리노스(Juan Carlos Chirinos), 구스타보 바예(Gustavo

비록 우리가 연구하는 주제인 이주는 영화에서 처음으로 재현되었지만, 문학에서도 두드러지며 또한 지속적으로 나타나고 있다. 따라서 필자는 후안 카를로스 멘데스 게데스(Juan Carlos Méndez Guédez)와 미겔 고메스(Miguel Gomes)의 소설을 중심으로 분석을 시작하겠다.

4. 이주와 국경 넘나들기에 관한 베네수엘라 문학

1990년대 베네수엘라 문학에 출현한 이 특별한 주제를 다루기 전에 짚고 넘어갈 것은, 이 주제가 베네수엘라 문학에서 비주류이거나 갑자기 등장한 것이 아니라는 점이다. 그 기원은 1980년대로 거슬러올라가며 베네수엘라 단편선집 『드넓은 간결함(La vasta brevedad)』의 서문은 다음과 같이 적고 있다.

Valle), 릴리아나 라라(Liliana Lara), 에두아르도 산체스 루헬레스(Eduardo Sánchez Rugeles)가 있다. 루이스 마리나 리바스(Luz Marina Rivas)는 이 작가들을 모두 언급하는 한편, 다른 이름들도 거론한다(Rivas, 2011). 20세기에 베네수엘라로 이민 온 후 후손들에게 그들의 문화적 뿌리와 경험을 남긴 이민자들에 대해 글을 써온 작가들 중에서는 스테파니아 모스카(Stefania Mosca), 마리아 루이사 라사로(María Luisa Lazzaro), 미셸 아센시오(Michaelle Ascensio)가 눈에 띈다. 반대로 최근 베네수엘라를 떠나 외국으로 이민 간 이민자들에 관한 글을 쓴 작가들로는 이삭 초크론(Isaac Chocrón), 모니카 몬타녜스(Mónica Montañés), 아드리아나 비야누에바(Adriana Villanueva), 카르멘 빈센티(Carmen Vincenti), 엑토르 부한다(Héctor Bujanda), 헨슬리 란(Hensli Rahn)이 있다. 이주와 국경 넘나들기를 다룬 영화인 중에는 안토니오 예란디(Antonio Llerandi), 마릴다 베라(Marilda Vera), 피나 토레스(Fina Torres), 솔베이그 후제스타인(Solveig Hoogesteijn), 엘리아 슈나이더(Elia Schneider), 에두아르도 바르베레나(Eduardo Barberena)가 있다. 이 목록은 완성된 것은 아니다.

1980년대 작가들이 그려놓은 밑그림과 같이, (당연히 논의되어야 할) 역사에 대한 지속적인 관심을 발견할 수 있으며, 핵심적인 주제로는 개인적인 혹은 집단적인 폭력, 가족관계 혹은 가족에 대한 기억, 유년시절의 기억, 도시 혹은 도시 외곽에서의 삶, 이주를 양산하는 뿌리 뽑힘 (혹은 우연한 정착) 등이 있다. 이 다양한 지표들을 통해 하나의 공통분모를 만들 수 있는가? 대답은 알 수 없다. 분명한 것은 서로 추구하는 것이 이질적이라는 것이다(Ortega, Pacheco y Gomes, 2010: 32).

이주 문제에 관심이 있는 특정 작가들이 존재하더라도 이 주제를 다루는 작가들은 1980년대 베네수엘라 문학에서 비주류가 아니었다. 왜냐하면 다른 주제들(도시 폭력, 가족에 대한 기억, 주체성에 대한 고민)과 마찬가지로 이주 문제를 다루는 작가들은 지속적으로 역사에 대해 이야기할 수밖에 없기에 다른 작가들과 이 주제를 공유하기 때문이다. 따라서 미학적인 관심의 이질성에도 불구하고, 최근 젊은 작가 세대들은 디아스포라에 관련된 연관성을 갖고 있었던 것 같다.

후안 카를로스 멘데스 게데스(1967)는 1996년부터 스페인에 거주하고 있고 그곳에서 박사과정을 마쳤다. 그의 소설은 베네수엘라와 스페인에서 출판되었다. 작품에는 단편집 『건물이야기(Historias del edificio)』(1994), 소설『배경에 화산섬이 그려진 아벨의 초상(Retrato de Abel con isla volcánica al fondo)』(1997), 베네수엘라에서 출판된 단편집『브루노의 자전거와 다른 이야기들(La bicicleta de Bruno y otros cuentos)』(2009), 그리고 소설『에스더의 책(El libro de Esther)』(1999), 『어느 오후의 평원(Una tarde con campanas)』(2004)이 있다. 또 다른 단편집으로『너무도 생생한 기억(Tan nítido en el recuerdo)』(2001)이 있으며, 대부분 스페인에서 출판되고 문학상을 받았다. 멘데스 게데스의 작품 세계에는 이민자들이 자주 등장한다. 이들의 과거는 서정적인 기억으로 변하면서 현재 거주하는 나라에 흡수된다. 그러나 이들은 여전히 과거와 현재 사이에서 방황하는 자들로 그려진다. 일부 비평가들은 '국외추방(extrañamiento)'이라는 용어로 이를 묘사한다(López Ortega, Pacheco y Gomes, 2010: 496). 그의 작품에는 베네수엘라의 정치적 충돌이 반영되어 있지만, 그것이 중심축을 담당하지는 않는다. 또한 그 소재는 유년기, 청소년기, 대학생의 삶, 에로티시즘 그리고 유머를 넘나든다. 자전적 요소가 많지는 않지만 증언서사로 넘어가지 않는 선에서 작가의 경험을 허구화하는 과정을 거친다.

우선 단편집 『건물이야기』(1994)에 실린 「마지막에 떠나는 사람(El último que se vaya)」을 살펴보자. 첫 부분은 아파트 건물의 이름을 딴 짧은 단편들로 구성되고, 두 번째 부분은 「다른 이야기(otras historias)」가 실려 있다. 이 책은 작가가 스페인으로 이주하기 전에 쓴 작품이다. 점점 베네수엘라를 떠나는 사람들의 이야기가 빠르게 전개된다. 이들의 대부분은 유럽 후손들이며, 충돌을 야기한 요인으로서 부분적으로 혈통에 관한 배경이 작품에 삽입되어 있고, 그 배경이 애매한 경우에는 이상하거나 환상적인 것으로 그려진다.

먼저 떠난 사람은 오드리였다. …… 그 다음은 동창생인 파코와 에밀리오였다. ……그 후 대학을 다닐 때는 …… 적어도 이웃사촌 지오바니가 …… 그 시기에 …… 그 후 과일장수 후안 안토니오가 …… 그 시기에 하늘을 날아다니는 헬리콥터들. (아니면 그 이후인가?) 그리고 별장과 야자수, 풀 냄새가 나는 천 조각도 있다. 돌체 비타, 테이테, 라스 람블라스, 다실바라는 이름의 건물들. 이 거대한 도시 탈출 현상을 어떤 글이 다루었는지는 모른다. 메디아칸차 경기장에서의 마라도나의 골, 이발사, 펠레까지

어쩌면 이들이 더 잘한 건지도 모른다. 그러나 우리에 대해서 연구하는 전문가들이라고 하는 사람들은 아무것도 모른다(Méndez Guédez, 1994: 76~77).

이 짧은 인용문은 고국에 대해 느끼는 소외감, 이주의 원인을 설명할 수 없는 무력감, 곳곳에 산재한 경제적·사회적·정치적 위기에 대한 암시가 드러난다. '도시 탈출(fuga de capitales)'이 지시하는 것은 1983년 '검은 금요일'에 발생한 통화 평가 절하 사태이고, '약탈과 최루탄'은 1989년 카라카소 사태를, '법정에서 부패한 판사들 뒤에 숨는' 마이애미 정치인들은 일반적인 부패에 대한 제유법이다(Méndez Guédez, 1994: 77~78). 여기에는 고정된 제도가 없는 국가의 이미지를 반영하고 있으며, 비록 결과는 눈앞에서 확인할 수 있지만 나라를 뒤흔든 사건은 너무 강력해서 설명 자체가 불가능하다. 그러나 그 '충격'은 아이러니하게 그려면서, 이주 현상에는 과일장수에서 정치가까지, 대학생에서 유럽의 명칭을 단 건물에 이르기까지 다양한 요소가 혼합된 양상을 보여준다. 카리브지역의 이러한 존재론적 아이러니는 이야기의 말미에 이르면 더욱 강력해지는데, '애국심' 때문에 나라를 떠나지 않은 주인공은 공항에서 '마지막 비행기'로부터 초대를 받고 결국에는 떠나기로 결심하게 된다. 바닥에 쓴 '마지막에 떠나는 사람이 불끄기'라는 낙서를 읽은 다음, 전기를 완전히 소등할 수 있는 '스위치(suiche)'를 발견할 수 있을지, 뿌리는 절대로 지워지지 않는다는 것에 대한 암묵적인 인정과 같은 기억과 추억을 지울 수 있을지 혼잣말로 질문하면서 안절부절못한다(Méndez Guédez, 1994: 78).[4]

---

4) '떠날 것인가 남을 것인가'라는 문제를 안겨주는 국가에 대한 불만족은 19세기

미겔 고메스(1964)로 넘어가보자. 그는 베네수엘라에서 출생한 포르투갈 혈통의 작가이다. 1990년대 초반 미국에서 박사학위를 마쳤고 그때부터 미국에서 거주하고 있다. 고메스는 자신의 뿌리에 매우 민감했고 단편으로만 구성된 그의 작품에는 이민자들의 세계가 두드러진다. 특히 그의 두 번째 작품집 『알타미라 동굴(La cueva de Altamira)』(1992) 이후로는 그의 포르투갈적 성향과 이베리아 반도의 색깔도 가미된다. 『유령과 추방자들(De fantasmas y destierros)』(2003), 『포르투갈 유령(Un fantasma portugués)』(2004), 『비비아나와 또 다른 신체 이야기(Viviana y otras historias del cuerpo)』(2006), 『과부, 사이렌 그리고 한량들(Viudas, sirenas y libertinos)』(2008), 『아들과 여우(El hijo y la zorra)』(2010)와 같은 작품 이후로는 영역을 넓혀서, 학계나 작가들의 삶을 배경으로 삼아

말과 20세기 초 베네수엘라 소설까지 그 기원을 거슬러 올라가지만, 루스 마리나 리바스(Luz Marina Rivas)는 21세기 베네수엘라 이민자들에 대한 소설을 연구하면서 이 시기 베네수엘라 사람들의 특별한 역사적, 존재론적 애매성, 즉 나라를 '떠날 것인가 남을 것인가' 사이에서의 방황을 묘사하고, 멘데스 게데스의 이 단편 작품을 인용한다. 그러나 기억해야 할 것은 리바스가 인용한 이 작품이 2009년에 출판되었어도 21세기 작품이 아니라는 것이다. 필자의 생각에는 2000년대 이후만큼이나 1990년대도 우리는 이 '떠날 것인가 남을 것인가'라는 고민을 목격할 수 있고, 1990년대에는 고독한 뉘앙스와 예기치 않은 지평이 펼쳐진 반면, 2000년대 이후에는 이 경험들은 이미 일반화되어 있고 흔한 선택 사항이 되었다. 그리고 이 질문은 누군가 혼자 낯선 땅을 탐험하러 가는 것뿐만 아니라 베네수엘라의 디아스포라의 길을 따라갈 것인가를 묻는다. 「마지막에 떠나는 사람」은 이러한 경향을 선취한 듯 보이지만, 이 단편 안에는 환상적인 요소가 깔려 있음을 알 수 있다. 훌리오 코르타사르(Julio Cortázar)의 단편 「점거된 집(Casa tomada)」과 유사한 방식으로 갑자기 완전히 황폐해진 조국이 그려지는데, 21세기에 리바스가 분석하는 소설에서는 "떠나느냐 남느냐"라는 존재론적 고뇌가 더 이상 환상적인 틀 안에서 그려지지 않는다.

미국에 갓 도착한 베네수엘라인의 경험과 같은 유럽 혈통 이민자의 경험에 대해서도 다루고 있다. 유럽 혈통의 베네수엘라인이자 미국에 거주하는 이민자라는 이 두 종류의 이민 형태를 통해 고메스는 단편 작품 속에 이민자들의 일상을 그려 넣을 뿐만 아니라, 메타픽션적인 게임을 가미한 다양한 시대의 문학과 예술의 상상세계와 연결시키면서 복합적인 전통을 엮어낼 수 있었다. 멘데스 게데스의 경험과 유사한 방식으로 고메스의 문학소재 역시 에로틱한 상황, 근대 세계, 학계, 이민자들의 세계에 대한 유머와 아이러니를 포함하면서 확대되어간다.

그의 두 번째 단편집 『알타미라 동굴』(1992)에서 우리는 베네수엘라에서 다시 삶을 시작하는 이민자들과 그 자녀들의 초상을 만나게 된다. 이러한 주제는 이미 비센테 헤르바시(Vicente Gerbasi)의 『이민자인 우리 아버지(Mi padre, el inmigrante)』(1945)에서 시작된다. 고메스보다 앞서 이 주제를 다룬 작가로는 안토니오 로페스 오르테가(Antonio López Ortega), 바르바라 피아노(Bárbara Piano), 베르나르도 브리세뇨 몬시요(Bernardo Briceño Monzillo), 스테파니아 모스카(Stefania Mosca), 슬라브코 숩식(Slavko Zupcic) 등이 있기 때문에 그가 이 주제를 다룬 최초의 작가는 아니지만, 그의 작품에는 포용이나 거절, 아이러니가 없으며 "우리의 아버지들의 시각과는 완전히 다른 시각을 보여주는" 것으로 평가된다 (Ortega, 1998: 43~44). 고메스의 첫 번째 작품 『기억할 만한 시각(Visión memorable)』에서는 이주한 국가 앞에서 느끼는 소외감이 묘사되는데, 낯선 땅이 이들에게 주는 호전성이나 편협함을 묘사하기 위해 환상적이고 부조리한 느낌이 가미되며 이는 멘데스 게데스의 초기작에 더 가깝다. 그러나 모든 이민자나 추방자들이 자기 나라를 왜 버렸는지 직간접적으로 우리에게 말한다고 하더라도, 고메스의 작품에서는 그 대답이 분명하지도 간단명료하지도 않다. 『알타미라 동굴』에서의 시선은 더

이상 환상적이지 않지만 카라카스의 호전성 앞에서 느끼는 소외감은
지속된다. 베네수엘라에 남아 있는 가족이야기에 대한 기억과 이민자들
이 고향으로 여기는 카라카스의 풍경에 대한 기억 역시 지속적으로
등장한다. 그러나 베네수엘라에 남으려는 감정과 떠나려는 욕망 사이의
흔들림은 이미 묘사되어 있다. 위 단편집에 실린 작품 「여섯 달, 일곱
달(Seis, siete meses)」은 외부 세계의 침입(말없이 전화를 끊는 장난전화, 짜증
나게 하는 소음과 악취)으로 인해 꿈을 제대로 조절할 수 없어 아파트에서
칩거하는 불면증 걸린 인물을 그리고 있다. 고독에 파묻힌 채, 어질러진
아파트를 맴돌지만 모든 희망이 다 사라진 것은 아니다. 그 전화가
직장 동료로부터의 초대 전화이거나, 해외에 있는 가족의 소식을 전하
러 온 오토바이를 탄 우체부의 벨소리이기를 바란다[코우토(Couto)라는
성을 가진 인물은 포르투갈 혹은 갈리시아인의 후손일 수 있다].

　갑자기 너는 그의 오토바이를 쳐다본다. 안도감과 위안을 느낀다. 육,
칠 개월 전부터 친척 중에 그 누구도 너에게 편지를 쓰지 않는다. 무슨
일이 있는지 전혀 알 수 없으니 알 수 없는 불안감만 커진다. 정확히 1년
전에 친척들이 떠났다. 너는 그 일을 생생히 기억하고 있다. 이 시간에
너는 공항에 도착했고 친척들이 만졌던 물건들이 뿜어내는 엄청난 고독감
을 느꼈다. 너는 혼자서도 잘 지낼 수 있을 거라고 생각했지만 오산이었다.
너는 그들을 아주 오랫동안 보지 못할 것을 안다. 그들은 돌아올 생각이
전혀 없고 너도 떠날 마음이 전혀 없다. 이 생각도 틀렸지만 말이다. 떠나는
것 외에는 현재 네 관심을 끄는 것은 없다(Gomes, 1992: 25).

완전히 깨어 있는 것도 그렇다고 잠들어 있는 것도 아닌, 그러나 잠들
어 안정을 취하고 싶어하는 의식의 문턱에 서 있는 바로 이 순간, 그의

삶에 의미를 가져다줄 한 징후가 고독 속에서 나타난다. 꿈 속 텅 빈 이미지 속으로 침잠하려는 찰나의 주인공은 가족사진 하나를 통해 가족으로부터 독립하던 때의 기억을 떠올린다. 그러나 이 기억을 지우는 방법을 모른다는 것에 수치심을 느낀다. 그래서 마치 자기 자신 안으로 도피하는 수단으로서, 그리고 자신을 떠나지 못하게 하는 것이 무엇인지를 생각하지 않기 위해 꿈 속으로 자신의 내부로의 여행으로 빠져든다(Gomes, 1992: 27). 떠나는 것을 결정하기는 어렵다. 왜냐하면 미지의 것과의 갑작스럽고 고된 만남을 함축하기 때문이다. 그를 성가시게 하는 전화 소리와, 주인공이 "누구세요?(¿Quién es?)" 하는 소리에 "아무도 아닌데요(Nadie)"라고 대답하는 상대방에게 결국 주인공은 대답한다. "나도 아무도 아니에요(Yo tampoco)." 그리고 이번에는 그가 먼저 전화를 끊는다. 마치 그들에게 맞서 용감하게 자신의 고독을 드러내면서 말이다. 존재(el ser)와 현존(el estar) 사이에는 암묵적인 애매함이 존재하는데, 그 대답은 "나도 아무도 아니에요(Yo tampoco soy)" 혹은 "나도 여기 없어요(Yo tampoco estoy)"로 들리기 때문이다. 존재는 오직 부정(negatividad)을 통해서만 주어지지만 "아니다(no)"라는 이 말은 최초의 자기 긍정 행위이자 아직 끝나지 않은 현재를 통한 여행의 첫 발걸음이 될 수 있다.

1990년대에 행해진 불확실하고 불완전한 이주를 지나 더욱 일반화된 2000년대 이후에 들어서면 의식은 더욱 깊어지고 이주를 바라보는 시각이 다양해지면서 관점주의(el perspectivismo)가 등장한다. 기억해야 할 것은 국가를 내부에서 바라보는 것과 외부에서 바라보는 것에는 차이가 존재한다는 점이다. 이민자와 추방자의 시선은 조국에서의 일상적인 경험이 없기 때문에 그들의 이야기는 간접적이다. 주로 뉴스나 조국에 살고 있는 사람들의 경험, 혹은 최근 조국에 다녀온 사람들의 이야기가 그것이다. 떠나는 사람들이 바라본 조국은 거기에 머무는 사람들이 바라본 조국과 차이가 날 뿐만 아니라, 이미 떠난 사람들 사이에도 적어도 서로 다른 시선이 두 개 이상 존재하고 때로는 이러한 시선들 간의 충돌 또한 존재한다. 이 서술자들은 뿌리 뽑힘을 되찾은 낙원처럼 재현하지 않는다. 밖에서부터 불안감과 답이 없는 질문, 정체성에 대한 질문과 확인 과정들, 조국에서 상상해본 나라와는 또 다른 세계로 이민을 떠날 가능성 같은 것들이 떠오른다. 다시 한 번 후안 카를로스 멘데스 게데스와 미겔 고미스의 이 시기 작품을 비교해보는 것이 필요하다.

　미겔 고메스는 단편 작품만 써왔고 지금까지 장편소설을 집필하지는 않았다. 하지만 그의 작품은 서로 엮이거나 반복되는 이야기와 경험들로 인해 때로는 작품 속 인물들이 소설적 차원에 놓이게 된다. 이러한 특징은 『유령과 추방자들』(2003) 이후에 더 뚜렷해진다. 벌써 제목에서부터 시각의 다양성이 드러난다. 한편으로는, 베네수엘라에 도착한 유럽 이민자들의 기억이 지속되지만, 여기에 현재 미국에서 거주하는 베네수엘라 이민자의 기억이 더해지고, 마지막에는 미국에 살고 있는 다른 이민자들이나 외국인들의 삶도 첨가된다. 그리고 이주자들의 일상만을 재현하는 것이 아니라 예기치 않은 상황, 자기 또는 남이 경험한 낯선 기억으로 둘러싸인 삶을 사는 것을 의미하는 수수께끼 또한 그려내고 있다. 필자는 무엇보다도 단편 「겨울의 이야기(Cuento de invierno)」, 「고딕 단편(Cuento gótico)」, 「진짜 포르투갈 유령(Um fantasma português, com certeza)」, 「오래된 음악(Música antigua)」을 주목하는데, 「오래된 음악」은 고메스의 작품 세계에서 처음으로 낯설지 않은 요소가 등장한다. 이는 단순한 장식적 요소가 아닌 이야기의 요소로서 다양한 국가의 예술 전통을 상대적으로 호흡이 긴 단편에 삽입하는 것이다. 이러한 요소는 이민자들의 삶을 한층 더 복잡한 관점으로 보도록 한다.5)

마지막으로 『유령과 추방자들』(2003)에 실린 「러시아 산(La montaña rusa)」을 살펴보겠다. 이 작품은 추방자의 시선에서 바라본 차베스주의 베네수엘라를 그리고 있는 몇 안 되는 단편 중의 하나이다. 에우헤니오와 야하이라 커플은 마이애미로 떠나는데, 그 이유는 에우헤니오의 아버지가 석유회사에서 횡령 혐의로 고소당하고 기독사회당(COPEI)이나 민주행동당(AD)과 같이 정부와 밀착된 기회주의자로 비춰졌기에 개인적인 보복을 두려워하고 있었기 때문이다. 얼마 후 차베스가 대통령직에 오르자, 에우헤니오는 정치에는 무관심하다는 아내 야하이라의 말에도 불구하고 그녀가 차베스주의자라고 믿기 때문에 이들의 가정에는 긴장감이 감돈다. 둘 사이의 긴장은 사실 처음이 아니었다. 야하이라의 예기치 않은 임신으로 인해 이들이 결혼하게 되면서 이미 그 전부터 존재하고 있었다. 부유한 에우헤니오의 집안에서는 사무실 비서인 '근본도 없는 여자(mujer de poca clase)'와 결혼하는 것을 좋게 보지 않았기 때문이다(Gomes, 2003: 26). 계급 간의 충돌은 작품 안에서 두드러지는데, 에우헤니오는 야하이라의 천한 태생을 경멸하지만 그 어떤 순간에도 자식이나 결혼에 대한 책임감을 피하지 않는다. 이는 마치 실제와는 거리가 있는 텔레비전 드라마의 세계에서와 같이, 천한 출신 배경 때문에 자신이 무시하는 여자에게 그리고 지금의 상황에 대한 의무를 다하려는 것처럼 말이다.

---

5) 예를 들어 「바다의 심연(Los abismos del mar)」(2004) 이나 「밤의 침묵(El silencio de la noche)」(2006)에서는 여행, 박물관 구경, 문학적 감수성의 환기와 같은 것이 예기치 않은 만남을 이끌어내고, 여기서 주인공은 메타픽션적인 방식으로 예술과 문학에 관한 이야기인 오스카 와일드의 명언이자 보르헤스가 강조한 말, "자연은 예술을 모방한다(la naturaleza imita al arte)"를 반복한다.

야하이라가 제정신일 때는, 우니비시온(Univisión)에서 하는 텔레비전 드라마를 너무 자주 보는 습관이 자신에게 헛된 희망을 준다는 것을 인정한다. 네가 하루종일 보는 텔레비전 드라마가 너를 신경질적으로 만드는 주범이야. 에우헤니오로부터 들은 더 심한 잔소리를 그녀 스스로도 자신에게 이미 했다. 물론 아주 약하게 말이다. 그 순간 남편이 아주 싫어졌다. 밤이 되면 침대에서 단 한마디 말도 없이 남편이 다리 사이로 강제로 들어왔다. 야하이라는 힘껏 남편을 물어 피를 빨아먹는 상상을 했다(Gomes, 2003: 27).

'촌스러운 이름(nombre cerrero)'(Gomes, 2003: 26)이라고 아빠가 별로 좋아하지 않는 요멜리아라는 이름의 딸은 갈수록 사이가 멀어지는 이 부부를 이어주는 끈이며 남편이 아내에 대한 애정과 도움을 더 주게 만드는 계기로 그려진다. 에우헤니오의 어머니가 베네수엘라에서 죽자 그는 딸과 아내 야하이라에게 더 많은 애정을 느끼고 표현하게 된다. 정치적 긴장감, 계급주의는 여전히 남아 있지만 에우헤니오는 야하이라를 더 이상 공격하지도 않고, 차베스주의 베네수엘라에서 보내는 시간에 대한 책임을 그녀에게로 돌리지도 않는다. 그러나 딸 요멜리아가 가져온 새로운 삶에 대한 약속은 미국에서 순회공연을 하고 있던 베네수엘라 서커스단 쇼에서 벌어진 사고로 인해 깨진다. 경찰이 개입하게 된 결말은 비극적이고 갑작스러우며, 딸 덕분에 가까워지려 했던 부부 사이를 멀게 만든다. 이 단편은 회의적인 메시지로 끝을 맺는다. (서술자가 상기시키듯, 베네수엘라에서처럼) 부부 사이의 균열은 계속될 것이다.6)

---

6) 분열된 국가에 대한 부정적인 인식은 단편 「진짜 포르투갈 유령」에서 잘 드러나는데, 서술자는 자기를 고독 속에 남겨둔 죽은 사람 두 명을 불러낸다. 한 명은

베네수엘라와 이민자들이 처한 정치적 상황 주변을 맴돌면서 가족과 친구들에게 영향을 끼치는 분열의 기운은 후안 카를로스 멘데스 게데스의 작품 세계에서도 드러나는데, 여기서는 그의 소설작품『배경에 화산섬이 그려진 아벨의 초상』(1997)과 단편「카예나 꽃(La flor de la cayena)」(2009)[7]을 살펴보겠다. 증언 소설에 가까운 위 소설은 1989년 카라카소 사태나 1992년 쿠데타처럼 베네수엘라 현대사의 트라우마적 사건들을 언급한다. 그러나 작가가 일부 날짜를 바꾸거나 역사적 인물의 이름을 삭제하는 등의 픽션적 요소를 가미한다. 이야기는 아버지가 "1990년대" 반정부 음모를 꾀하다 실패하여 스페인 카나리아제도로 망명을 떠난 베네수엘라 두 형제를 다룬다. 여기에는 충돌하는 이데올로기, 형제 중 한 명인 클라우디오가 보여주는 가족에 대한 적대감, 형제들의 운명과 이들이 이해할 수 없는 조국의 운명에 대한 공허함과 질문들을 일인칭 시점에서 이야기한다. 볼리바르 부대(Brigadas Bolivarianas) 소속인 호세와 볼리바르 운동(Movimiento Bolivariano)[8] 소속인 클라우디오가 나누는 대화의 기저에는 자신들의 부를 탕진한 국가의 석유파동 위기뿐만 아니라, 폭력을 통한 사회변혁을 모색하려는 모순적 상황에 대한 고민 없이 국가를 개혁시키려는 자들의 급진주의가 깔려 있다. 스페인 카나리아제도에서 호세와 다시 만난 클라우디오는 호세의 테러 행위에 대해

포트투갈인 아버지로 늙어서 죽을 때까지 베네수엘라를 떠나고 싶어 하지 않았다. 다른 한 명은 자기 아들로 아버지의 죽음과 2002년 4월 11일 쿠데타 사태로 인해 결국은 베네수엘라를 떠난다(Gomes, 2003: 115).

7) 카예나(cayena)는 정원에 심는 당아욱과의 식물. 히비스커스 꽃. ―옮긴이

8) 여기서 말하는 볼리바르 운동은 우고 차베스가 권력을 잡기 전에 펼친 MBR200 또는 볼리바르 혁명운동-200이라 불리는 비밀정치운동으로, 1992년 2월 4일 발생한 쿠데타의 연장선상에 있었다. 이 작품에 차베스에 대한 언급은 없다.

문제를 제기한다.

- 근데, 아무것도 못 느꼈어? 저 사람들을 총으로 쏠 때 아무 생각도 안 했어?
- 저들은 부패한 정치인들, 범죄자들이었어. 넌 절대로 이해 못 해. 너야말로 쿠데타 당시에 아무도 안 죽였어?
- 그건 달라. – 나는 단호하게 대답했다.
- 뭐가 다른데?
- 쿠데타는 전쟁이야. 사람은 이유 없이 죽이지 않는다고.
- 그게 더 나빠. 넌 아무나 죽이잖아. 너는 저 편에 누가 있는지 절대 모를 거야. (Méndez Guédez, 1997: 72)

비이성적인 정치적 폭력과 더불어 작품에는 남성들의 폭력 또한 그려진다. 형제의 아버지는 아들 클라우디오를 이유 없이 때리고 다른 여자들 사이에서 낳은 자식을 오랫동안 숨겨온 남성우월주의자이다. 그러나 어느 순간 술에 취해 범죄자들에게 공격당하고 무기력하게 죽고 만다. 클라우디오 역시 아버지의 무기력을 반복한다.[9] 이민 생활은 클라우디

---

9) 소설에서 클라우디오라는 인물은 버려진 아이라는 텔레비전 드라마의 전형적인 소재를 반영하면서 전복시킨다. 베네수엘라에서 보냈던 과거를 회상할 때 이 인물은 '버려진 딸(La hija de nadie)'이라는 유명한 멕시코 민요 란체라(ranchera)와 비교된다. "그때는 다들 어려웠지. 계속 서서 걸어 다니고 말라비틀어진 나무 아래서 담배 피우고, 몇 달이 지나면 카라카스에 일하러 떠날 아가씨들에게 휘파람을 불고, 야구를 하고, 아나(Ana)를 감시하려고 나무에 올라가고, 나를 그 멕시코 목장의 "버려진 아들(el hijo de nadie)"이라고 놀리는 동네 무리들을 때리고" (Montero, 1998: 67). 그러나 클라우디오는 마초의 원형인 아버지를 반복하지 않고 오히려 그에 대한 패러디로 형상화된다.

오보다 모든 면에서 뛰어난 그의 아내가 생계를 책임지는데, 나중에는 분노에 휩싸여 그녀를 때리고 상처를 입히지만 그녀에게 복수를 할 능력도 없다. 클라우디오의 개인적인 실패는 조국의 문화적 표식에 대한 기억과 결부되어 해소가 불가능한 것으로 그려지고, 혹자들은 '부정적인 사회적 정체성(identidad social negativa)'이라고 특징짓는다(Montero, 1998: 110). 따라서 음식이나 대중음악과 같은 특징적인 요소들은 부의 탕진이나 폭력의 남용과 함께 등장한다. 오일머니를 가진 나라에서 '속을 채운 아레파(arepas rellenas)'를 파는 것은 마이애미에서 땅을 가지는 것처럼(Montero, 1998: 35) 너무도 흔한 일이었다. 그리고 '라 비요스 카라카스 보이(La Billo's Caracas Boys)'의 감성적인 노래는 언제나 일상 안으로 파고드는 남성적 공격성을 위한 배경음악이 된다(Montero, 1998: 42). 소설의 무거운 분위기는 메타픽션적인 거울에 비치는 것처럼 유머스러운 거리 두기를 통해 상쇄된다. 이야기가 진행되는 동안 클라우디오는 시몬 드 보봐르라는 상상 속의 대화 친구를 만들어 그녀에게 편지를 쓰면서 외로움 속에서 자기가 준비하고 있는 람바다 춤 교본에 대한 책을 이야기하는데, 람바다는 몇몇 피난처에서 과거의 감각적이고 관능적인 기억을 불러일으키는 요소이다. 그러나 항상 그의 상황(이미 다른 남자의 아이를 가진 아내와 재회했을 때)이나 그의 세대를 비추는 아이러니한 시선이 번쩍인다. 이는 그 유명한 헤밍웨이 식의 잃어버린 세대가 아니라 '망한 세대(generación jodida)'이기 때문이다(Méndez Guédez, 1997: 35). 라밤바 교본과 보봐르를 혼합하는 것은 라틴적인 실존주의에 대해 생각하게 한다. 이는 카리브에 접한 한 국가의 역사에 실패한 망명자를 어떻게 수용할 것인가에 대한 고민이며, 라틴아메리카 대륙 쪽에 위치한 국가들에서는 설명할 수 없는 것이다. 따라서 클라우디오는 보봐르에게 아내를 폭행한 사실을 고백하는 마지막 편지를 쓰고 난 후, 이러한 고민을 예감하고 가톨릭적인 후회와 참회를 느낀다.

나를 이해할 수 없을 것이다. 실존주의자들은 마치 원칙처럼 무지가 탄로나는 것을 거부한다. 하지만 이것과는 별개로, 보봐르는 푼타데테노(La Punta de Teno)[10]로 눈을 돌렸다. 회색바다 냄새로 둘러싸여 있고 안개와 바다 거품으로 가득 차 있는 바위투성이의 이 곳은, 빅토리아와 내 형제의 죽음으로 인한 자비로 내게 주어진 여생이 지금부터 계속해서 흘러가는 것을 보게 될 장소이다(Méndez Guédez, 1997: 95~96).

그러나 결말은 클라우디오에게 있는 조용하고 순수한 의식에 맞춰지지 않는 것 같다. 그의 이야기는 반복될 것을 시사하는데, 자기를 버린 아버지를 미워한 것과 동일하게 그의 전 부인에게서 태어날 아들이 자기를 미워하게 될 것임을 암시한다. 이는 때로는 해결 불가능한 모순이다. 조국에서 벌어지는 폭력이 최근의 정치적 상황뿐만 아니라 그 이전부터 내려온 집단적 분노를 내비치는 것과 같은 조국의 모순처럼 말이다.

앞서 분석한 소설은 작가가 스페인에 도착한 지 1년 후에 출판되었기 때문에, 작가가 겪은 과거의 흔적과 카를로스 안드레스 페레스(Carlos Andrés Pérez) 정권의 두 번째 임기 동안 벌어진 민주화운동의 흔적이 생생하게 드러난다. 이 작품을 이후 작품과 비교해보면, 그 뚜렷한 배경으로 작가가 경험하지 않은 차베스주의 베네수엘라가 등장한다. 그 시선은 멀리 떨어진 이민자의 시선이다. 『아벨의 초상』에서 보이는 이데

---

10) 스페인 카나리아제도에서 가장 크고 인구밀도가 높은 테네리페(Tenerife) 섬에 있는 곳. ─옮긴이

올로기적 입장의 이중성이 단편 「카예나 꽃」에서는 두 친구를 통해서 구현되는데, 한 명은 고위관료인 라몬, 다른 한 명은 스페인에 사는 가난한 이민자 페르난도이고 이들은 스페인에서 재회한다. 소설에서는 두 형제 사이에 많은 교류가 있었다면, 이 단편에서는 침묵만이 감도는데, 이민자인 페르난도는 친구인 라몬이 부당하게 차지하고 있는 고위 관직과 가난하고 얼룩덜룩한 자신과 비교해 부유해 보이는 그의 외모를 불신한다. 그러나 그에게 말할 수 없다. 라몬 역시 페르난도의 삶을 이해 못한다. 예를 들어 페르난도가 '이사(mudanzas)' 관련 일을 하고 있다고 하면, 라몬은 그것을 이사와 관련된 사업을 하고 있는 것으로 이해한다. 둘의 짧은 만남은 몰이해와 침묵으로 둘러싸여 있다. 둘이 유일하게 공유하는 것은 카예나 꽃에 대한 기억이다. 이는 청소년기의 기억인데, 페르난도의 딸들도 아빠 페르난도와 사용하는 언어적 특징이 다르기 때문에 이 기억을 떠올리기가 쉽지 않다. 조국은 공간적으로나 시간적으로나 페르난도에게 너무 멀리 있다. 자신의 기억이나 거의 현재 안에 무언가를 실현시킬 수 없는 불가능함 앞에서 (베네수엘라와 연관을 맺고 있는 정부 관료 라몬이 등장하지만 라몬 그 자체는 베네수엘라 그 자체가 아니라 한 부분, 즉 베네수엘라에서 온 한 사람일 뿐이다) 어느 순간 기억을 지우고 싶어진다. 자신의 정체성과 존재의 이유를 잊고자 한다.

한번은 페르난도가 마누엘라에게 외과의사들이 절단기로 머리에서 베네수엘라를 적출해내는 것이 이상적일 것이라고 말했다. 작은 절단수술일 뿐이다. 머리에는 하얀 공간이 생기겠지. 그걸로 끝이야. 어느 날 눈을 뜨면 모든 것이 마드리드일 거다. 그러나 카예나 꽃은 남아 있겠지(Méndez Guédez, 2010: 499).

비록 이민자와 망명자는 운송수단으로 조국에 돌아올 수 있지만 그 가능성은 보이지 않는다. 돌아갈 희망도 마음도 없다. 과거는 아물지 않는 상처처럼, 끝없이 반복되는 음악과 같다.

방금 살펴본 후안 카를로스 멘데스 게데스와 미겔 고메스의 작품에서 베네수엘라의 정치적 분열은 매우 민감한 주제이지만 그것이 작품의 중심 주제는 아니며, 유사한 고민을 가진 또 다른 베네수엘라 단편작가들의 중심 주제 역시 아니다. 게다가 루비 게라(Rubí Guerra)의 지적처럼, 다양한 독해가 가능한 작품들이 있고 이민 이야기처럼 보이는 작품도 다른 시각으로 보면 다른 해석이 가능하다. 예를 들어 미겔 고메스의 「겨울이야기(Cuento de invierno)」(2007)와 같은 사랑이야기도 있다. 멘데스 게데스의 소설 『에스더의 책(El libro de Esther)』도 마찬가지다. 이 작품은 주인공이 베네수엘라를 떠나 베네수엘라 이미자들이 모여 사는 스페인 카나리아제도로 이주를 하는 전형적인 이야기이지만, 어쩌면 더 중요한 것은 향수를 느끼고 젊은 시절의 사랑을 되찾고 싶어하는 내용일 수 있다.11) 마찬가지로 우리는 다른 문학작품도 언급할 수 있다. 후안 카를로스 치리노스의 「밤의 침묵(El silencio de la noche)」이나 「이히빌리아(Ichbiliah)」와 같은 작품들은 직접적으로 이민 문제를 다루지는 않지만 외국에서의 경험이 이 작가들에게 다양한 시각과 다문화적, 시공간적 다양성을 부여해준 것이 뚜렷이 나타난다. 그리고 구스타보 바

---

11) 여기서는 라비요스의 음악이 멘데스 게데스의 이전 작품에서처럼 부정적인 기억을 동반하지 않는다. 그와 반대로 카나리아제도에서의 긍정적인 기억으로, 오케스트라 선율에 맞춰 주인공이 무대에 올라가 에스더가 노래를 부르면서 첫사랑을 알아보게 되는 코믹한 상황으로 그려진다(Méndez Guédez, 2011: 127~128). 부정적인 사회적 정체성을 그려내는 것과 같은 모순은 없다. 몬테로가 지적하듯이 그것은 동요하는 하나의 감정일 뿐이다(Montero, 1998: 109).

예[12])의 「여왕 에밀리오(La Reina de Emilio)」나 영화 시나리오 『보병들(Peones)』과 같은 작품들은 에로틱한 요소를 겸비한 여행이나 모험에 대한 호기심을 다룬다.

5. 베네수엘라 영화

최근의 이민과 국경 넘나들기 현상에 대한 베네수엘라 픽션 영화는 1980년대에 시작되지만 주제적 특수성에도 불구하고 베네수엘라 영화사에 포함되는데 그 기원은 좀 더 거슬러 올라간다.[13] 정치적 참여와 사회 고발로 촉발된 1960년대 라틴아메리카 신영화(Nuevo Cine Latino-americano)의 기저에는 쿠바 혁명과 라틴아메리카 좌파 운동이 존재한다. 1970년대 말 이후 및 1980년대에는 라틴아메리카 정치권에서 다양한 실패를 경험하면서 라틴아메리카 영화는 다른 방향으로 나아간다. 일상 및 (대중음악, 텔레비전 드라마, 파티, 유흥) 등 다양한 대중문화에 관심이 두지만 혁명에는 무관심한 태도를 유지해 나간다. 다시 말해 당시 라틴아메리카 영화는 덜 서사적인 반면, 내면을 파고들면서 주체성을 탐구하게 된다(Arreaza, 2005; Arredondo, Arreaza y Rugeriis, 2009).

---

12) 필자가 참고한 작품은 가편집본이다. 「여왕 에밀리오」는 2007년 픽션 브레베(Ficción Breve) 온라인 사이트에 출판되었으며, 『보병들』은 2007년 베네수엘라 영상위원회에서 시나리오 전개상을 받았다.

13) 필자는 여기서 픽션영화만을 언급하고 있지만 다큐멘터리 영화 역시 연구의 대상이 될 수 있다. 예를 들어, 콜롬비아와 베네수엘라 국경 지역에서 국경을 넘나들며 거주하는 와유(wayúu) 부족에 대한 혹은 그들에 의한 다큐멘터리 영화가 있는데, 이는 이 글에서 택한 접근법과 다른 방법론을 필요로 할 것이다.

1974년에서 1983년까지 오일 붐(boom) 시기였던 1970~1980년대 베네수엘라 영화에서 재현되는 국가의 이미지는 위대한 베네수엘라를 그려내는 공식적인 경향을 거슬러 폭력과 부패로 물들어 있다. 로만 찰바우드(Román Chalbaud)는 이러한 의미에서 당시의 영화가 사회비평적 입장을 채택하는 경향이 상징적이라고 지적한다. 1970년대 이후부터는 비평적인 관점을 잃지 않으면서 조금씩 다른 영화들이 출현하기 시작하는데, 알프레도 루고(Alfredo Lugo)의 <죽은 자들이 나온다(Los muertos sí salen)>(1976)와 <사기꾼들(Los tracaleros)>(1977), 그리고 알프레도 안솔라(Alfredo Anzola)의 <오토바이와 용모단정한 여자친구를 대동한 모토리사도 모집(Se solicita muchacha de buena presencia y motorizado con moto propia)>(1977) 및 <비서의 날에 새우칵테일(Coctel de camarones en el día de las secretarias)>(1984)과 같은 영화에서는 유머러스하고 아이러니한 시선에서 베네수엘라를 그려내기 시작한다. 안솔라의 작품 세계에 대해 기예르모 바리오스(Guillermo Barrios)는 다음과 같이 말한다.

극적인 맥락과 관련하여 안솔라의 작품 세계는 거대한 시뮬라크르의 무대로 해석된다. 심각한 거짓말, 정체성들의 몰수, 소극(farsa)은 오늘날의 카라카스에 접근하는 일부 영화 작가들을 사로잡는 주제의 광맥을 구성하고 있다(Barrios, 2009: 108).

이 주제는 우리가 가능한 한 도덕적인 의미로 빠지는 것을 피하면서 자주 되돌아가게 될 지점이다. 아이러니, 가면과 시뮬라크르의 주름, 안솔라의 작품 세계에 계속 등장하는 악동이라는 인물을 통해서 베네수엘라인의 정체성으로 접근하는 것이야 말로 우리가 이 감독을 주목해야 할 이유다. 베네수엘라 영화에서 범죄자, 악동, 폭력의 희생자는 이미 있었으나, 합법과 불법 사이, 현실과 이미지 사이, 정체성을 바꾸고 도시에서 장소를 바꿀 준비가 되어 있는 존재와 비존재 사이를 줄타기 하는 이 "사기꾼들(tracaleros)", "악동들(pícaros)"은 생존하기 위해서 필요하면 스스로를 바꿀 수 있고 어느 방향으로든 위치를 바꿀 수 있는 카멜레온의 미학을 드러낸다. 따라서 1980년대 이후부터 이주와 국경 넘나들기라는 주제를 다룬 일련의 영화들이 등장했다고 한다면, 위 영화들은 다른 베네수엘라 영화의 중심적인 흐름이라 할 수 있다. 이주를 다룬 픽션영화에는 <안녕 마이애미(Adiós Miami)>(Antonio Llerandi, 1984), <녹색 길로(Por los caminos verdes)>(Marilda Vera, 1984), <오리아나 (Oriana)>와 <하늘의 기계공들(Mecánicas celestes)>(Fina Torres, 1985, 1994), <점과 선(Punto y raya)>(Elia Schneider, 2004), <체일라, 마이타를 위한 집 (Cheila una casa pa´maíta)>(Eduardo Barberena, 2010)가 있다. 물론 이 영화들이 위 주제를 다룬 유일한 영화들은 아니지만, 주로 이 작품들을 가지고 이야기를 할 것이다.14)

---

14) 『안녕 마이애미』를 제외하면, 베네수엘라 영화에서 이주 및 국경 넘나들기 주제와 사회적 충돌에 관한 주제 사이의 직접적인 연결은 없다. 물론 다양한 사회적 이슈들이 영화로 옮겨지긴 했다. 1992년의 쿠데타를 담아낸 카를로스 아스푸루아(Carlos Azpúrua)의 <갑자기 새벽이 밝았다(Amaneció de golpe)>(1998), 카라카스 사태를 다룬 로만 찰바우드의 <판데모니움, 지옥의 도시(Pandemonium, capital del infierno)>(1997)와 <엘 카라카소(El Caracazo)>(2005)가 있고, 2002년 4월 석유파동은 조나단 자쿠보위즈(Jonathan Jakubowicz)의 <신속 납치(Secuestro express)>(2005)의 앞부분에서 다루어진다. 이미 말했듯이, 사회정치적 위기와 이민 사이에는 직접적인 연결고리가 없지만, 그 맥락상 사회정치적 상황을 일반화된 위기의 한 부분으로 여겨도 큰 무리가 없다. 피나 토레스의 영화에서 여성들을 질식시키고 이주시키는 현실은 베네수엘라에서 뿌리 깊은 가부장적 사회 및 더 나은 경제적 환경을 외국에서 찾으려는 의지이다. 마릴다 베라의 <녹색 길로>에서 오일머니에 매혹되어 베네수엘라로 이민을 가는 사람은 베네수엘라인이

<안녕 마이애미>는 베네수엘라 오일 붐 시기의 번영과 방탕함을 통화의 평가절하 및 인공적인 낙원건설에 대한 꿈의 실패와 더불어 조명한다. 1970년대 베네수엘라 코메디 영화 전통에서 <안녕 마이애미>는 알프레도 루고의 <사기꾼들>과 알프레도 안솔라의 <오토바이와 용모 단정한 여자친구를 대동한 모토리사도 모집>과 같은 작품과 함께 공통적으로 사기꾼이라는 주제를 다룬다. 이 영화의 인물은 악동으로, 사기를 치려다 실패한 빈민 계층이거나 합법적이지 않은 사업을 통해 불법적인 부를 축적한 부유한 인물로 등장한다. 이야기는 헤수스 마르틴 바르베로(Jesús Martín Barbero)의 지적처럼 가족 정체성에 대한 의문, 남성우월주의, 이미지와 현실 사이의 방황, 남 탓하기와 같은 텔레비전 드라마의 주제적 코드(2005)를 따른다. 이 코드는 주인공 오스발도 우르바네하(Oswaldo F. Urbaneja)와 그를 둘러싼 세계에서 분명하게 드러난다. 빈민층 출신이지만 부유한 가문의 아가씨와 결혼하면서 그 돈으로 불법적인 사업을 벌인 덕분에 그는 신분 상승을 이룬다. 그러나 자기 비서를 임신시킨 후 아이를 인정하지 않는다. 그의 삶은 위장 사업과 혼외정사

아닌 콜롬비아인들이다. 그러나 20년 후 <점과 선>에서 분쟁 중인 국경 지역에서 친구가 된 콜롬비아 군인과 베네수엘라 군인은, 마약과 전쟁도 한 부분을 차지하는 정치적·경제적인 관심이 어떻게 두 국가의 현실과 두 주인공 사이의 이동을 얽히게 만들어내는지를 보여준다. 물론 두 상황 사이에는 일정한 차이가 존재한다. 주목할 점은 『점과 선』에서 축구경기가 국경에 주둔한 두 군대 사이의 껄끄러움을 상징하는 매개로, 따라서 공존의 표현으로 제시된다는 점이다. 이데올로기적 국경을 넘어서는 사회적 합의로서의 축구는 베네수엘라에서 '라 비노틴토(La Vinotinto)'라는 대표팀을 통해 나타난다. 영화 『형제(Hermano)』(2010)를 연출하기 위해 호주에서 영화를 공부하고 있던 마르셀 라스킨(Marcel Rasquín) 감독은 이것이 자신의 의도라고 밝혔다. 더 자세한 논의는 다음 사이트를 참고하라. (http://www.aporrea.org/venezuelaexterior/n164224.html)

로 점철된다. 그리고 어려운 상황이 닥쳐오면 남을 탓하기에 바쁘다. 우르바네하는 장학금을 받아 미국에 살면서 조국으로 돌아올 생각이 없는 남자와의 사이에서 아이를 임신하게 된 딸을 꾸짖기에 이른다. 물론 그는 이 상황을 혼외 관계를 맺고 있는 여배우와 관련된 부패 스캔들을 피해 마이애미로 도피하는 데 써먹으려고 한다. 그러나 그 여배우는 그의 돈을 이용하고는 돈이 떨어지자 그를 버린다. 가난한 이민자로 살아가는 우르바네하의 삶은 베네수엘라인들이 아닌, 당시 베네수엘라로 이민 온 유럽 이민자들의 상황과 유사하게 영화에서 그려진다. 굶주리고, 불법 취업으로 접시를 닦는다. 그리고 마지막 수단으로 배를 타고 온 밀입국자인 척하면서 쿠바 억양으로 구걸한다. 그의 비참한 상황은 어떤 아이가 해변에 버린 미키마우스 인형과 대비를 이루면서 새롭고 부유한 마이애미라는 국가에 대한 환상이 사라지고, 몇 년 후에는 베네수엘라 이민자들이 플로리다를 떠나는 형상을 남긴다.

여기서 피나 토레스의 영화에 대한 언급에 주목해보자. <오리아나>와 <하늘의 기계공들>는 우리에게 중요한 의미를 던져준다. 여기서 중심 인물들은 평정심을 유지하지만 이민자로서의 침묵 또한 유지한다. 외국에서 사는 것은 '불법' 이민자로 낙인찍히거나, 추방자, 범죄자 등 사회적인 위험요소를 내포할 뿐만 아니라, 정체성 요소들을 잃어버릴 수 있는 위험 역시 떠안고 있기 때문에, 자신의 존재론적이고 문화적인 뿌리를 재구축해야 한다. <오리아나>에서는 프랑스에 사는 베네수엘라 출신 마리아가 오리아나 이모의 농장이 있는 베네수엘라로 돌아오기로 결심한다. 이미 돌아가신 이모로부터 물려받은 이 농장을 지키고 싶은 마음이 없기 때문에 이를 팔기 위해 돌아온다. 마리아는 경제적으로 안정된 삶을 살고 있지만 그녀와 그녀의 남편 사이에 애정 표현은 없다.[15] 거의 기억나는 것이 없는 이모의 세계로, 즉 베네수엘라로 돌아옴으로써 마리아는 소중한 과거의 기억을 깨닫게 된다. 그리고 현재의 마리아와 과거의 마리아의 일부를 구성하는 사람들에게 농장을 팔지 않고 남겨주기로 한다.

<하늘의 기계공들>은 파리에 거주하는 베네수엘라 이민자들의 시선을 통해 그들의 삶을 비춘다. 주인공은 결혼식 날 마을을 탈출하여 다양한 라틴아메리카 여자들이 함께 살며 가수가 되기를 꿈꾸는 파리로 떠난다. <오리아나>와 마찬가지로 여자들의 상황은 그녀들의 발전을 가로막고 라틴아메리카 여타 지역과 마찬가지로 가부장적 사회에서 꿈을 성취하는 것을 방해한다. 그러나 『하늘의 기계공들』에서 주인공은 불법이민자들에 대한 추적과 그녀가 처한 불안정한 상황을 이해하고 있다. 또한 라틴아메리카인들과 함께 사는 것이 베네수엘라 대중문화의 이미지와 교묘하게 연결되는 혼종 문화를 경험하게 한다. 피나 토레스가 만들어내는 인물들 간의 관계는 마술적 사실주의와 요정이야기로 물들어 있다. 아나는 로시니의 오페라 <신데렐라>에 참가하기 위한 오디션을 보고 싶어하지만 금발머리 셀레스테가 그녀와 경쟁하는 주술사 역을 맡게 되면서 아나에게 장애물이 된다. 다른 인물들은 카리브 마법사, 점성술을 믿는 동성애자 등이 이야기에 등장하고 "하늘의 기계공"들이 인물들과 잘 어울릴 수 있도록 형상화된다. 처음에는 수줍음을 타던 아나는 다른 인물들과 접촉하면서, 이민자들처럼 살아남아 자신의 꿈을 이룰 수 있도록 혼종 문화를 흡수하기 위해 자신을 위장하는 능력을 얻는다. 아주 섬세하게 그녀의 의사소통 능력과 문화적 능력이 피어

---

15) 이 부분은 비평가마다 의견이 분분하지만, 론돈 나르바에스(Rondón Narváez)에 따르면 "마리아는 농장을 떠난 사람과 다름이 없다. <오리아나>에서 마리아는 그녀의 외국인 남편과 건강한 관계를 유지하는 것으로 볼 수 있다"(Rondón Narváez, 2007: 36).

난다(Barbero, 2005). 아나를 더욱 매혹시키는 것은 서정적 노래이지만, 라틴아메리카 이민자들과 생활하면서 살사, 베네수엘라 민중 성인(santos populares), 다민족적인 신화의 세계에 눈을 뜬다. 이 문화적 공간을 돌아다니면서 아나는 주변부 여인에서 자신의 문화적이고 성적인 정체성을 깨달은 여인으로 다시 태어난다.

<체일라, 마이타를 위한 집>에서는 베네수엘라 이민자가 캐나다에 살면서 성전환을 하기 위한 치료를 받기 시작한다. 완전히 여자가 되기 위한 수술 비용을 가족으로부터 받기 위해 베네수엘라로 돌아온다. 그러나 조국에 돌아오자 주인공은 텔레비전 드라마의 전형적인 가족 코드로 흡수된다. 일상생활에 들어가자마자 현실과 이미지 사이에서 혼란을 경험하고 가족과 어머니와 충돌하게 되며, 남성우월주의, 이기주의, 버려진 삶으로 인한 남 탓하기와 같은 멜로드라마에서의 행동과 톤으로 바뀐다. 베네수엘라로의 귀국은 체일라에게 과거와의 협상, 자신의 성적인 정체성을 인정하는 데 따르는 고통스러운 트라우마와의 대면, 그녀를 인정하지 않거나 그녀가 남겨놓은 얼마 안 되는 재산을 탕진한 가족들과의 대면을 의미한다. (체일라가 어머니에게 선물한 집은 그곳에 거주하는 사람에 대한 무시와 경멸을 반영한다) 그러나 다른 한편으로는 그녀를 지지하고 안아주는 그녀의 외할머니와 어린 시절 그녀를 사랑했노라고 고백하는 사촌 몬초와 같은 가족과의 연결고리가 된다. 그뿐만 아니라 영화의 가장 중요한 장면에서 동성애자와 복장 도착자들과의 우정이 그려진다. 그들은 체일라의 귀국을 위한 파티를 준비하는데, 자신을 올가 기요트라고 부르는 한 복장 도착자는 체일라가 캐나다에서 남미계 미용사로서 '성공적인' 커리어를 쌓은 것을 축하하는 의미에서 미스 베네수엘라 대관식을 연상시키는 왕관을 씌워준다.16) 바르베로가 문화적 상품의 의미에 대한 부정으로 특징짓는 것은 하나의 텍스트가

양산해낼 수 있는 거슬러 읽는 독해를 의미하는데, 이는 대중적인 소비와 요구의 논리가 충돌하는 것으로, 후자가 전자를 전복하는 것을 말한다(2005). 미스 베네수엘라 대회는 사회적 특권층에 속한 여성들의 전유물이고 모델 훈련, 워킹 연습, 스트레스 조절 및 성형수술을 포함한 일련의 통과의례를 의미한다. 그리고 이러한 과정은 베네수엘라인들에게 조국 내에서 '부정적인 사회적 정체성'을 상쇄시키는, 외국에서의 성공에 기반을 둔 자존감을 의미한다. 몬테로는 이를 '대리중심주의(altercentrismo)'라고 부른다. 체일라의 게이 친구들은 사회적으로 특권화된 이 상징적인 담론을 재전유하여 조국에서는 꿈꿀 수도 인정받을 수도 없었던 그녀의 새로운 성정체성을 위한 통과의례로서 '캠프(camp)'를 무대를 연출한다. 체일라는 여자가 되는 꿈을 실현하기 위해 캐나다에서 성전환수술을 받기 전에 이러한 과도기에 상징적이고 정서적인 지원이 필요했다. 영화에서는 체일라가 찾으러 온 것은 경제적인 지원뿐만 아니라, 미국과 비교했을 때 라틴아메리카 이민자가 소수에 불과하고 고독과 북미인들의 개인주의만 난무했던 캐나다에서는 느낄 수 없었던 정서적인 연대감이었다.

---

16) 필자는 남미계 복장 도착자의 상황을 짚고 넘어가고 싶은데, 이는 루이스 두노의 지적처럼 영화가 급진적인 시선을 가지지 않고 중립적이기는 쉽지 않기 때문이다 (2008: XVII). 바르베르나는 체일라를 폭행한 자들이 중산층 백인 남자들이라는 것을 알고 있다. 체일라가 그저 분노할 뿐이지만, 영화에서는 급진적이고도 사회적인 방식으로 그녀의 주변부적 상황과 신분 상승을 두드러지게 그려낸다.

6. 결론

이주와 국경 넘나들기에 대한 베네수엘라 문학과 영화에서 이주의 원인과 휴대용 정체성, 이질적이고 변화하는 이미지, 사회적 혹은 정치적으로 분열된 국가에 대한 표현들이나 디아스포라의 흔적을 보여주는 표현에는 작가들의 다양한 시각이 드러난다. 여기서는 감정의 유동적 흐름, 과거와 현재에 대한 끊임없는 부정을 통한 주체의 형성, 무력감을 느끼는 개인의 사회적·정치적 상황에 대한 반감이 나타난다. 그러나 애정과 정체성의 뿌리와의 새로운 연결고리도 있다. 특히 주체들에게는 제도화된 공식 문화보다 한층 유연하고 접근하기 용이한 텔레비전 드라마, 음악, 게임, 스포츠와 같은 대중문화의 이미지가 그러한 매개가 된다. 이러한 이미지들은 비판적이고 불안정한 집단적 상황을 넘어 움직이는 정체성을 부여잡을 손잡이를 제공해준다. 이는 공식담론의 그림자도, 사회적 합의의 표현도 아닌, 이행하는 존재들의 기대와 필요에 따라 재형상화되는 유동적인 정체성이다.

참고문헌

Asociación Simón Bolívar de Los Ángeles. 2010. "EEUU: Comunidad venezolana presente en Festival de Cine de Los Angeles celebrando el triunfo del cine nacional." Fecha de publicación: 26/08/10. <http://www.aporrea.org/ venezuelaexterior/n164224.html> Consultado el 2 de julio de 2011.

Arreaza, Emperatriz. 2005. "Oriana de Fina Torres: un lugar para el discurso femenino." *Revista venezolana de sociología y antropología, septiembre-diciembre*, vol. 15, número 44, pp.398~425.

Arredondo, Isabel, Arreaza, Emperatriz y De Rugeriis, Romina. 2009. "El cine venezolano en Super 8 y el Tercer cine." *Situarte* 6, pp.21~31.

Balibar, Etienne. 2005. "¿Qué es una frontera?" en *Violencias, identidades y civilidad: Para una cultura política global*. Barcelona: Gedisa, pp.77~86.

Barbero, Jesús Martín. 2005. "A Nocturnal Map to Explore a New Field." en Ana del Sarto, Alicia Ríos y Abril Trigo(eds.). *The Latin American Cultural Studies Reader*. Durhanm and London: Duke University Press, pp.310~328.

Barrios, Guillermo. 2009. *Tramas cruzadas: El rol de la ciudad en el cine venezolano.* Caracas: Universidad Central de Venezuela.

Censo de Estados Unidos. 2010. "The Hispanic Population: 2010." en <http://www. census.gov/prod/cen2010/briefs/c2010br-04.pdf> Consultado el 2 de julio de 2011.

Duno, Luis(ed.). 2006. "Las tropelías de la turba: reflexiones sobre la construcción mediática de la masas(abril 2002)." en Carlos Pacheco, Luis Barrera Linares, Beatriz González Stephan(coord.). *Literatura y nación*. Caracas: Equinoccio.

_____(ed.). 2008. *Introducción a Miradas al margen. Cine y subalternidad en América latina y el Caribe*. Caracas: Fundación Cinemateca Nacional.

Fleján, Salvador. 2006. "Albóndiga en salsa." en *Intriga en el Car Wash*. Caracas: Mondadori.

García Canclini, Néstor. 1990. *Culturas híbridas*. México: Grijalbo.

Gomes, Miguel. 1992. *La cueva de Altamira*. Caracas: Alfadil Ediciones.

_____. 2003. *De fantasmas y destierros*. Medellín: Fondo Editorial Universidad EAFIT.

Méndez Guédez, Juan Carlos. 1994. "El último que se vaya." en *Historias del edificio*. Caracas: Guaraira Repano.

_____. [1997]1998. *Retrato de Abel con volcán al fondo*. Caracas: Editorial Troya.

_____. 2010. "La flor de la cayena." en Antonio López Ortega, Carlos Pacheco, Miguel Gomes(comp.). *La vasta brevedad*. Caracas: Alfaguara.

_____. [1999]2011. *El libro de Esther*. Caracas: Lugar Común.

Montero, Maritza. 1998. "Identidad, belleza y cultura popular." en *Venezuela: tradición en la modernidad*. Caracas: Equinoccio.

Oppliger, Marcel. 2010. *La revolución fallida: Un viaje a la Venezuela de Hugo Chávez*. Santiago de Chile: Instituto Democracia y Mercado.

Ortega, Antonio López, Pacheco, Carlos, Gomes, Miguel(comp.). 2010. *Introducción a La vasta brevedad*. Caracas: Alfaguara.

Ortega, Julio(comp.). 1998. *Introducción a El gesto de narrar: Antología del cuento venezolano*. Caracas: Monte Ávila Editores Latinoamericana.

Rivas, Luz Marina. 2011. "¿Irse o quedarse? La migración venezolana en la narrativa del siglo XXI." Trabajo presentado en las Jornadas de Investigación Humanística y Educativa, San Cristóbal, abril. En <http://servidor-opsu.tach.ula.ve/7jornadas_i_h/paginas/doc/JIHE-2011-PA02.pdf> Consultado el 2 de julio de 2011.

Rubí, Guerra(comp.). 2007. *Prólogo a 21 del XXI: Antología del cuento venezolano del XXI*. Caracas: Ediciones B.

Rondón Narváez, Rafael. 2007. "Mujeres arriba y al descubierto." *Objeto visual*, No. 13, junio, pp.27~43.

Villoro, Juan. 1995. "La frontera de los ilegales." *Anales de Literatura Hispano-americana*, no. 24, pp.67~74.

Williams, Raymond. 2000. *Marxismo y literatura*. Barcelona: Península.

제7장

반묵시록의 사회적 이미지

베네수엘라의 바이커와 민중 정치의 재현

루이스 두노-고트버그 _성유진 옮김

카라카스를 비롯한 대도시에서 소포와 우편물을 운반하고 은행 업무 등을 도우며, 오토바이 택시라는 운송 서비스를 제공하는 수천 명의 비조합 배달 인력인 모토리사도는 베네수엘라의 도시 틈새에서 벌어지는 급진적인 경험을 보여준다. 이 글은 2002년 4월 반(反)차베스 쿠데타의 시기에 과두 계급의 쿠데타 음모에 맞서 모토리사도가 보여준 정치화와 동원에 주목한다. 공식 경제의 영역에 포함되지 못한 모토리사도는 어리석고 떼 지어다니는, 비합리적이며 위험하기까지 한 집단으로 치부된다. 또한, 차베스 징부의 시배 선닥에 농원뇌는 후견수의의 대상이라는 비난을 받아왔다. 하지만 사회의 가장자리에서 타자화된 묵시적 존재로 간주되었던 이들의 요구와 행동은 고전적인 좌파 정치의 틀 안에서는 인정받지 못하지만, 자신의 목소리가 박탈당한 주변부의 하위 주체의 존재를 드러내고 기존 질서에 균열을 가져온다는 점에서 '감응의 정치학'의 새로운 예를 보여준다.

루이스 두노-고트버그 Luis Duno-Gottberg 미국 라이스 대학교(Rice University) 스페인어학과 교수.

* 이 글은 노스캐롤라이나 주립대학교에서 발간하는 라틴아메리카 연구잡지 *A contracorriente*(2009 winter)에 실린 글을 옮긴 것이다.

[내가 보매 청황색 말이 나오는데] 그 탄 자의 이름은 사망이니 음부가 그 뒤를 따르더라. 그들이 땅 사분의 일의 권세를 얻어 검과 흉년과 사망과 땅의 짐승들로써 죽이더라. ―요한계시록 6장: 8절

강철마들과 함께 우리는 베네수엘라 혁명사의 한 장이 된다. ―아르키베데스 A. 프랑코(Fuerza Motorizada Bolivariana)*

…… 하위 주체는 나를 만든 것으로부터 추방된 장소의 이름이자 조직화된 기록이기에, 하위 주체가 말을 하게끔 것은 버스가 오길 기다리는 고도와 같다. ―가야트리 차크라보르티 스피박(Gayatri Chakravorty Spivak)

1. 고도(Godot)는 모터사이클을 타고 도착한다

앞서 인용한 스피박의 말이 내포하고 있는 개념은 지난 몇십 년간 뜨거운 논쟁을 야기해왔다. 이 논의의 핵심은 하위 주체라는 조건으로 인해 주변부화되어온 목소리들이 중심부 담론을 통해서 복원되는 것이

---

* 오토바이를 타고 카라카스를 누비는 동안 나와 함께 이야기를 나눈 모든 모토리사도들(los motorizados)에게 감사를 표한다. 특히 라 후에르사 모토리사다(La Fuerza Motorizada)의 수장으로서 필자의 연구에 많은 도움을 준 아르키메데스 A. 프랑코(Arquímedes A. Franco)에게 이 글을 바친다. 그는 2007년 자신의 오토바이 강철마(caballero de hierro)에서 총격을 당했다. 하지만 그 사건은 여전히 제대로 조사되지 않고 있다. 그는 자신의 글을 나와 공유했고 내가 자신의 그룹과 어울릴 수 있도록 흔쾌히 허락해주었다. 모토리사도를 둘러싼 도시 전설이나 괴담을 늘어놓을 때는 '묵시록의 기수(Rider of the Apoclaypse)'가 지닌 전략적 가치를 내게 알려주었다.

불가능하다는 것을 뜻한다. 우리가 기억하는 것처럼, 스피박은 대화를 통한 해결책으로서 이 용어들을 "(듣거나 대변하는 것 대신) 역사적으로 침묵당한 비엘리트 주체에게 말을 거는 법을 배우는 것"(Spivak, 1988: 27)이라고 정의한 반면, 다른 이들은 "이해와 지식이 박탈당한 사각지대"(Young, 1990: 164)에 빛을 드리우고자 하는 이 같은 기획의 난제를 우리에게 일깨워준다. 존 베벌리(John Beverely)는 이 특별한 불가능성을 어떠한 형태의 재현(representation)도 거부하는 자크 라캉(Jacques Lacan)의 실재계과 비교한 바 있다. 즉 "'안다(know)'라고 하는 가정을 전복시키고 무너뜨리는 지식의 간극(gap-in-knowledge)"(Beverely, 1999: 2)이라는 것이다. 이러한 이론적 입장이 인식론적 숙명론의 한 형태이거나 혹은 주변화된 주체들을 위한 동정/온정주의(paternalism)로 비춰지는 것을 피하려는 필연적인 시도이든 간에, 라틴아메리카에서 일고 있는 정치적이고 문화적인 현상 앞에서 오늘날 우리는 '하위 주체의 침묵'과 관련한 하나의 특별한 순간을 마주하고 있다.

이글은 재현의 난제에서 벗어나 주변부, 즉 베네수엘라의 도시 틈새에서 벌어지고 있는 급진적인 경험들이 지닌 가능성을 탐구할 것이다. 이러한 현상을 '실재계의 귀환(a return of the Real)'이라고 부를 수도 있겠다. 왜냐하면 내가 앞으로 전개할 이야기가 사회의 가장자리에서 타자화된 묵시적 존재(apocalyptic presence)로 간주되었던 한 주체의 출현이기 때문이다. 그러나 이 주체는 오랫동안 베네수엘라 도시를 배회하고, 법을 어기면서, 성문화되지 않은 사회규범과 수많은 저항의 형태들을 만들어왔다. 카라케뇨들(Caraqueños)[1]은 이 주체들의 정치적 합리성과 정치적 행위는 가당치 않은 것으로 간주하고, 이들의 행동을 돌연변

---

1) 카라카스에 거주하는 중산층을 의미한다. ─옮긴이

이(atavism) 격으로 치부했으며, 공적 영역에 이들이 등장하는 것을 하나의 트라우마로 취급했다. 나는 지난 30년 동안 카라카스에서 발생한 현상에 대해 이야기할 것이다. 그것은 도시와 사회의 주변부로부터 삶 그 자체로서의 정치적 본질을 드러내면서 사회정치적 실천의 행위자로서 부상한 바이커들의 출현이며 도시 공간을 일상적 삶으로 전유하는 것이 지닌 급진적 가능성들이다. 스피박의 말을 변용해본다면, 내가 여기서 논하고자 하는 것은 모터사이클을 타고 도착한 고도이며, 이것이 주류 문화의 내부에서 일으키는 혼돈이다. 논의에 앞서 짚고 넘어가야 할 것은 이 문제적 바이커들이 '이지 라이더(Easy Rider)'[2]도 '지옥의 천사(the Helles Angels)'[3]도 아니라는 점이다.

내가 언급할 바이커들은 노동계급 중에서도 하나의 이질적인 그룹이다. 그들은 베네수엘라의 대도시에서 소포와 우편물을 운반하고 은행업무처리나 기타 업무를 돕고 오토바이 택시(moto-taxis)라는 운송 서비스를 제공하는 수천 명의[4] 비조합 배달 인력으로 구성된 하나의 노동력으

---

2) 1969년에 제작된 미국 영화 <이지 라이더(Easy Rider)>에 등장하는 바이커들의 이미지를 일컫는다. 영화는 방황하는 두 청년이 대안적인 삶을 꿈꾸며 미국을 오토바이로 횡단하는 모습을 담고 있으며, 1960년대 당시 헤게모니 문화를 부정하고 대항 문화로서의 히피 문화에 심취한 당대 젊은이들의 모습을 투영하여 엄청난 반향을 일으킨 바 있다. ─옮긴이

3) 이들 미국형 폭주족들과 동일한 폭주족이 베네수엘라에도 존재하며 이들은 종종 하나의 계급으로 구분된다. 타 폭주족들은 내가 이 글에서 다루는 노동계급 폭주족들과는 정반대로 스스로를 정의한다. 가령 라틴아메리카바이커연합(Latin America Motocyclista Association)의 베네수엘라 회원들은 연합의 이미지 개선에 대해 말한다. 이들은 스스로를 노동계급의 대표자가 아니라 '윤리 의식과 선행으로 뭉친 가족'의 일부로 인식한다. 다음을 참조하라. <http://www.lamacaracas.com/regula-ciones/index.htm>

4) 2002년 도시 및 운송 안전 자치원(Instituto Autónomo de Seguridad Ciudadana

로 설명할 수 있겠다. 따라서 나는 이들을 일컫는 스페인어 용어인 모토리사도(motorizados)를 사용하겠다.

이 글에서 나는 베네수엘라 **모토리사도**가 특히 그들의 집단행동 (mobilization)과 행동주의와 관련하여 (또는 그에 대한 반응으로) 양산한 감응의 역학(the dynamics of affect)에 대해 고찰하고자 한다. 내가 강조하고자 하는 것은 상상계에서 목격되는 **모토리사도**에 대한 혐오감이, 새로운 정치적 주체의 등장뿐만 아니라 이들의 급진적이고 때로는 폭력적이기까지 한 도시에 대한 다시쓰기(re-writing of the city)와 직접적으로 연관된 반응일 수 있다는 것이다. 이 현상을 단순하게 볼 수 없는 것은 ① 비공식 경제(informal economy)의 출현, ② 사회운동, ③ 그리고 범죄 행위와 결부시켜 이해해야 하기 때문이다. 따라서 나는 이들에 대한 반응을 라나지트 구하(Ranajit Guha)가 '대항헤게모니 서사(prose of counter- insergency)'라고 부른 것, 다시 말해 선정치적인(pre-political) 주체 혹은 반란이 발생할 시에는 야만적 주체로서의 하위 주체를 대변하는 담론에 대한 간접적인 비유(mediatic analogs)로서 읽을 것이다. 이 글의 제목에서처럼 반-묵시록적 독해는 이러한 의미에서 하나의 '거꾸로 쓰기(writing in reverse)'(Guja, 1994)이다.

이 글의 분석 범위는 베네수엘라 현대사의 중요한 네 장면으로 한정한다. 첫 번째 '일시 정지'는 카라카스가 격렬한 근대화를 경험한 1950년대이다. 다음은 베네수엘라 오일 붐과 카를로스 안드레스 페레스 대통령5)의 첫 임기라는 맥락 안에서 1970년대를 다룬다. 이어서 1980년

---

y Transporte)에서 실시한 인구조사에서, 카라카스에서만 4만 명의 바이커가 등록된 것으로 나타났다. 실제 **모토리사도** 인구는 상당수가 행정기록 상에 등록되지 않았기 때문에 3배는 안 되더라도 두 배는 충분히 상회한다.

5) 1974년부터 1979년까지 베네수엘라의 경제를 번영시키며 '경제 대통령'으로 불렸

2월 27일 발생한 카라카소(El Caracazo) 당시 모토리사도의 역할을 고찰한다. 마지막으로 반(反)차베스 쿠데타가 민중 동원과 모토리사도의 결정적 참여에 의해 순식간에 역전당한 2002년 4월 11일 사건을 다룬다. 이러한 시간적 틀 안에서 나는 문학, 주류 미디어 및 영화를 예로 들 것이다. 나는 운 좋게도 2002년과 2005년에 카라카스에서 인터뷰를 가질 기회를 얻었고, 또한 복사본과 팜플릿 형태로 유통되던 모토리사도의 글도 접할 수 있었다.

2. 모토리사도: 매끄러운 공간의 생산자들

하나의 노동력으로서 모토리사도는 카리카스와 같은 도시가 역동성을 가지기 위해서 필수적이다. 그들은 메신저이고 오토바이 택시 기사이며 배달 인력이다. 일부는 연장을 갈아주거나 구두를 수선하는 이동식 가게로 분류되어왔다. 물론 일부 모토리사도는 그들의 기동성을 이용해 은행강도의 한 형태인 모토-방키스타스(moto-banquistas), 이들의 오토바이에서 돈과 보석을 날치기하는 소매치기(arrebatadores), 살인 청부업자인 시카리오스(sicarios) 그리고 또 다른 교묘한 형태의 범죄행위를 저질러온 것이 사실이다. 모토리사도의 성공은 교통 체증으로 인해 정체된 거리를 마음껏 누빌 수 있게 해주는 기동성에 의해 좌우된다. 이들의 결집된 문화는 교통사고와 노동 착취 그리고 자신들을 보호해줄 법이 부재하는 상황에서 생존할 수 있도록 보호막과 연대의 메커니즘을 만들어왔다.

으며, 1989년 재임에 성공했으나 부패 혐의로 인해 1993년 퇴진했다. ―옮긴이

민첩하고 신출귀몰하는 이들에게 교통 체증 따위는 문제도 아니며, 차선 사이를 누비고 갓길을 가로지르며 인도를 이용한다. 길에 대한 항시적 권리는 모토리사도에게 있다는 것이 그들 사이의 불문율이다. 모토리사도와 얽힌 사고에서 도망치는 것은 좋은 생각이 아니다. 이러한 관습들은 **모토리사도**가 사회성(sociability)의 공간과 형태를 재구상(redesign)하게 해준다. 질 들뢰즈(Gilles Deleuze)와 펠릭스 가타리(Félix Guattari)의 용어를 빌자면, **모토리사도**는 국가에서 부과한 질서의 붕괴를 도모하면서 도시의 '홈 패인 공간(striated spaces)'을 바다와 사막과 같은 '매끄러운 공간(smooth spaces)'으로 변형시킨다.6) 이들은 두려움과 혐오를 야기하는 '혁명 기계(revolutionary machine)'와도 같다.

따라서 **모토리사도**는 호미 바바(Homi Bhaba)가 타자(the Other)를 욕망되는 동시에 거부되는 존재로 파악한 양면성을 보여준다. 그들은 도시의 흐름에 있어 필수적이지만 국가장치(state machines)를 피하면서 그들만의 전쟁 기계(subversive machine)를 배치하는 노마드적 주체다. 한편으로는 경제를 구성하는 기본요소로서 동정심을 유발하면서도, 다른 한편으로는 두려움을 야기하는 존재다. 여러 부침을 겪으면서 이들은 최초의 민중 소요인 카라카소가 보여주듯이 헤게모니 질서를 위협하는 창의적인 혁명 기계가 된다.

---

6) 들뢰즈와 가타리에 따르면(Deleuze and Guattari, 1987), '매끄러운 공간'은 창조적인 운동이 가능하도록 모든 방향으로 열려 있다고 할 수 있는데, 이 공간은 목적지가 아닌 궤도들로 구성되어 있고 사실이 아닌 사건으로 채워져 있다. 이러한 관습이 지닌 창조적이면서도 전복적인 성질은 특히 모토리사도와 같은 노마드적 주체에게서 두드러진다.

3. 밀림의 모터사이클

카라카스가 눈부신 성장과 근대화 과정을 거치게 되는 1950년대에 훌리오 가르멘디아(Julio Garmendia)[7]의 작품에 나타나는 모토리사도가 없는 모터사이클의 문학적 이미지는 1980년대에 출현하게 될 이 문제적 주체의 부재를 시사하고 있었는지도 모른다.

1950년대에 썼지만 최근까지 출판되지 않았던 한 단편소설에서, 훌리오 가르멘디아는 베네수엘라에 이민 온 한 독일 모터사이클의 환상적인 이야기를 들려준다. 이 모터사이클은 푸에르토카베요[8]에 도착해서 "…… 되도록 빨리 몸을 숨기고 반항하고 야생으로 도망쳐서 스스로의 의지와 방법만으로 열대우림 안으로 깊숙이 들어갔다. …… 구속에서 벗어나 자유의 몸이 된 모터사이클은 숲과 늪지대를 뛰어다닐 수 있었다. 운전수도 가스도 없이"(Garmendia, 2004: 37). 이 단편의 집필 시기는 베네수엘라에서 국내외 이주의 주요한 흐름이 카라카스에 유입되던 시기, 즉 카라카스의 급진적인 근대화 시기와 맞물렸다. 또한 이 시기는 당시까지 분산된 시골풍의 외관을 지녔던 도시 공간을 대도시로 소생시키기 위한 거대한 프로젝트가 추진 중이었다. 그러나 당시 가르멘디아가 염려한 것은 모더니티로서의 '기계'가 '시대착오적(atavist)'이고 '마술적'인 국가의 현실과 교차하는 것이었지, 오늘날 거대한 슬럼을 형성하게 되는 농촌 인구의 유입을 염려한 것은 아니다. 그의 결론이 암시하는 것은 문명과 야만의 충돌에서 야만의 승리이다. "예를 들어, 최근에 …… 들리는 이야기에 의하면 모터사이클에서 턱수염 모양으로 가지가

---

7) 1898~1977. 베네수엘라 출신 작가이자 신문기자, 외교관. −옮긴이
8) 베네수엘라 북부 해안 지역 카라보보주에 위치한 항구도시. −옮긴이

자라나 땅에 닿았다"(Garmendia, 2004: 46).⁹⁾ 우리는 여기서 **모토리사도**의
위협과 마주하지는 않지만 독일산 기계를 초자연적인 야생의 대상으로
탈바꿈시키는 '열대'의 위협과는 대면한다.¹⁰⁾ 앞으로 살펴보겠지만, 역
설적이게도 도시 소요와 난폭한 바이커들이 난무하는 묵시적 상상계는
베네수엘라의 주변부 모더니티의 완전한 발전-가르멘디아의 환상적인
서사 세계에서의 주체와 동일한 모더니티-과 그러한 약속이 붕괴되는 1980
년대 이전에는 도래하지 않는다.

4. 바퀴 위의 악동

베네수엘라 영화에서 유명한 코메디 영화인 <오토바이와 용모 단정
한 여자친구를 대동한 모토리사도 구함(Se solicita motorizado con moto
propia ymuchacha de buena presencia)>[알프레도 J. 안솔라 감독(Alfredo J.
Anzola), 1977년]은 바이커들의 상상계 구축에 있어 주목할 만한 순간을

---

9) 기억해야 할 것은 이 '문명과 야만'이라는 이데올로기소(ideologeme)는 로물로
　 가예고스(Rómulo Gallegos)의 서사에서 볼 수 있듯이 베네수엘라 사상사에 이미
　 견고히 자리 잡고 있었다. 그러나 두 가지 요소가 그러한 전통으로부터 중요한
　 차이를 만들어낸다. 하나는 가르멘디아의 작업이 야만의 근본적인 입장으로부터
　 이탈한 듯한 전혀 다른 문학 지류에 속한다는 점이다. 또 하나는 사르미엔토
　 (Sarmiento)의 이분법에 접근하는 라틴아메리카적 방식인 윤리적인 혹은 교육적
　 인 입장이 가르멘디아의 작품에서는 철저히 부재한다.
10) 가르멘디아의 작품과 모더니티에 대한 그의 앞선 비판작업을 탁월하게 연구한
　 것은 Javier Lasarte, *Juego y Nación: Postmodernismo y vanguardia en
　 Venezuela*(1995)가 있다. 이 연구는 가르멘디아를 베네수엘라에서 '모더니티의
　 포스트모던적 감각의 창시자'로 결론짓는다.

점한다. 이 영화는 베네수엘라 영화의 '황금기'에 제작되었고, 오일머니의 증가로 인해 양산된 당대 문화를 매우 충실하게 기록하고 있다. 안솔라 감독의 이 영화는 '중산층 악동(picaresca criolla)'을 창조해냈다는 점에서 당시 주요 영화 그룹과 차별화된다(Molina, 2003: 79).

줄거리는 간단하다. 모토리사도인 알렉산데르(유명 색소폰 연주가 빅토르 쿠이카)와 그의 친구 디오사(브리짓 티로네)는 한 가구점에서 새 일자리를 얻는다. 가게 주인이 불법적인 사업에 발을 담근 것을 의심한 알렉산데르는 그를 속여 사기를 치기로 결심한다. "도둑을 등쳐먹는 도둑은 백 년 동안 참회할 것이다(Ladrón que roba a ladrón; tiene cien años de perdón)." 그는 계급 담론을 건드리지 않으면서 유쾌하고 재기 발랄하게 그 역할을 성공적으로 수행한다. 여기서 모토리사도는 위협을 가하거나 급진적인 정치적 기획을 도모하지 않으면서 부패한 상위 계급을 속이는 사기꾼이다. 다음은 영화의 마지막 장면으로 알렉산데르가 성공을 자축하며 디오사와 함께 해변으로 달아난다. 바로 이 장면에서 알렉산데르의 동기, 최종 목표 그리고 정치적 추진력의 한계가 드러난다.

관객은 안도의 한숨을 쉰다. 모든 것은 제자리에, 정확히 말하자면, '그' 자리에 있다. 이 영화의 구조는 코믹하면서도 동시에 민족지학적인 (ethnographic) 응시 위에 놓여 있다. 이 생생한 캐릭터를 따라가다 보면 그가 살고 있는 슬럼가에 안전하게 들어서게 된다. 우리는 편안하게 그의 습관을 구경하고 고도로 코드화되고 위트 넘치는 그의 언어를 듣게 된다. 이 바이커는 그 우두머리들이 전부 미국식 모델을 모방한 1960년대 청년 갱단 소속이 아니다. 이후 발생한 민중 소요에 참가한 것도 아니다. 그는 임금노동자이자 판자촌에 사는 흑인-베네수엘라인 (Afro-Venesuelan)이다. 그는 전혀 무섭지 않은 바퀴 위의 '악동(pícaro)'이다. 훌리오 가르멘디아의 '밀림의 모터사이클'은 이제 주인을 찾았다.

카를로스 안드레스 페레스 정권의 첫 임기가 허가한 '석유-민중주의 로맨스(petro-populist romace)'에 입각하여 짓궂은 행동도 마다하지 않는 이 코믹한 캐릭터를 말이다.

5. 비공식 경제(informal economy)와 새로운 정치적 주체

1980년대와 1990년대 사이 라틴아메리카 국가들을 강타한 경제위기는 베네수엘라의 비공식 경제를 상당히 증가시켰다. 기존 연구들은 이러한 현상을 합법적 조직이 없고 때로는 불법적인 환경 내에서 이루어지는 상품과 서비스의 단순한 상업화로 해석해왔다. 그러나 새로운 연구는 이러한 비공식 경제가 일반 경제와 문화의 중요한 부분이며 새로운 정치적 주체들을 양산한다는 것을 보여준다. **모토리사도**와 함께 다양한 상품을 파는 노점상들은 이러한 새로운 경제적·문화적·정치적 풍경의 한 부분을 차지한다. 민중 동원과 시위를 통해 그들은 카라카스 거리에 대한 자신들의 요구를 표명한다.[11]

라틴아메리카 경제 위기 당시 **모토리사도**를 겨냥해 이들을 위협적인 존재로 묘사하는 뚜렷한 패턴이 등장했다. 우연이라기보다는 **모토리사도**의 행동을 규제하려는 수단으로서 복잡한 법률 체계가 이 상상계를 뒤따랐다.[12] **모토리사도**의 범죄가 이러한 강경한 상황을 자초했다고

---

11) 당시 비공식 경제활동 인구의 시위에 관한 연구는 López-Maya, Smilde y Stephany(1999)를 참조하라.

12) 주요 규제들은 1985년에 시행되었고(대통령령 33.175, 1985) 2000년대까지 지속되었다. 최근에는 프레디 베르날(Fredy Nernal) 카라카스 시장의 명령 아래 **모토리사도**의 상당한 유입으로 인해 규제 사항이 변경되었다. 이에 대해 "카라카스

말하는 것은 완전히 잘못됐다. 왜냐하면 **모토-방키스타와 시카리오**는 이미 1970년대 초기에 비공식 경제의 문화로 침투해 있었기 때문이다.[13] 다른 두 가지 요소가 이러한 문화적/법률적 논쟁을 불러일으켰는데, 하나는 비공식 경제의 노동계급이 불규칙적이지만 항상 존재한다는 점, 그리고 이들의 과격한 거리 점거가 그것이다(혹자는 이들이 공공장소에서 벌이는 과격한 퍼포먼스라고 말할 수도 있겠다).

1989년 2월 27일 발생한 카라카소는 중요한 전환점이 되었다.[14] 카라카소 당시 **모토리사도**는 약탈행위, 경찰과의 대치, 군부의 잔혹한 진압 상황을 조정하는 역할을 담당했을 뿐만 아니라 음식과 다른 물품을 찾아 슬럼가에서 내려온 사람들을 보호하는 역할을 했다. 욜란다 살라스(Yolanda Salas)는 카라카소에서 **모토리사도**가 보여준 정치적 실천의 행위자로서의 중요성을 정확하게 짚어낸 인물 중 한 명이었다.

'모토리사도'는 폭동과 혼란을 조장하는 요인으로 지적되어왔다. 떼를 지어 오토바이를 타고 도시를 누비면서 폭동과 관련된 새로운 소식을 전달했다. 그들의 일상 업무와 다름없이 정보를 효율적으로 전달했지만, 이번에는 상업용 광고나 관공서의 소식이 아니라 동세대 계급의 소식을 실어 날랐다. 오토바이를 타고 사람들의 선두에 서서 길을 터주고 거리를 점거

리베르타도르 시내 오토바이 운전자 혹은 **모토리사도**에 관한 명령 및 오토바이 운행에 관한 통제와 규제"를 참조하라. 2008년에는 바이커 조합과의 논의 없이 새로운 개정안을 내놓자 대규모 시위가 일어나 카라카스를 마비시키기도 했다.

13) 당시 가장 악명 높았던 범죄 중 하나는 1978년 변호사 라몬 카르모나 바르케스(Ramón Carmona Vásquez)의 청부 살인 사건이었다. 이 사건에서 부패 경찰이 시카리오스와 연루된 것으로 드러난다.

14) 카라카소에 대한 탁월한 연구는 Coronil and Skurski(1991) 참조.

하도록 선동했다. **모토리사도**의 리더십은 당시 미디어에 일체 등장하지 않고서 침묵을 지키고 있었던 정당 인사들의 리더십보다 훨씬 실제적이었다. 어떤 모토리사도 그룹은 한 텔레비전 방송국과 베네수엘라 기업의 이익을 대변하는 단체인 연방 상공회의소(FEDECÁMARAS)의 무단 점거를 시도했다. 물론 실패로 돌아갔지만 이들의 행위에서 정치적이고 사회적인 성격을 짚어내는 것이 중요하다(Salas, 1996: 67).

1980년대 중후반에 걸쳐 이 새로운 노동계급은 당시 신자유주의 조정기에 탄생한 비공식 경제로부터 출현해 유명해졌다. '룸펜(lumpen)' 이미지의 이들은 그러나 문화생산과 사회변혁의 행위자는 아니다. '묵시록의 기수(riders of the apocalypse)'로 종종 인식되는 이들은 정치에 대한 전통적인 해석에서 체계적으로 빠져나간다는 점에서 능동적이고 반항적이다.

영화 <판데모니움, 지옥의 도시(Pandemonium, la capital del infierno)>[로만 찰바우드(Román Chalbaud) 감독, 1997년]는 카라카소 이후(post-caracazo)의 '새로운 베네수엘라'와 새로운 사회적 주체를 재현 및 대변하는 문제에 대한 종합적인 비전을 제시하는 듯하다.15) 이 영화는 어느 퇴폐적인 국가에서 벌어지는 초현실적 멜로드라마다. 아도나이(오를란도 우르다네타)는 사지가 잘린 시인으로 붕괴하는 빌딩에 거주하면서(resides in)-또는 그곳을 주재하면서(presides over)-주변의 무감각한 슬럼을 겨냥하여 시와 뉴스를 큰 소리로 낭독한다. 이것은 물론 이미 벌어진 근본적인 사회변화를 이해하지 못하는 인텔리겐치아의 혐오감과 무능함을 재현

---

15) 'representational'은 '묘사하다(to depict)'와 '법적으로 대변하다(to legally represent)'라는 두 가지 의미를 갖는다.

하는지도 모른다. 그러나 중요한 것은 국가의 정치적 상상계에서 이제 곧 앞줄을 차지하게 될 이 사회적 행위자들, 즉 박탈당한 대중인 군중(las turbas)과 인텔리겐치아 사이의 거리를 보여준다는 것이다.

다른 두 인물인 좀도둑 형제 에르메스(헤수스 루이스 마르케스)와 오네시모(호세 루이스 우세체)는 노동계급 바이커들을 묘사할 때 흔히 나타나는 계급-인종적 특징인 '모터사이클을 탄 원숭이들(monos enmotocicleta)'의 이미지를 함축하고 있는 장면에서 등장한다.[16) 이 특정한 장면에서 에르메스와 오네시모는 '창녀(La Perra)' 데메트리아를 폭행하고 결국 연인 관계로 발전한다.

이 영화가 상영된 지 4년 후, 베네수엘라는 스밀데와 헬린저(Smilde and Hellinger)가 '차베스 시대(The Chávez Era)'라고 부르는 급진적 변혁의 시기에 들어선다. 이 새로운 환경에 놓인 **모토리사도**는 정치적·경제적 무대에서 그들의 존재를 더욱 부각시키게 된다.

2001년 9월 18일 차베스 볼리바르 정부는 새로운 경제의 핵심적 조직인 조합운동(the cooperative movement)을 위한 법률적 기반을 제공하는 '조합특별법(Ley Especial de Asociaciones Cooperativas)'을 공포한다. 조합 단체는 차베스 정부가 들어서기 훨씬 이전에 이미 소수 존재했으나, '내적 발전(endogenous development)'이라 불리는 베네수엘라의 새로운 발

---

16) 베네수엘라에서 어두운 피부색을 띤 하층계급 출신들은 원숭이(mono)라는 경멸적인 이름으로 불린다. 베네수엘라의 인종적 복합성에 대한 연구는 Smilde and Hellinger(eds.), *Participation, Politics and Culture in Venezuela's Bolivarian Democracy*에 실린 필자의 글 "The Color of Mobs: Racial Politics, Ethnopopulism and Representation inthe Chávez Era"을 참조(이 책 제5장 「군중의 색(色): 인종 정치학, 인종포퓰리즘, 그리고 차베스 시대의 재현」으로 실려 있음. —옮긴이).

전 전략의 중추가 되면서 현재 기하급수적으로 늘어났다.17) 오스발도 순켈(Osvaldo Sunkel)의 『내부로부터의 발전: 라틴아메리카에 대한 신구 조주의적 접근(Development from Within: Toward a Neostructuralist Approach for Latin America)』(1993)을 모델로 한 이 발전계획은 형평성, 인력개발, 지역 동반 성장을 우선시하는 수입대체 정책을 요구한다. 이러한 맥락에서 **모토리사도**는 운송조합을 결성하여 정부와의 협상을 성공적으로 이끌어냈고, 성장 가능성을 인정받으면서 은행 대출과 수입 증가를 이루어냈다.

이러한 과정은 충돌을 야기했다. 바이커 운동과 정부 간의 긴밀한 관계는 반차베스파의 미움을 받았다. 차베스를 지지하고 그들의 자주권이 유지되기를 갈망하는 이들의 우려 또한 자아냈다. 이들의 동맹 관계가 지닌 모순점이 바로 곧 발표될 논문의 주제이긴 하지만, 나는 **모토리사도**의 정치적 잠재력을 포착해내지 못하는 미디어 재현의 무능력을 거듭 지적하고 싶다. 다음의 시사 풍자 만화를 보면 작가가 운송조합(특히, 오토바이 택시)을 납치 및 청부살인과 연관시킨다는 점에서 바이커들을 범죄화한다는 것이 분명하게 드러난다. 이러한 입장이 간과하고 있는 사실은, 이 노동자들이 실제로는 엄청난 폭력과 고용불안에 노출되어 있다는 점이다. 그들은 상당수의 도난사건 피해자이고18) 대형 사고율도 높다. 또한 비공식 경제의 특성상 이들을 위한 가시적인 혜택은

---

17) 2005년 8월 조합국가조정기구(SUNACOOP)의 집계에 따르면 총8만 3769개의 조합단체가 등록되었고, 2008년 현재 등록된 25만 개의 조합 중에서 단지 소수만이 운영되고 있다.

18) 2008년에 1만 9450대 이상의 오토바이 도난사건이 신고되었다(베네수엘라 범죄 과학수사국[Cuerpo de Investigaciones Científicas, Penales y CrimináListicas: CICPC] 운송부 제공].

없다. 한 오토바이 택시 기사가 말했다. "우리는 …… 주님의 선하심 덕분에 삽니다. 차에 치이면 우리를 보호해줄 보험이 없습니다. 우리는 거리에 내동댕이쳐지고 그들은 도망갑니다. 오토바이를 도난당하면 웃음거리가 됩니다. 일부 운전자들에게 **모토리사도**는 사람이 아닌 것이죠."(2008년 10월 18일)

6. 묵시록의 기수들

모토리사도는 비효율적인 서비스와 극심한 교통 체증에 시달리는 도시에 고효율 커뮤니케이션 네트워크를 생산한다. 이것은 이 주체들이 '전쟁 기계(war machine)'로 돌변할 때 양산되는 패러독스 중 하나이며, 이 네트워크 안에서 순환되는 정보들은 자본의 흐름과 축적을 유지시키는 것이 아니라, 카라카소에서 보았듯이, 오히려 이를 전복시키는 것이다.

카라카스 도심에서 벌어진 네 시간 이상 지속된 총격전에서 부상자를 오토바이에 싣는 모습을 담은 사진은 카라카소에서 가장 유명한 이미지일지도 모른다. 사진작가 프란시스코 솔로르사노(Francisco Solórzano)와 톰 그리요(Tom Grillo)는 카라카소 당시 국가가 자행한 무자비한 탄압을 사진에 담았다. 필자의 관점에서 더욱 중요한 것은 당시 거리를 점거했던 시민들이 보여준 연대의 다양한 형태를 포착했다는 것이다.

따라서 국가와 국가를 보완하려는 경제 세력에 의해 만들어진 장치들은 이 전쟁 기계와 전적으로 반한다. 법률 조직은 **모토리사도**를 통제하기 위해 상당한 규제책을 마련해왔지만, 나는 헤게모니 강화에 결정적인 재현을 (재)생산하는 미디어 기계(the media machine) 역시 주목하려한다. 만약 법이 도시 전체를 순환하는 이 길들여지지 않은 신체들의 흐름을 제한하고 견제하고자 할 때, 미디어 이미지는 이들의 정체성과 행위의 이유에 대한 특정한 견해를 생산한다. 이 두 과정의 최종 결론은 모토리사도를 범죄화하는 것이다.

베네수엘라에서 두 기계('모토리사도-전쟁-기계'와 '미디어-기계') 사이의 충돌은 2002년 4월 13일 우고 차베스 정권의 전복 기도와 함께 수면 위로 떠올랐다. 당시 민영 텔레비전 방송국과 신문사들은 카라카스 슬럼가에서 발생하던 민중의 반(反)쿠데타 움직임을 은폐하기 위해 자체 검열에 들어갔다. 1980년대와 마찬가지로 다시 한 번 모토리사도가 정보를 순환시키고 차베스 정권의 복구를 염원하는 수많은 민중들을 동원하기 위해 거리를 점거했다. 그러나 2002년에는 근본적으로 다른 점이 하나 있었다. 이 '오토바이를 탄 폭도들(mobs on wheels)'이 국가권력 그 자체에 대항한 것이 아니라, 그들이 지지하는 정부를 복구시키려 했다는 것이다. 한 모토리사도의 글이다.

카라카스에서 마녀 사냥이 벌어졌다. 그러나 우리는 밤 열 시에서 자정 사이에 비밀리에 모였고, 새벽에 대통령궁을 탈환하기로 결정했다. 우리는 작전에 착수해 페타레(Petare)[19]에서 수많은 민중들을 데려오기로 했다. …… 살아오면서 한 번도 겪어보지 못한 민중적 감정(sentimiento popular)을 경험했다. 거리 전체를 점거하고 있는 모토리사도 무리를 [사람들이 보자] 모두의 사기가 엄청나게 고취되었다(프랑코의 원고).

언론에 가해진 압력으로 인해 일부 이미지들이 공개되었다. 공개 방

---

19) 베네수엘라 카라카스 인근에 위치한 빈민 거주지. ―옮긴이

식은 하위 주체 재현의 불가능성을 드러냈다. RCTV, 베네비시온 (Venevisión) 및 텔레벤 방송(Televén broadcasts) 보도에 따르면, '오토바이를 탄 폭도들'이 밖에서 시위하는 동안 카메라들은 건물 안에서 '보호받고' 있었다. 이 보도에서 놓치고 있었던 것은 쿠데타에 항거하기 위해 판자촌에서 내려온 수많은 민중이 보여준 행위의 근본적인 이유였다. 즉, 오토바이를 탄 민중 운동의 정치적 절합(political articulation) 행위였다.

모토리사도는 하나의 집단으로 구별되지 않으며 얼굴이 없다. 미디어는 이 장면을 보도하면서, 이들을 야만적이고 비이성적이며 폭력적으로 묘사한다. 텔레벤에서 나온 또 다른 영상은 무슨 일이 벌어졌는지 전후 관계를 파악하는 데 유용하다. '폭도들'은 그들의 정치적 이유를 표명하기 위해 중재를 요청한다. 그들의 요구는 명확하다. "우리의 목소리를 들어달라(We want to be heard)." 이 시점에서 그들이 몇몇 텔레비전 방송 국에 돌을 던진 행위가 단지 정치적 대변/중재(representation/mediation)를 요청하기 위한 한 방편이었는지 물어볼 필요가 있다. 즉, 타자의 응시에 주목하게 하려는, 타자의 얼굴을 대면하게 하려는 시도인가를 말이다.

언론사 공격 사건에 가담했던 모토리사도 중 한 명이 나중에 다음과 같이 썼다. "언론에서는 오토바이를 탄 차베스주의자 폭도들이 방송을 못하게 막았다는데 …… 그것은 거짓이다. …… RCTV에 대한 공격은 오전이 아닌 오후에 있었다. …… 우리는 기자들이 거리를 점거한 민중들을 취재할 수 있도록 우리 강철마(Our Iron Horses)에 타라고 권유했는데 그들이 타지 않았다"(프랑코의 원고). 분명하게도 우리는 하나의 폭력 사태를 인지함과 동시에 그에 대한 가시성을 요구하는 정치적 합리성의 맥락에서 이를 해석하게 된다.

이 전복적 주체를 해부하고 분류하고 해석하려는 욕망은 이제 자명하다. 베네수엘라 전역에서 널리 읽히는 잡지인 ≪프리미시아(Primicia)≫는 카라카소 8주년과 관련해 **모토리사도**에 대한 주제를 언급했다. 저자와 전문가들에 의해 호도된 견해―저자의 (주로 사회학자들과의) 인터뷰에 의하면―는 '타자의 얼굴'과의 대면 가능성을 부정하며 이들의 정치적 행위와 합리성에 대한 인정 가능성조차 부인한다. 이 기사에서 모토리사도의 행위는 정치적 실체가 부재하고 단순한 충동만 난무하는 '단순한 즉흥적 행위(pure spontaneity)' 정도로 치부된다.

기사와 함께 실린 이미지들은 **모토리사도**의 언어를 코믹한 방식으로 재생산하면서 19세기 원주민 문화 보호주의 소설(Nativist novel)의 주석을 떠올리게 한다. 기사에 쓰인 글은 타자를 위한 언어의 재고 목록이 된다. 그 타자는 그와 같은 이국적이고 위험한 도시 거주민을 낯설어하는 독자들을 위해 묘사되고 전체적으로 번역된다. 기사와 이미지는 이 반항적인 주체를 해부하고 탈코드화하며 이들의 정치적 행위는 영원히 삭제된다. 메리 루이스 프랫(Mary Louise Pratt)은 사회과학과 사회과학의 속성, 즉 차이의 불온한 본성을 정상화하려는 담론을 생산함으로써 차이에 대응하려는 사회과학의 속성에 대해 논한 바 있다. 여기서 미디어는 바로 이러한 사회과학의 속성과 궤를 같이 한다.

기사는 지젝의 용어를 빌어 '유령'의 존재와 함께 끝을 맺는다. 하위 주체의 출현은 남/여성 하위 주체가 자신의 행위를 드러낼 때 하나의 위험한 방식으로 이루어진다. "사회학자들과 정치가들의 의견에 따르면, 향후 **모토리사도**가 이 불온한 압박 메커니즘을 또 사용하지 않을 것이라고는 아무도 장담하지 못한다. 그들이 원하는 것은 엔진을 끄고 교통을 마비시킨 후 고속도로에서 축구하기. 그것이다"(*Primicia*, 2001년 167호).

이러한 담론의 또 다른 예는 저명한 역사학자 마누엘 카바예로(Manuel

Caballero)의 신문 사설에서 엿볼 수 있다. "공포의 **모토리사도**(Los motorizados del terror)"라는 제목의 기사에서 카바예로는 **모토리사도**를 나치 정권의 준(準)군사조직인 SS친위대의 오토바이 기병대와 비교하면서 이들을 '시끄러운 테러 기병대(noisy squadrons of terror)'로 결론짓는다. "따라서 차베스가 군대를 해체하거나 적어도 무력화할 목적으로 구성하고 있는 유사 군대에 대해 이야기할 때, 나치 SS친위대의 아류인 이 시끄러운 테러 기병대를 주목할 필요가 있다"(*El Universal*, 2002.9.22).

이 기사의 드라마틱한 어조는 2002년 쿠데타 당시 불과 몇 주 전 가게 문을 열려는 상점을 협박하면서 거리를 점거했던 상류층 바이커족(upper-classbikers)에 대한 기억은 지워버린다. 카바예로는 ─ 사회계층에 관계없이 ─ 일부 바이커들이 정부 편이 아니라는 사실을 고려하지 않았고, 오히려 역으로 이들을 야당에 영합한 것으로 보았다.[20] 그러나 일부 **모토리사도**가 정부 편에 서 있는 위협적인 존재로서 기능했다는 그의 견해가 전적으로 잘못된 것은 아니다.

정치적 행위자로서 **모토리사도**가 출현한 것과 관련한 복잡한 요소 중 하나는 정부와의 관계이다. 이 관계가 지닌 모순과 한계 그리고 잠재력은 이미 연구되고 있지만 일부는 여기서 짚고 넘어가야 한다.[21]

---

20) 1998년 선거에서 살라스 로메르(Salas Römer)는 모토리사도의 이미지를 자신의 선거 캠페인에 포함하려 했다. 이러한 제스처는 사실상 이 민중 집단의 중요성을 인정한 것이며, 이들을 흡수 통합하여 그 이미지를 이용하려는 욕망을 의미한다. 모토리사도를 이용한 정치 광고의 흥미로운 예는 다음 사이트에서 확인할 수 있다. <http://www.youtube.com/watch?v=ji7MyTZGCDM>

21) '비전통적인 사회운동'의 예로서 모토리사도를 연구한 사례는 출판 예정인 필자의 논문 「폭도정치학: 현대 베네수엘라의 비전통적 사회운동 다시보기(Reconsidering Non-Traditional Social Movements in Contemporary Venezuela)」를 참조하라.

모토리사도 운동의 일부가 국가장치에 의해 도구화되는 것은 반복된다. 이는 사회운동의 틀 안에서 자율적인 정치적 의지를 계발하려는 복잡한 도전을 보여준다. 베네수엘라의 경우, 현재 진행 중인 중요한 연구들에서 볼리바르 혁명에 의해 조성된 거대한 민중 동원이 역설적으로 민중 집단의 상당한 무력화를 포함하고 있을 가능성이 논의되고 있다.[22] 그럼에도 모토리사도 운동은 국가와의 복잡한 협상 과정에서 중요한 징후를 보여왔다. 이는 '민중주의적 동일화(populist identification)'라는 정치적 논리와 정치적 행위에 대한 에르네스토 라클라우의 최근 논의를 통해 평가해볼 수 있다. 예를 들어, 거리 운동과 시위에서의 분열은 정부에 흡수되지 않고서 정부와 협상할 필요성에 대해 이들이 분명하게 인지하고 있음을 보여준다. 하나의 특정한 집단(ML)[23]은 스스로를 국가장치의 연장으로 보는 반면, 다른 두 대형 집단[프랑코 아르키메데스 모토리사도스 전선(Frente Motorizado Franco Arquímedes)과 전국오토바이통

---

22) 이를 이해하기 위해서는 다음을 참조하라. 마리아 필라르 가르시아-구아디야(María Pilar García-Guardía)의 「볼리바르 사회조직에서의 시민권, 흡수, 자치: 도시위원회(Ciudadanía, inclusión y autonomía en las organizaciones sociales bolivarianas: Los comités de tierra urbana)」, 다니엘 H. 레빈, 카탈리나 로메로(Daniel H. Levine and Catalina Romero)의 「페루와 베네수엘라에서의 도시민운동과 무력화(Urban Citizen Movement and Disempowerment in Peru and Venezuela)」, 반대입장으로는 스티브 엘너(Steve Ellner)의 「차베스 정권하의 베네수엘라 노동운동: 시민사회의 자율적 지류 혹은 정치적 통제의 도구(The Venezuelan Labor Movement under Chávez: Autonomous Branch of Civil Society or Instrument of Political Control)」, 수하타 페르난데스(Sujatha Fernández)『네그로 프리메로정신으로: 차베스 정권하 베네수엘라에서의 도시사회운동(In the Spirit of Negro Primero: Urban Social Movement in Chávez's Venezuela)』(2010년, 듀크대학 출판부)이 있다.

23) 마르크스레닌주의라는 이름의 모토리사도 집단. ―옮긴이

합기구(Orgamismo de Integración Motorizada Nacional)]은 국가에 흡수되지 않은 혁명적 과정의 일부로서 스스로를 인식한다. 이들의 동맹은 전략적 측면에서 ML의 경우와 같은 단순한 후견주의(clientelism)로 환원될 수 없는 특정한 요구들을 전달하는 기능을 한다.

이러한 변이들은 감지하기 어렵지 않다. 일부 바이커 조직들은 경우에 따라 야당에, 그리고 준비가 완료되었다고 생각되면, 정부에 대항해 왔기 때문이다. 그들은 이러한 행위를 스스로 '사회적 감시'로 여긴다. 이는 정부를 단지 하나의 작은 요소로 간주하면서 그 정치적 과정을 지속적으로 확인하는 하나의 방식이다. "망치면 쫓아버린다(If they screw up, we'll kick them out)"라고 한 조직은 외친다.24)

2004년 모토리사도 공동연합(Fuerza Motorizada de Integración Comuni-taria)을 포함한 다양한 조직들은 급진적인 사회변혁을 위해 헌신할 것과 그들을 볼리바르 정부의 도구로 간주하려는 어떠한 시도도 거부할 것을 호세 비센테 랑헬(José Vicente Rangel) 부통령에게 표명했다.25) 여기서 주목해야 할 것은 베네수엘라 내부의 기회주의 당파가 지속적으로 견제해온 '아래로부터의(bottom-up)' 통치 모델을 분명히 언급한 것이다. 이러한 모델은 '프로세소(el proceso: 볼리바르 기획의 또 다른 이름)'에서 시행되었고 심지어는 볼리바르 혁명의 헌법에 계속 언급되었다.

헌법에 명시된 제 62, 70, 184, 118, 308 …… 조항은 혁명 과정에 있어 민중조직이 지니는 중요성을 반영한다. …… 모토리사도 공동 연합은 바리

---

24) 모토리사도와 사적인 대화를 인용한 것이다.

25) 이듬해 이 조직은 지역 대표를 선출하는 지방선거에 사용된 선거 방식을 문제 삼았다. *Últimas Noticias*(2005.1.14: 4) 참조.

오 아덴트로(Barrio Adentro)[26] 공동체에 최선의 해결책을 제시하지 않는 개인적이고 정치적인 요인에 의해 계속 이용당하지 않는다.…… (이러한 요인들은) 진정한 민중의 힘이 결집되는 것을 방해한다.

최근에 범죄 척결을 요구하는 대규모 군중 시위가 내무부 앞에서 열렸다. 이 거리 시위의 참가자들은 볼리바르 정부와 연합한 모토리사도 운동의 회원들이었다.

부정 선거의 위험이 사라지지 않는 이상, 이러한 시위는 모토리사도 공동체의 행위와 동기에 대한 복합적인 독해를 요구한다. 이들이 어리석고 떼 지어 다니는, 또는 기회주의적이고 분노에 찬 주변부 주체라는 생각은 카라카소 이후 베네수엘라에서 발생해온 더욱 큰 규모의 정치적·사회적 변화의 깊이를 가늠하지 못하게 한다.

일부 야당 대표들은 모토리사도의 요구에 응할 필요가 있음을 인정했다. 예를 들어, 안토니오 레데스마 카라카스 시장은 최근 모토리사도 노동자들을 위한 원조 계획을 밝혔다.[27] 이러한 진전은 사회변화의 행위자로서 그들이 지닌 수단과 효력에 대한 사실상의 인정이었을 것이다. 그러나 사회적 상상계는 생각보다 견고했다. 묵시록적 독해는 정치적 무대 또는 비공식 경제에서 모토리사도의 참여를 거부하는 이들 사이에서 여전히 지속되고 있다.

2003년 12월 우고 차베스 후원단체 중 하나가 알타미라 광장을 점거했다. 이 공적 공간은 야당에게는 상징적인 장소가 되었다. 이어 벌어진

---

26) 차베스 정부가 실시한 무상 의료 복지정책의 명칭. ─옮긴이

27) "레데스마가 모토리사도 노동조합을 위한 법령에 서명하다," *El Universal*(2008. 12.13).

사태는 가히 공포 사회 건설의 교과서 격이라 할 수 있겠다. 그러나 나머지 두 경우에서는 야당에 맞선 폭력 행사가 이어졌고 결과는 참혹했다.

≪마이애미 헤럴드≫ 스페인어판에 실린 "사탄은 기뻐한다(Satan is pleased)"라는 제목의 기사에서 모토리사도는 지극히 악마적인 용어로 묘사된다. 이 기사는 지난 몇 달 동안 반체스파가 모였던 알타미라 광장에서 벌어진 '일부의 성모상' 파괴 사건을 다룬다. "그들이 성상 때문에 광장으로 왔다. …… 그들이 성모상 때문에 왔다. 죽음의 무도를 즐기며 웃는 동안 그 범죄자들 중 하나가 이 병적인 환희 앞에서 성모상의 머리를 딴다."[28]

7. 마지막 일시정지

1960년대 말 베네수엘라의 시인 아킬레스 나소아는 모토리사도에 대해 다리 밑에서 비를 피하려는 작은 새들과 같다고 썼다. 1980년대

---

28) 엘레오노라 브루수알(Elonora Bruzual), *Miami Herald*(2003.12.13). 원문을 좀 더 인용해보면 '모토리사도'에 대한 일부 묘사와 겹치는 묵시록적 상상계의 정서가 드러난다. "사람을 죽이는 일에는 별로 관심이 없어 보였다. 그들은 비폭력의 상징인 알타미라 광장에, 염원과 문명국의 존속, 평화, 화합의 장소에 있는 성상에 몰려들었다. 그들은 성모상 때문에 모여들었다. 로사 미스티카 성모상(la Virgen de la Rosa Mística)을 바닥에 쓰러뜨렸고, 끔찍한 의식을 행하면서 춤을 추고, 괴기스러운 웃음을 터뜨리고, 끝없는 폭력을 가했다. 그 악마들 중 하나가 막대기를 휘두르자 이 범죄자들의 병적인 환희 앞에서 단번에 성모상의 목이 떨어졌다. 그들은 두 번째 희생양인 밀라그로사 성모상(la Virgen Milagrosa)을 받침대에서 떼어내어 소름끼치는 의식을 행하면서 춤을 추게 만들었고, 관자놀이와 등에 빨간색 원을 그리면서 입에 담기 힘든 변태적인 행위를 보여주었다.

말 그들은 '오토바이를 탄 폭도들(mobs on wheels)'이 되었다. 묵시록의 얼굴 없는 기수들. 이러한 담론들은 1980년대 중반부터 그들이 경험한 정치적 동원과 더불어 그들이 만들어내는 급진적이고 때로는 폭력적인 공적 공간의 재구성과도 결부되어 있다.

일부 모토리사도가 폭력과 범죄행위에 가담한 것은 사실이지만 이러한 행위는 정치 당파나 사회적 주체와 무관한 것이 아니라, 오히려 베네수엘라 사회의 수많은 분야에 스며들어 있다. 눈에 보이지 않는 것, 쉽게 감지되지 않는 것은 일부 모토리사도가 민중 권력의 창조를 요구했다는 것, 전통적인 연합 형태의 한계를 되짚고 현 정부에 대한 민중적 감시의 필요성을 역설했다는 것이다. 이는 적어도 후견주의라는 혐의를 복잡하게 만드는 사실이다.

끝으로 나는 모토리사도 스스로가 타자의 '유령'을 재현/대변(represent)하고 있음을 자각하고 있으며, 이 둘의 닮은꼴은 자기재현/대변(self-representation)이라는 투쟁을 위해 의도적으로 절합된 전략이라는 점을 지적하고 싶다. 어느 모토리사도는 자신의 그룹을 '고속도로 위의 아프리카 벌(African bees on the highway)'이라고 부른다. 이 논의에서 논쟁적인 인물이자 한때 노숙인들에게 둘러싸였던―그녀의 정치적 페르소나를 창조하기 위해―린다 론은 다음과 같이 말한다. "오토바이는 뒤로 달리지 않는다. 우리, 강철마 모토리사도는 역사의 일부이다"(Murieta, 2003: 135).

8. 최종 악장

경로는 항상 두 지점 사이에 존재하지만 유목민에게서는 이 둘 사이가 고름을 취해 자율성과 고유한 방향성을 갖게 된다. 유목민의 생활은 일종

의 간주곡인 것이다. ―들뢰즈와 가타리

이 글에서 제시하는 대항 서사는 카라카스의 도시 생활에서 보이는 일부 묵시록적 비전을 대체하여 급진적인 사회 주체의 정치적 절합을 제시한다. 이들의 일부 성명에서 '강철마(los caballeros de hierro)'와 함께 싹트기 시작한 '감응의 정치학(the politics of affect)'을 이해하기가 쉽지 않다는 것을 나는 잘 알고 있다. 하지만 이것이 어쩌면 감응의 정치가 지닌 혁신적인 본질일지도 모른다. 앞서 언급한 비디오는 이 글의 주제와 관련하여 여기서 언급하지 않은 다른 복잡한 측면을 보여주면서도, 삶과 죽음이라는 두 근원적 지점 사이에서 이 주체들이 노마드의 자유로운 의지로 사회적 관습과 공간을 다시 쓴다는 것을 일깨워준다. 이 글은 필자가 다른 글에서 칭한 '오토바이를 탄 폭도들'에 대한 통찰은 거의 없을지도 모른다.

참고문헌

저서 및 논문

Beverely, John. 1999. *Subalternity and Representation: Arguments in Cultural Theory*. Durham: Duke University Press.

Coronil, Fernando and Skurski, Julie. 1991. "Dismembering andRemembering the Nation: The Semantics of Political Violence in Venezuela." *Comparative Studies in Society and History*, 33(2), pp.288~337.

Daniel H. Levine and Catalina Romero. "Urban CitizenMovements and Disempowerment in Peru and Venezuela." Paper presented at theKellogg Institute for International Studies, at: <http://www.kellogg.nd.edu/events/pdfs/levirome. pdf>

Deleuze, Gilles and Félix Guattari. 1987. *A Thousand Plateaus: Capitalism and Schizophrenia*. Minneapolis: University of Minnesota Press.

Duno-Gottberg, Luis. 2002-2004. *Entrevistas con miembros de la Fuerza Bolivariana de Motorizados*. Caracas.

_____. Forthcoming. "The Color of Mobs: Racial Politics, Ethno-populismand Represen-tation in the Chávez Era." in Daniel Hellinger and David Smilde(eds.). *Participation, Politicsand Culture in Venezuela's Bolivarian Democracy*. Duke University Press.

Ellner, Steve and Daniel Hellinger(eds.). 2003. *Venezuelan Politics in the Chavez Era: Class, Polarization & Conflict*. Boulder, CO: Lynne Rienner.

Ellner, Steve. 2005. "The Venezuelan Labor Movement under Chávez: Autonomous Branch of Civil Society or Instrument of Political Control." *A Contracorriente*. Vol. 2, No. 3. Spring 2005. <http://www.ncsu.edu/project/acontra corriente/spring_05/Ellner.pdf>

Favaro, Orietta y Mario Arias Bucciarelli. 2003. "El ciudadano 'corrido' de lapolítica. Protestas y acciones en la preservación de losderechos a la inclusión." *Boletín Americanista*. Año LIII, No. 53. Universidad de Barcelon.

Fernández, Sujatha. Forthcoming January 2010. *In the Spirit of Negro Primero: Urban Social Movements in Chavez's Venezuela*. Durham: Duke University Press.

García-Guadilla, Maria Pilar. 2006. "Ciudadanía, inclusión y autonomía en las organizacionessociales bolivarianas: Los comités de tierra urbana." XXVI Conference of the Latin American Studies Association(LASA). San Juan de Puerto Rico, 2006. <http://www.nodo50.org/ellibertario/PDF/venezue lactu.pdf>

Garmendia, Julio. 2004. *Lamotocicleta selvática. 10 cuentos inéditos*. Caracas: Editorial Criteria.

Guha, Ranajit. 1994. "The prose of counter-insurgency." in Nicholas Dirks B., Geoff Eley, y Sherry B. Ortner(eds.). *Culture/Power/History: A Reader in Contemporary Social Theory*. Princeton: Princeton University Press, pp.336~371.

Lasarte, Javier. 1995. *Juego ynación: Postmodernismo y vanguardia en Venezuela*. Caracas: Equinoccio.

Laclau, Ernesto. 2005. *The Populist Reason*. London and New York: Verso.

López Maya, Margarita, David Smilde, and Keta Stephany. 1999. *Protesta y Cultura en Venezuela: Los Marcos de Acción Colectiva en 1999*. Caracas: FACES-UCV/CENDES/FONACIT.

Molina, Alfonso. 1997. "Cinenacional, 1973~1993." *Panorama Histórico del Cine en Venezuela*. Caracas: Cinemateca Nacional de Venezuela, pp.75~90.

Murieta, Joaquín. 2003. *Lina Ron Habla*. Caracas: Editorial Fuentes.

Pratt, Mary Louise. 1995. "La heterogeneidad y el pánico de la teoría." *Revista de Crítica Literaria Latinoamericana*, 42, pp.21~27.

Salas, Yolanda. 1996. "Las desarticulaciones de una modernidaden crisis: revueltas populares y la emergencia del caudillismo en Venezuela." *Montalbán* 29. Caracas: UCAB, pp.55~76.

Spivak, Gayatri Chakravorty. 1988. "Can the Subaltern Speak?" in Cary Nelson y Lawrence Grossberg(eds.). *Marxism and the Interpretation of Cuture*.

Urbana: University of Illinois Press, pp.271~313.

Sunkel, Osvaldo. 1993. *Development from Within: Towards a Neostructuralist Approach for Latin America.* Boulder: Lynne Rienner Publishers.

Young, Robert. 1990. *White Mythologies: Writing History and the West.* New York: Routledge.

아카이브 자료

Archival Material from Radio Caracas Televisión, Globovisión and Televen. 2002-2004

El Nacional, Caracas, 2002-2007

제 3 부
차베스 사후의 베네수엘라

제8장

차베스 이후 베네수엘라의 상황과 선례

라파엘 우즈카테기 _박정원 옮김

2014년 2월 베네수엘라에서 시작된 학생 시위의 물결은 이 나라의 운동적 전통에서 연장선상에 있기도 하고 단절적이기도 하다. 주요한 새로움은 매우 탈중심화된 갈등이 나타났다는 것이고 우고 차베스라는 강력한 지도자가 부재한 결과로서 그 조직에서 반대세력의 대표성을 담지하지 못하고, 소통의 중심인 볼리바르 헤게모니를 발전시키기 위한 사회적 관계망을 집중적으로 사용하지 못하는 위기가 발생하였다. 시위를 일으킨 요인은 경제적 위기와 함께 티비 드라마 여배우 살인이 촉발한 감정인데 이는 나라 전체가 겪고 있는 지반 상태의 심각성을 드러내고 있다.

라파엘 우즈카테기 Rafael Uzcátegui 사회학자이자 인권운동가, 신문 ≪엘 리베르타리오(El Libertario)≫의 기자이자 전쟁에 대해 저항하는 국제 일반위원회 회원이다. 또한 『베네수엘라: 스펙타클로서의 혁명. 볼리바르 정부에 대한 무정부주의자의 비판(de Venezuela: La revolución como espectáculo. Una crítica anarquista al gobierno bolivariano)』(부에노스아이레스, 2010)의 저자이다.

* 이 글은 *Nueva Sociedad*, No. 244(2013.3-4)에 실린 것을 옮긴 것이다.

1. 선례

2004년 이래로 베네수엘라의 정치 지형은 시민사회에서 벌어지는 안건들을 선거에 붙이는 상황이 지속되었다. 그리하여 2011년을 제외하고는 매년 선거가 치러졌다. 2012년까지 두 번의 대통령선거, 세 번의 국민투표, 두 번의 국회의원 선거, 네 번의 지방선거와 두 번의 시(市) 선거가 그것이다. 시간을 거치고 선거를 치르면서 정치적 양극화 과정이 심화되었다. 즉, 선거는 국가의 나아갈 방향에 대해 실제로 그렇지는 않지만 상호 적대적이고 상호 배타적인 두 가지 선택지를 제공하는 결과를 가져왔다.[1] 2011년 한 해를 선거 없이 보내고 2012년에 들어서면서 이 두 진영은 미리 선거 전략을 확정했고, 이러한 이유로 사회적·경제적 역동성이 선거 결과 예상에 의해 종속되었다.

2011년에 선거운동이 시작되면서 볼리바르주의 진영의 차베스 대통령은 애국파(GPP)라는 선거연합을 발족시켰는데, 베네수엘라 통합사회주의당(PSUV)이 주도권을 쥐고 있었지만 당이 차베스주의의 연합당으로 재조직되는 것을 허용했다. 이를 통해 여러 가지 이유로 여당으로 불리는 것을 원하지 않거나 거부하던 소수 조직들이 여당의 표가 되도록 도왔다. '베네수엘라 공산당(PCV)', '국민조국당(PPT)', '포데모스당(Podemos)', '투팍 아마루 후예들의 네트워크(Redes y Tupamaros)'와 같은 조직들이 여기에 포함된다. 2012년 선거가 다가오면서 다섯 가지의 행동강령 중에서 차베스 대통령은 '다시 구축하고, 다시 정치화하고,

---

[1] 두 가지 제안 모두는 에너지 자원이라는 1차산업 수출경제를 기반으로 하는 국가 근대화 기획이라는 데 공통점을 지닌다. 그 결과로 정부는 석유 판매와 같은 국가의 여러 가지 경영 측면에서 활발히 참여하게 된다.

다시 양극화하자(recuperar, repolitizar y repolarizar)'는 '3R' 전략을 정했는데 이는 2010년 의회 선거에서 얻은 결과를 반영한 것이다. 당시 민주통합원탁회의(MUD)는 98명을 당선시킨 통합사회주의당보다 겨우 십만 표 적게 획득하여 95명의 의원을 당선시켰다. 공식적인 의학적 소견이 없었던 대통령의 알 수 없는 건강 상태로 인해 이전 선거와는 달리 거리 행사에 차베스가 등장하는 횟수는 줄어들 수밖에 없었다. 그의 부재를 대체하기 위해 공적인 대중매체를 동원하면서 더욱 광범위한 선거운동이 진행되었다. 또 다른 전략은 이성적인 것보다 감성적인 메시지를 우위에 두는 소통 방식이었다. 그를 따르는 추종자들을 위해 건강까지 희생하는 카리스마를 가진 리더를 향한 충성심을 선거에서 이용하기 위해 '차베스는 민중의 심장'이라는 구호가 등장했다. 새로운 시대를 위한 정부의 프로그램은 '조국 프로그램 2013-2019'이라는 것으로 구체화되었는데 넓은 의미에서 2004년 이후 실행된 정책을 지속시키며 높은 석유가격으로 얻은 이익의 사회적 재분배 정책을 중요시했다. 이는 국가의 후견주의적 구조가 확립되는 것을 도왔다. 또한, 주거정책 실현을 강조했는데, 이 혜택을 받은 이들은 행정부가 작성한 자료에 등록되어 선거운동에 참여하도록 독려를 받았다.

볼리바르주의는 카리스마를 소유한 특정 인물의 리더십을 커다란 동력으로 삼아왔으며, 또한 국가가 추구하는 새로운 정치의 정체성으로 홍보해왔다. 좌파 전통의 근원적 신화와 베네수엘라 역사의 서사에 호소하는 차베스주의는 국가의 적통인 동시에 이를 이어나간다는 상징과 더불어 적대주의 담론을 활용한다. 이런 측면에서 민주통합원탁회의에 기반을 둔 반대파 진영에는 볼리바르주의가 발전시킨 강력한 서사에 상대할 만한 것이 없었다. 카프릴레스가 야당 후보로 추대된 것은 여당이 추진해온 '다시-양극화하기'의 전략에 완벽히 들어맞는 것이었다.

그는 과두계급 출신으로 중도우파인 제일정의당의 당원이었고 2002년 4월에 일어난 쿠데타를 진두지휘하지는 않았지만 참여한 것은 분명했다. 선거인 등록명부에서 17%라는 놀라운 지지를 통해 선거운동을 시작했고 62.5%라는 높은 득표율로 야당 후보로 확정된다. 분석에 따르자면 이러한 결과를 가능하도록 만든 그의 장점은 위중한 상태에 있는 상대편 후보자에 비해 젊고 건강하다는 것이었다. 이를 바탕으로 그는 넉 달 동안 300개의 마을을 방문하면서 잠재적 유권자들과 '얼굴을 맞대는' 적극적인 행보를 펼칠 수 있었다. 카프릴레스는 자극적인 유세를 피하고 포용적인 종합적 근대화 프로젝트를 홍보하기 위해 '진보'의 개념을 수정했다. 이는 전통적인 자유주의 담론과 '새로운 길이 있다'는 구호를 내세운 브라질의 루이스 이나시오 룰라 다 실바(Luis Inácio Lula da Silva)[2]의 사회민주주의의 사이에 위치한다.

카프릴레스 선거운동의 핵심은 직접적으로 차베스를 부정하는 것을 피하는 것이었다. 하지만 민주통합원탁회의 선거인단의 나머지는 복합적인 볼리바르 현상과 이들이 외치는 새로운 정치 정체성을 이해하지 못했다. 대변자들 특히 사적 미디어에 공간을 갖고 있었던 이들은 대통령을 '공산주의자 카스트로'라고 부르면서, 그가 계속 집권하는 이유가 공포를 심고 지지자들에게 뇌물을 준 것이 합쳐진 결과라고 진단했다. 일부는 차베스의 카리스마적인 리더십조차 부정했다. 반대파는 후보자의 직접 방문을 제외하고는 인권이 지켜지지 않는다는 이유로 지역 선거운동에 가담하지 않았다. 따라서 선거운동은 주로 미디어를 통한

---

2) "카프릴레스는 브라질 모델을 따를 것이라고 주장했다." *Ultimas Noticias*, (2012.9.25. <www.ultimasnoticias.com/ve/noticias/tuvoto/candidatos/caprilies-r-afirma-que-adoptara-el-modelo-brasile.aspx>).

것이었는데, 실제로 이 방면에서 여당은 오히려 상당한 전문성을 확보해왔다. 여론조사에서 두려움으로 인해 의견을 밝히는 것을 꺼리는 '숨은 표'의 존재를 주장하면서[3] 반대파는 유세 막바지에 카프릴레스의 승리가 눈앞에 있다고 확신했으며, 이제 필요한 것은 많은 사람들이 투표장에 가는 것이라고 말했다.

10월 7일 선거에서 총유권자의 80% 이상이 선거에 참여했는데, 이는 차베스 재임기간 중 가장 높은 것이었다. 150만 표 이상 차이로 진 패배는 반대파로는 참담한 결과였다. 카프릴레스는 여당의 선거 부정을 언급하는 것이 이후 진행될 지방선거 결과에 상당한 영향을 미칠 것이라는 사실을 인지한 후 즉시 패배를 인정했다. 당시 반대파는 가장 인구가 많은 일곱 개의 지방정부에서 집권하고 있었다. 그러나 효과는 완전히 반대로 드러났다. 그의 지지자들은 집권을 위한 선택에서 유리한 조건을 위해 싸우지 않는 것에 분개했다. 인터넷에서는 다음 선거에서 차베스 반대파에게 투표하지 말자는 캠페인이 시작되었다. 반대파가 2006년 대선과 비교해 차베스 진영보다 훨씬 더 성장했다는 사실에도 불구하고(차베스가 88만 2052표를 더 얻은 데 반해, 카프릴레스는 전임 후보인 마누엘 로살레스보다 229만 8838표를 더 얻었다), 반대파는 이런 상승세에도 불구하고 대통령에 오르기 위해서는 두 번의 대선을 더 기다려야 했다.

지방선거 2주 전 자신의 건강상태를 알리는 차베스 대통령의 역사적인 연설이 있었다. 국가가 정치적 전환기를 맞이하고 있다는 명백한 증거에도 불구하고 이 소식은 반대파를 흥분시키지 못했다. 그렇다고 여당의 표를 자극한 것도 아니었다. 12월 16일은 베네수엘라 대통령선

---

3) 이러한 예는 비올레타 차모로(Violeta Chamorro)가 산디니스타 정부에 선거에서 승리하게 된 1990년 니카라과의 선거에서 일어난 바 있다.

거의 문화가 반복된 날이었다. 차베스 대통령이 각 후보와 함께 지방을 순회하며 지원 유세를 펼쳤던 이전의 주지사선거(2008년)와는 다르게 볼리바르운동 진영은 리더의 부재 속에서 유세를 진행해야 한다는 딜레마에 봉착한다. 10월 7일, 당선자가 정부의 계획을 논의하는 볼리바르운동에 연료를 공급하는 소위 '입헌적 과정'이 시작되었다. 동원 능력은 최소였으며 결과는 실패로 돌아갔다. 논리적 동기가 부족하니 감정적이될 수밖에 없었다. 투표는 대통령에게 신뢰를 보여주는 증거('지금, 그어떤 때보다 차베스와 함께')가 되거나, 병에 걸린 그를 위한 헌사로('차베스에게 붉은 색으로 물든 지도를 선물하자')로 변했다. 하지만 감정적 요인은 차베스 본인이 해야만 유효하다. 이번에는 지난 지방선거에서 얻은 투표 수준에 미치지도 못했다. 2008년에 비해서 차베스주의 진영은 26만 4872표를 덜 획득했다(선거인 명부에 등록된 유권자 수는 57만 6885명이 늘어났다). 볼리바르주의를 지지한 표는 10월 전국선거와 비교해 333만 7638표나 줄어든 엄청난 결과였다. 수적으로 판단할 때 차베스의 부재 시 지지 기반을 끌어내는 데 문제가 있다는 것이 명백해졌다.

그러나 이 부재는 반대파들에게 더 심한 타격을 입히는 결과를 가져왔다. 지난 지방선거와 비교해서는 60만 3298표를 잃었고, 두 달 전에 치러진 전국선거에 비교해서는 270만 8267표를 덜 얻게 되었다. 비율로볼 때 반대 진영에서 득표수의 감소가 더 컸는데 차베스 집권기 동안 자신들의 리더에 반기를 드는 반대파들의 첫 번째 반란으로 기록된다. 2013년 초 몇 달 동안에는 양 진영의 교류가 재개된 증거가 없었다. 민주통합원탁회의의 단기적 활동에 관계없이,4) 차베스에 반대표를 던

---

4) 민주통합원탁회의가 최근의 조사에서 실질적 힘을 갖지 못한다는 것의 증거는 베네수엘라 현대 민주주의가 시작된 날짜인 1월 23일을 기억하기 위한 것을 알리

진 이들의 상당수가 차베스가 정치 전면에서 사라지면 현재의 위기가 해결될 것이라고 믿는 것 같았다.

소위 '투표의 경제학'에 따르면 단기적 측면에서 양극화된 공간에 파고들 제3의 세력이 만들어질 가능성은 매우 희박하다. 차베스와 카프릴레스는 유효 투표수의 99%를 얻었으며 나머지 네 명의 다른 후보가 남은 0.67%만을 나눠가졌을 뿐이었다. 사회주의와 자유의 당(PSI) 소속의 조합주의자 오를란도 치리노(Orlando Chirinos)의 경우 선거에 입후보하면서 혁명적 좌파의 기치를 내걸고 차베스주의와 반대파 모두에 대한 불만족을 결집해내고자 하였다. 그럼에도 불구하고 전국선거에서 꼴찌를 하고 말았는데, 그가 얻은 득표수는 전체의 0.02%에 해당하는 4144표였다.

2. 차베스의 건강 악화와 정치적 성격을 지닌 대중 종교의 성립

2011년 5월, 차베스 대통령은 브라질, 쿠바, 에콰도르를 도는 순방을 '무릎 통증'을 이유로 연기했다. 한 달 후에는 대통령이 아바나에서 급작스럽게 골반 수술을 했다는 소식이 전해졌다. 그달 말에는 세부 사항에 대한 설명 없이 암에 걸렸다는 소문이 사실임을 공식적으로 시인했다. 대통령의 건강에 대한 정보를 불분명하게 처리한 것과 함께 자신의 병세를 사소한 것으로 치부한 차베스의 책임도 크다. 그는 2011년과 2012년 사이에 암 치료를 했다고 밝혔으며 위중한 상태에도 불구하고 공개 석상에 나타나 자신의 건강함을 증명하고자 했다. 이후 12월

는 운동을 중단시킨 것으로도 알 수 있다.

8일부터 볼리바르 운동은 질적인 변화의 과정을 겪는데, 1998년부터 2012년 사이에 우리가 알고 있는 것과는 매우 다르다.

리더가 부재한 상황에서 차베스주의 운동 내부에서 대체자를 물색해야 한다는 목소리가 나왔음에도 불구하고 공식적 메시지는 모순적이었다. 처음으로 나온 공식 성명은 차베스가 수술에서 천천히 회복하고 있으며 건강이 회복되면 다시 정무를 보리라는 것이었다. 행정부에서는 그의 쾌유를 위한 종교행사가 기획되었고 신비주의적 수사를 홍보 자료로 채택했다. "차베스, 당신의 손에서 삶의 비가 내립니다. 당신을 사랑합니다!" 그럼에도 불구하고 다른 측면(적어도 미디어 측면)에서는 대통령선거에 직면하여 마데로의 리더십을 구축하기 시작했다. 예를 들어 정보통신부, 베네수엘라 뉴스통신사와 국회 등 정부의 웹사이트는 모든 곳에 등장하던 차베스의 이미지를 최소화하는 대신, 부통령이 주인공이 된 뉴스나 사진으로 대체했다. 마찬가지로 차베스주의 진영은 대중이 권력 승계를 인정하는 것에 노력을 기울였다. 이는 슬픈 감정으로 가득한 장례식에서 마두로를 차베스의 적자로 봉헌하는 이벤트에서 그 정점을 보여준다. 마두로는 공식석상에서 차베스의 행동이나 연설방식을 따르려고 노력했지만, 역사는 카리스마가 전수되기는 힘든 것이라는 걸 일깨워주었다.

4월 14일에 진행된 선거에서 벌어진 전환기적 위기 상황은 정당성이라는 명분을 통해 잠정적으로 해결되었다. 복합적인 이유로 이제 마두로가 대표하는 볼리바르주의를 찬성하도록 만들었다고 추정된다. 이 막간극과도 같은 상황 설정은 대다수의 국민들이 투표장에 나오도록 독려하는 매우 중요한 전략이었다. 그리고 선거 다음날 마침내 차베스 이후의 베네수엘라라는 새로운 도전이 시작되었다.

3. 다음날

앞으로 주목해야 할 이슈는 차베스가 후보자로 나서지 않는 첫 번째 대통령선거 이후의 두 가지 가능한 시나리오이다. 이것은 약한 혹은 상당한 갈등이 예고되는 시나리오다. 첫 번째 가정으로 차베스 이후의 행위자가 가져야 할 주요한 책임은 통치 가능성의 유지일 것인데 이로 인해 이행 과정 속에서 합종연횡의 가능성에 직면한다. 다음으로는 긴장의 정도인데 이는 갈등의 세 가지 결정 요인으로 인해 달라질 수 있다. 그것은 ① 대중적 차베스주의 진영의 대응, ② 사회운동의 등장, ③ 경제정책의 영향이다.

1) 대중적 차베스주의 진영의 대응

로돌포 리코(Rodolfo Rico)는 당파적 차베스주의(당파적 경험이 있거나 정치적, 이데올로기적 훈련을 받은 운동가들)와 대중적 차베스주의(현재 정부를 포함하여 기존의 대중적 조직과 관련된 사람들, 그리고 신뢰를 통해 오직 차베스를 따르는 사람들)를 구분하고 있다.[5] 그에 따르자면, 핵심 요소는 부재한 리더 앞에서 덜 제도화된 볼리바르주의를 구축하는 것이다. 차베스주의는 다양한 인구 구성 속에서 문화적-상징적 이미지를 형성하며 중기적으로 정치적 성격을 포함한 대중종교로 변화했다. 마두로가 조합주의에서 출발했음에도 불구하고 볼리바르 운동에서 그의 지위가 상승한 것은 차베스의 그늘에서 관료로서 충성심을 보여준 것에 대한

---

5) R. Rico, "Chavismo partidista, chavismo popular y masismo." *Analítica.com* (2003.6.15. <www.analitica.com/va/politica/opinion/1856214.asp>).

결실이었다. 이런 이유로 마두로와 대중적 차베스주의와의 직접적인 관계는 존재하지 않는다. 따라서 차베스라는 우주 내부에서 동의할 수 있는 마두로의 이미지를 구축한 전략은 이 인물에 대한 미디어 홍보가 가진 복잡한 단면을 보여준다. 동지적 관계에 위치한 인물로서 차베스주의와 조우하는 마데로의 전략은 다음의 두 가지 요인에 기대고 있다.

2) 사회운동의 등장

대중 시위는 2004년 이후 지속적으로 성장했으며,[6] 2012년은 차베스 시대 중 가장 많은 대중동원이 벌어진 해였다. 전국적으로 4583번의 시위가 일어나 하루에 15번꼴이었으며[7] 여기 참여한 이들의 대부분이 자신을 친정부파로 생각했다. 시위의 주요한 이유는 볼리바르주의가 지향하는 바를 정부가 온전히 달성하지 못하는 구조적 불충족성으로 인한 모순 때문이었다. 부하들에게 책임을 이양하는 데 유연한 능력을 가진 차베스의 카리스마는 운동의 큰 틀 안에서 분쟁의 관계에 놓인 행위자들을 조정하고 분산시킨다. 이를 기반으로 미래로 전진하기 위해 시간을 벌고 다음 선거를 준비한다. 갈등 관계를 조정하는 대통령이라는 인물이 사라진다면 베네수엘라 정치와 군부 조직이 가진 억압적인

---

6) "Provea presenta informe especial 15 anos sobre DDHH: 'Inclusión en lo social, exclusión en lo político'," *Prensa Provea*(2012.12.10. <www.derechos.or.ve/ 2012/12/10/provea-presenta-informe-especial-15-anos-sobre-dd-hh-inclusion-en-lo -social-exclusion-en-lo-politico/>).

7) Observatorio Venezolano de Conflictividad Social, "Informe colectividad social venezolana en 2012"(2013.1.17. <www.observatoriodeconflictos.org.ve/tag/obser vatorio-venezolano-de-conflictividad-social>).

문화와 정부에 반대하며 더 많은 자치를 요구하는 행동 사이에서 제도적인 틀은 위협을 받게 될 것이다.

3) 경제정책의 영향

차베스 재임기간 동안 베네수엘라는 국제 석유 시장의 높은 가격을 등에 업고 에너지 자원을 수출하고 문자 그대로 나머지는 다 수입하는 경제정책을 고수했다. 정부는 변화를 통제하는 정책을 유지했는데, 이는 실제로 소득과 지출의 계산을 위해 암시장에서 외국 통화에 의존하는 경제를 낳음으로써 국가 재정을 침몰시켰다. 2011년 초반부터 다음 해 선거가 있기까지 공공지출이 40% 인상되는 동안 중앙은행은 국민총생산(PIB)의 7%로 재정 부채를 예상했다. 2013년 초기에 통합세금이 18.8%로 증가했는데 통화는 46.5%[8] 하락했다. 행정부 대변인은 앞으로 시행될 경제정책은 없다고 밝혔다.

8) Francisco J. Monaldi, "La economía política del chavismo: implicaciones para el 2013," *Prodavinci*(2013.1.18. <http://prodavinci.com/2013/01/18/actualidad/la-economia-politica-del-chavismo-implicaciones-para-el-2013-por-francisco-j-mo naldi>); "Unidad Tribunatoria será de 107 bolívares en 2013," *AVN*(2013.2.5. <www.avn.info.ve/contenido/unidad-tribunatoria-ser%C#%A1-107-bol%C3% ADvares-20130>); "Tipo de cambio es de 6,30 bolívares por dólar," *AVN*(2013.2.8. <www.avn.info.ve/contenido/tipo-cambio-oficial-pasa-430-630>).

4. 차베스 이후 베네수엘라의 선택지

1) 낮은 갈등의 시나리오

이런 상황에서 통합사회주의당은 여당으로서 경제상황을 완화시키면서 볼리바르운동 내부에서 헤게모니를 유지하는 데 성공했다. 행정부는 국제시장에서 나타나는 높은 에너지 가격의 유지에 도움을 받을 것이다. 차베스를 기억하며 그에 대한 종교적 감정을 고양시키는 방식은 정치적 통제를 위한 도구로서 효과가 있었으며 자신들의 권리를 요구하는 대중운동을 약화시켰다. 정부는 여당 성향이 아닌 이들과 대화할 공간을 열지 않는 양극화 전략을 이어갔다. 반대파는 천천히 재구성되었고 새로운 당파적 목소리들이 나타난다. 공동체위원회와 지역 공동체로 자원의 이동이 지속되었다. 또한 행정적·정치적 중심이 강화되고 대통령에 대한 권력의 집중화가 진행되었다.

2) 높은 갈등의 시나리오

이 가능성은 두 개의 축으로 구성된다. 더 높은 가능성이 있는 시나리오는 대중적 차베스주의 분파가 당파주의자들을 '우고 차베스의 프로젝트를 배신한다'거나, 소위 '내부의 우파'와 더불어 '진보'라는 쪽으로 방향을 전환하는 것에 대해 비난하는 것이다. 다른 성격을 가진 이 두 분파 사이에서 '진정한 차베스주의'의 대표가 누구인지를 가려내는 분쟁이 싹튼다면, 이는 모든 종류의 부패가 창궐하는 것과 제도적으로 연결된다. 경제 분야에서는 거의 연 30%가 넘는 인플레이션이 나타나면서 공공 부문의 비효율성과 봉급의 인상을 요구하는 저항을 야기했다. 이러한 시위를 억누르려는 시도가 보이기 시작했고 결국에는 저항을 격화시켰다. 통치 능력이 떨어지는 상황에 처하자 여당 부문들이 반대파와 대화를 추진하기 시작했다. 정부의 태도를 비판하기 위해 민주통합원탁회의나 통합사회주의당과는 다른 좌파의 공간이 형성되었다. 민주통합원탁회의는 불만을 조직하고 의회와 지방 권력을 획득하기 위한 전략을 세워나갔다. 많은 이들이 1999년 헌법의 기본을 지키자는 데 대한 국민적 합의의 필요성을 이야기하는 상황에 이르렀다. 정부는 불안한 상황을 국제적인 음모의 탓으로 돌리며, 정치 주권과 국가의 자위권, 테러리즘 지원 반대법 등을 적용하기 시작한다.

가능성이 높지는 않지만 심각한 갈등을 가져올 또 하나의 가상 시나리오는 선거에서 마두로에 대항한 반대파가 승리할 경우다. 차베스주의 진영은 권력을 유지하기 위해 대통령선거를 진행시킬 수 있도록 묻는 국민투표를 기획하고 있었다. 당시 경제적 상황은 회복할 수 있는 것이 아니어서 기본권을 요구하는 사회운동이 강력했으며 이는 새로운 정부가 일단 기본 임무에 충실하도록 강제했다. 그럼에도 불구하고 이번 정부는 '민주적 강화'를 위한 국제적 협조에 요구되는 수단을 획득하는 데 힘을 쏟았다. 볼리바르주의 정부와 시 정부는 여러 가지 차원에서 동의와 대화, 그리고 협상의 공간을 열어놓았다. 공동체위원회의 기능은 유지되었지만 헌법의 영토성에 기초한 시와 연방 단위 내로 재조정되었다.

베네수엘라는 1999년 이래로 우고 차베스라는 인물을 궤도의 중심으로 움직여왔다. 모든 정치적 행위자들의 딜레마는 최근 20년간 존재하던 카리스마가 사라진 상황에서 자신들만의 정치적 기획을 만들어가는 것이었다. 양극화의 길은 볼리바르 실험의 긍정적·부정적인 측면에 관한 객관적인 균형을 이루는 것을 허용하지 않았고, 이로 인해 부재하는 차베스라는 인물은 계속해서 적대주의의 축으로 존재할 것이다. 좌파진영은 자신들의 입장을 혁신해야 할 딜레마에 직면하고 있다. 국가 정치 지형에서 중기적인 관점에서 차베스주의의 분파들을 통합하고 민주통합원탁회의나 통합사회주의당과는 상이한 조직을 구축하는 것이다.

제9장

베네수엘라 학생운동

차베스의 카리스마로부터 네트워크를 통한 갈등으로

라파엘 우스카테기 _박정원 옮김

최근 일련의 국가와 지방 선거에서 승리함을 통해서 한 사람의 숭배에 기초한 현상으로서의 볼리바르 운동은 처음 권력을 잡은 1998년 이후 가장 커다란 위험에 처해 있다. 정치 현장에서 그 지도자가 사라져버린 것이다. 소위 '결투 효과'가 여기서도 적용되듯이 선거 승리로 인해 4월 14일까지는 권력 승계자인 니콜라스 마두로에게 집권의 정당성이 보장되어 있다고는 하지만, 세 가지 요소가 차베스 이후 베네수엘라의 갈등을 증폭시키고 있다. 차베스 포퓰리즘의 행위와 태도, 경제적 연결고리 방식의 영향, 시민운동 제도의 과잉이 바로 그것이다.

라파엘 우즈카테기 Rafael Uzcátegui 사회학자이자 인권운동가, 신문 ≪엘 리베르타리오(El Libertario)≫의 기자이자 전쟁에 대해 저항하는 국제 일반위원회 회원이다. 또한 『베네수엘라: 스펙타클로서의 혁명. 볼리바르 정부에 대한 무정부주의자의 비판(de Venezuela: La revolución como espectáculo. Una crítica anarquista al gobierno bolivariano)』(부에노스아이레스, 2010)의 저자이다.

* 이 글은 *Nueva Sociedad*, No. 251(2014.5-6)에 실린 글을 옮긴 것이다.

지난 2월부터 학생들의 시위가 물결처럼 번져나갔다. 유엔 산하 인권 교육과 행동을 위한 베네수엘라 프로그램(Provea)와 베네수엘라의 사회 갈등 조사위원회(ovcs)의 예상에 따르면, 지난 2월과 3월 사이에 16개 주에서 행진, 집회, 농성, 인간 띠 잇기, 집단 기도, 피켓 행진, 거리의 음악가와 도시예술가들의 회합과 개입, 잠재적으로 폭력적인 '구아림바(guarimba)'라고 부르는 거리 봉쇄와 점유 행위 등의 다양한 행동을 통해서 약 80만 명이 참여했다. 국제앰네스티의 총장 사릴 세티(Salil Shetty)는 "사람들이 심각한 치안 불안과 범죄 그리고 필수품 생산의 부족을 항의하기 위해 거리로 쏟아져 나왔다"고 분석한다.[1] 이 글을 쓰는 순간에 시장 루이사 오르테가 디아스(Luisa Ortega Díaz)는 이 시위와 관련하여 39명의 사망자와 608명이 부상자가 발생했다고 발표했다. 국제앰네스티는 보고서에서 500명 이상이 부상당하고 2000명 이상이 체포되었다고 밝혔다.[2] 한편, 니콜라스 마두로 정부는 헌법을 중지시키고 페드로 카르모나 에스탕가(Pedro Carmona Estanga)라는 사업가를 대통령으로 선포했던 2002년 4월의 쿠데타를 반복하려는 시도에 자신들이 희생되었다고 판단하면서 이 시위가 '우파-파시스트'와 '정치 반대파에 의해 조작'되었다고 주장했다.

현재 베네수엘라는 단순한 흑백논리로는 설명할 수 없는 상황이다. 중앙은행의 자료에 의하면 2013년 말의 인플레이션이 56%에 달하는 누적된 경제위기의 심화는 정치적 위기의 촉매제가 되었는데, 사실 이 정치 위기의 상당 부분이 2013년 3월에 사망한 우고 차베스가 부재한

---

1) "Salil Shetty, informe sobre Venezuela", 2014/3/31. 비디오 <http://youtu.be/CvCgGlnM5y0>.

2) "Venezuela: Los derechos humanos en riesgo en medio de protestas"(Londres: Amnesty International Publications, 2014). <http://bit.ly/1fzuzW2>.

결과였다. 그의 계획뿐 아니라 그에게 부정적이었던 이들조차도 차베스라는 인물을 중심으로 사고하고 있었다. 살아 있는 '대통령-사령관'의 통치에서 부재하며 신화로 존재하는 '영도자'의 통치로 변화한 것은 차베스주의에서 포스트-차베스주의로의 이행을 의미한다. 역사학자인 마르가리타 로페스 마야(Margarita López Maya)는 다음과 같이 이 현상을 요약한다.

엄청난 카리스마를 지닌 리더가 죽으면 그 뒤에 남는 것은 볼품없고 목적을 상실한 행정적 제도뿐이다. 우리에게 있는 엘리트는 정치적, 경영 능력이 있어서가 아니라 카우디요에게 충성을 바쳤기 때문에 거기 있는 것이다. 리더가 죽으면 권력에 대한 통제를 어떻게 유지하고 새로운 정부를 어떻게 합리화할 것인가에 대해 골몰한다.[3]

최근 시위 행렬 중 가장 적절한 행위자는 마두로 대통령 정부에 비판적인 학생운동이다. 3월 한 달 동안 다양한 방식의 행동은 이들이 지역 조직 전체에서 가장 인기 있는 단체로 만들었다. 볼리바르 정부 공인 신뢰할 수 있는 자료를 발표하는 베네수엘라 통계분석 연구소는 '나라 전체가 겪는 치안 불안과 경제위기를 비판하는 학생들이 주도하는 평화적 시위'라는 답변이 이 시위의 목적을 가장 잘 표현하고 있다는 의견이 50.4%이고, 그 다음으로 '쿠데타로 대통령을 쫓아내려는 반대파와 외세가 짠 계획의 일환'이라는 대답이 12.8%, '다른 사회적 요구 없이 단지 마두로를 대통령직에서 끌어내리기 위한 시위'라는 의견이 7.3%였다.

---

3) M. López Maya, "El legado de Hugo Chávez"(Caracas: intervención en la Librería Lugar Común, 9/3/2014). <http://youtu.be/YBsyUVv_EA0>.

이 연구에 의하면 임무를 가장 잘 수행하고 있는 조직은 '학생 운동'이 었다. 51.5%가 "매우 그렇다"와 "그렇다"로 답하면서 35.9%를 받은 언론이나 볼리바르 무장 조직(31.5%)을 앞섰다.[4]

이 글은 베네수엘라 젊은이들을 통계학적으로 분석한 후, 볼리바르주의가 권력을 획득한 해인 1999년 이전과 이후 학생운동을 묘사하는 몇 가지 요소를 알아볼 것이다. 마지막으로, 네트워크 이론에 근거해 마데로 정부에 비판적인 학생들이 주도한 갈등의 성격을 규정할 것이다. 이를 위해 정치정보와 네트워크 사회에 관한 연구를 진행하고 있는 에콰도르의 라틴아메리카 사회과학 학부 및 베네수엘라 중앙대학의 경제·사회과학부의 정치정보 석사과정의 교수인 이리아 푸요사(Iria Puyosa)와의 대화를 참고할 것이다.

1. 베네수엘라의 젊은 세대에 관한 몇 가지 수치

국립 통계청에서 실시한 인구와 주거에 관한 제14차 국가 조사 결과에 의하면 2011년 말까지 국가의 총인구는 2894만 6101명인데, 중요한 비중이 젊은 층으로 10세에서 24세 사이의 인구가 전체에서 가장 많은 부분을 차지하고 평균 연령은 27세이다.[5] 청년층에 관한 두 번째 조사는 2013년 청년을 위한 국민권력부에 의해 실시되었는데, 15세에서 25세 사이의 인구가 409만 4199명이고 그중 79%가 학생이다. 이 연령

---

4) "Estudio Nacional del 21 al 30 de marzo 2014." <www.mediafire.com/ ?d688v2s22p7si2t>

5) "Resultados básicos Censo 2001"(Caracas, 2012.8.8). <www.slideshare.net/pluma candente/resultados-basicos-censo-2011>

대에서 67%가 공립 기관에서 교육 과정을 밟고 있다. 이 연구에서는 설문에 응한 77%가 대학 학위를 얻은 후에도 베네수엘라를 떠나지 않겠다고 답했다. 15%는 경제적 사정으로 인해 공부를 그만 두었다고 답한 반면, 14%가 임신으로 그만두었다고 말했다. 직업에 관해서는 30%가 현재 일하고 있고 다른 30%는 직업 없이 공부하며 9%가 일과 학업을 병행하고 있다고 대답했다. 게다가 64%가 현재 갖고 있는 직업과는 다른 일을 갖기를 원했다. 베네수엘라의 가장 중요한 문제가 무엇이냐는 질문에 대해서는 23%가 '치안 불안'이라고 답했고, 20%가 '인플레이션과 생활비', 16%가 '생산물 부족'이라고 했다. 제도 중에 가장 유용한 것이 무엇인가에 대한 답변에서는 대학이 18%였고, 정당이라고 답한 비율은 단지 6%에 불과했다.[6]

이 결과는 안드레스 베요 가톨릭대학교 청년 프로젝트(UCAB)에서 나온 진단과는 사뭇 달랐다. 학위에 관해서는 65%가 공립학교에 다녔으며 35%가 사립을 나왔다. 20세에서 24세까지의 나이 중에서 남자 30.4%가 일을 해야 해서 학업을 중단했으며 여성의 경우 16.5%였다. 35%는 일을 했으며 31%는 대학만, 그리고 11%는 일과 학업을 병행했으며, 23%는 일도 학업도 하지 않았다. 2, 3년 전과 비교한 국가의 상황에 관해서는 51%가 '상황이 악화되었다'고 대답했으며, 27%는 '동일하다'고 했다. 국가의 주요 문제로는 이전 조사와 유사하게 59%가 '생산품 부족', 53%가 '치안 불안', 44%가 '빈곤' 그리고 42%가 '인플레이션'이라고 답했다. 개인에게 영향을 주는 주요한 문제로는 46%가 '치안불안', 36%가 '경제문제' 그리고 33%가 '일자리의 부족'이라고

---

6) Ministerio del Poder Popular para la Juventud, "II Encuesta Nacional de Juventudes," s./f/. <.inj.gov.ve/images/pdfs/ResultadosEnjuve2013.pdf>

답했다. 정치적 견해에 관해서는 69%가 어떤 다른 정부 체제보다 민주주의를 선호했다. 하지만 40%가 민주주의가 기능하는 방식에는 크게 만족하지 않았으며, 25%는 매우 불만족스럽다고 답했다. 정치 기능에 관해선 33%가 차베스주의 당을 지지했고, 27%는 반대파를, 27%는 이전의 어떤 정당도 지지하지 않았다.[7)]

2. 학생운동의 역사

현실이 아닌 신화 가운데 하나가 차베스 정부가 베네수엘라에서 무상교육을 시작했다는 것이다.[8)] 민주화가 시작된 2년 후인 1960년에 승인된 헌법은 모든 베네수엘라 국민이 교육을 받을 권리가 있으며, 국가는 학교를 열고 무상으로 교육에 접근하기 위한 서비스를 제공할 의무를 가진다는 것을 명시하고 있다. 대학교육을 포함한 공공교육의 수혜를 입는 인구를 증가시키기 위해 석유 산유 수입을 투자한다. 1950년에 고등교육에 등록한 인구는 6900명이었고, 1958년에는 1만 1000명이었으나 1981년에 상당히 증가해 33만 1000명에 이르렀다. 9년 후인 1990

---

7) UCAB, "Encuesta Nacional de Juventudes 2013. Presentación de resultados," s/f. <http://proyectojuventud.ucac.edu.ve/wp-content/uploads/2013/12/Presentacion-E NJUVE-3-12-2013.pdf>

8) "우고 차베스는 획득한 달러를 모든 대중을 위한 보건체계와 무상교육을 위해 사용했다"고 말한 미국의 다큐멘터리 감독 마이클 무어(Michael Moore) 등의 주장이 이러한 의견을 확산시켰다. 이에 대해서는 다음을 참고하라. "Documentalista estadounidense Michael Moore elogió a Chávez," en *Correo del Orinoco* (2014.4.15). <www.correodelorinoco,gob.ve/politica/documentalista-estadounidense-michael-moore-elogio-a-chavez/>

년에는 대학생이 51만 3000명이었고, 차베스가 이미 권력을 잡은 2001년 말에는 90만 9600명에 달했다(Reimers, 1993). 그리고 십년 후인 2010년 말에는 그 숫자가 168만 7504명으로 증가했다.[9]

1969년 민주화와 고등교육 등록자 수가 증가하던 시점에 1968년 프랑스 5월 혁명에 영향을 받아 대학 개혁 운동이 일어났다.[10] 대학은 진압되었고 특히 베네수엘라 중앙대학은 1년이 넘도록 폐쇄되었다. 그 결과 1970년에 국회는 대학개혁법을 제정했는데 이는 학원에 대한 정치적 통제가 주된 목적이었다. 개혁법은 전통적인 자율에 관한 대안으로서 실험 대학의 개념을 도입했는데, 이것은 실제로는 정부에 의해 통제를 받는 대학과 기관을 만드는 것을 허용하는 것이었다(Morales, Rubio y Bedoya, 2003).

역사적으로 다른 좌파 조직은 대학을 제도 형성을 위한 특권적 공간으로 사고하면서 무장 혁명 투쟁의 가장 전투적인 순간을 이야기한다. 베네수엘라에서 그 기간은 1960년과 1972년 사이였다. 무엇보다 가장 격렬했던 순간은 '붉은 깃발'이라는 투쟁이었는데, 좌파 혁명 운동이 분열된 후 1970년에 결성된 조직이었다. 이들은 무장투쟁의 마지막 순간에 신속하게 개입했다. 1987년에는 혁명적 청년연합이 결성되었는데, 대학에서 그 존재를 강화했다. 1988년에는 소위 암파로 학살이 도화선이 되어 대학생들이 전국 각지에서 시위를 주도했다. 이 사건은 게릴라 일원으로 잘못 알려진 14명의 어부들을 국경의 민병대가 암살한 것을 말한다. 이 갈등은 몇 달 후에 '엘 카라카소'라고 알려진 민중봉기

---

9) "Serie histórica de matrícula de pregrado(1960-2011) por institución"(2012). <http://estadisticasieu.mppeu.gob.ve/dss/pages/dagamart/ies/reports/templateDinamicStatic.jsp?query=iesOnlyTable>

10) 베네수엘라 대학개혁운동에 대해서는 Méndez(1995)를 참고하라.

의 전주였다.

1990년대는 이 지역에 신자유주의 정책이 작동된 시기였는데, 고등교육의 점진적인 민영화가 도입되기 시작한 시기였다. 1989년에 시작된 카를로스 안드레스 페레스 정부 2기는 국제금융기구와 협의안에 서명한 '경제 구조조정 계획'을 발족시켰다. 다음 대통령 라파엘 칼데라는 다방면에서 이미 결정된 안들에 대항하는 계획을 내세우면서 선거에서 승리했다.[11] 그럼에도 1996년 4월 15일 칼데라는 '베네수엘라 의제'라는 거시경제 계획을 내놓았다. 교육 부문의 예산 부족과 재정 불안정을 부분적으로 해소하기 위해서 징수의 논리를 적용할 것을 제안했는데, 이는 무상교육이라는 헌법의 원칙에 반하는 것이었다.[12] 이러한 이유로 학생운동은 환경단체, 원주민 조직, 여성단체, 공동체 조직, 유엔 산하의 인권위원회 등과 더불어 '경제 패키지'라 불리던 것에 반대한 운동을 주도했다.

이런 맥락에서 1993년 베네수엘라 대학생연합이 결성되었는데 이 조직은 '붉은 깃발'의 광범위한 주도권 아래 다양한 부문을 포괄하는 조직체였다. 소위 '운동-80'과 기독사회당(COPEI)과 연계되어 있는 대학생기독민주회가 지지한 대학생중앙연합위원회와 같은 최초의 조직들은 베네수엘라 대학생연합의 영향력에서 벗어나려고 했다. 1990년대의 가장 주요한 대학생 투쟁은 학생들의 선호 순서에서 민주화와 입학 체계의 투명성, 등록비를 징수하는 고등교육법 기획의 반대, 그리고

---

11) 페레스는 1974~1979년 그리고 1989~1993년의 기간 동안 대통령이었다. 칼데라는 1969~1974년과 1994~1999년에 대통령직을 역임했다.

12) *En defensa de la universidad gratuita. La lucha de los estudiantes de la Universidad Simón Bolívar en 1998 para restituir la gratuidad*(Caracas: Provea, 2008). <www.derechos.org.ve/pw/wp-content/uploads/Experiencias-USB.pdf>

입원, 수술, 출산, 장학금, 식당 등 학생을 위한 사회보장의 요구를 포함하고 있었다. 1985년과 1999년 사이 주요 학생조직이 추구한 시위의 주요 전략은 중요성 면으로 볼 때, 소요[13]와 함께 죽은 사람, 부상당한 사람, 그리고 구금된 이들의 명단을 들고 행진하거나 도로를 점거(López Maya, 2002)하는 것이었다. 경찰이나 군대가 들어올 수 없는 주로 자치대학의 학생들이 이 소요 방식을 사용했으며 2014년의 학생시위에서 다시 등장하게 된다.

3. 볼리바르 정부와 학생운동

차베스와 같이 기존 정치조직과는 거리가 먼 후보자가 1998년 대통령 선거에서 승리하면서 많은 기대를 모았다. 선거운동 기간 중에 그는 학생운동과 자신을 동일시했으며, 이를 통해 자신이 군부 출신이라는 과거가 낳는 공포를 상당 부분 완화시켰다. 공공교육을 확대하고 재정 확대를 약속했다. 차베스 정부에 들어간 학생 지도자 중에는 루이스 피게로아(Luis Figueroa), 엘리아스 하우아(Elías Jaua), 리카르도 메넨데스

---

13) 소요란 경찰이나 다른 사람들, 그리고 시위자 자신들 사이에서 충돌로 인해 시위의 정상적 형태에 균열이 생겨나 혼란과 무질서가 나타나는 상황을 의미한다. 경찰과 몸싸움에 직면하고 시위자들에 대한 물리적 진압 때문에 감정적인 상태가 고조된다. 소요의 형태는 커다란 봉기부터 신속하게 진압되는 작은 무질서가 분출한 것까지 다양하다. 즉, 소요는 폭력적 시위의 한 형태이다. M. López Maya, 「1985년 1999년 사이 베네수엘라에서 일어난 '용감한 민중'의 저항헤 관한 기본 자료(Base de datos "Bravo Pueblo" sobre las protestas en Venezuela entre 1985 y 1999)」.

(Ricardo Menéndez), 호르헤 로드리게스(Jorge Rodríguez), 빅토르 노보 (Víctor Novo), 레오나르도 몰리나(Leonardo Molina), 후안 루이스 소사(Juan Luis Sosa), 바네사 다비에스(Vanessa Davies), 잭클린 파리아스(Jackeline Farías)가 포함되었는데 이들은 베네수엘라 대학생연맹과 '운동-80' 출신이었다.

다른 사회운동과 마찬가지로 권력을 가진 볼리바르주의는 권력을 갖도록 도와준 대학생 조직의 형태를 제도화하고, 국가화하고, 중립적으로 만들었다. 그리고 자치권이나 독립권을 주는 대신 행정부에서 만든 다른 기관으로 대체시켰다. 2001년에는 볼리바르주의 학생들이 베네수엘라 중앙대학의 총장 자리에 관한 영향력을 행사했는데, 바로 그곳에서 3월 28일 운동이 생겨났고 이후에는 볼리바르 학생연합으로 결집되었는데, 이어 2002년 4월 쿠데타 이후 차베스 대통령에 의해 학생위원회의 형태로 대체되었다. 두 번째 특징에 관해서는 이전 리더였던 루켄 킨타나(Luken Quintana)가 다음과 같이 주장한다. "거의 모든 단체가 체계적으로 패배하였다. 사립대학이나 공립대학, 특히 베네수엘라 중앙대학과 같은 자치대학에서 학생 대표자 선거가 실되었는데"[14] 1999년부터 볼리바르주의 학생들은 대학 중앙연합회 소속 대학 중 세 곳에서만 승리했다. 그것은 메리다주의 오스 안데스 대학(2004), 베네수엘라 중앙대학(2003), 그리고 오리엔테 대학(2007)이다.

공립대학을 정치적으로 통제하는 것이 불가능한 상황에서 차베스주의는 새로운 고등교육 기관을 만들었다. 2003년 베네수엘라 볼리바르 대학, 2008년에는 우네아르테 국립 예술실험대학이 그랬고, 1999년에는 군대 정치공학 국립실험대학이 일반인을 받아들이는 것으로 그 규정

---

14) 2014년 월 4월 6일 저자와의 통화 내용.

을 바꾸었다. 이 기관들이 고등교육의 숫자를 증가시켰다고는 하지만 반대로 학생들의 투표에 의해 선택된 친정부 학생조직이 존재하지 않았으며, 권위적 규율 체계가 확립되었다.15) 더욱이 소위 '학생 전위대'라고 불리는 조직을 통해 학생의 군사화를 가속시켰다.16)

4. 2007년에서 2014년까지: 양극화된 정치학에서 네트워크로

볼리바르주의 정치학과 정치적 양극화로 인한 사회운동의 자치성에 대한 약화에는 학생운동도 포함한다. 베네수엘라 대학생연합은 문자 그대로 2000년 이후로 사라졌다. 학생중앙연합회의 선거가 유지되었지만, 이들은 2000년 이전처럼 학생들을 모아내는 능력을 이미 상실했다.17)

2007년 가장 오래되고 인기 있는 텔레비전 채널인 RCTV의 주파수를

---

15) 그 한 가지 예가 우네아르테 학생 교칙인데, 이 교칙은 다음과 같은 사항으로 퇴학을 시킬 수 있다. '학교 안팎에서 도덕과 미덕의 위반 시', '국가의 이익에 해를 입힐 수 있는 의견을 공개적으로 개진할 시', '교칙을 위반하고 당국에 문제를 일으킬 시', '공적 혹은 사적인 지역, 국가, 국제 미디어(신문, 라디오 및 텔레비전)와 인터넷, 케이블 혹은 핸드폰 문자메시지에 대학의 교무위원회가 허용하지 않는 잘못된 진술을 행할 시', '대학 당국을 무시하거나, 비난하고 자극할 시', '대학 당국에 대해 동료들을 대표한 성명서를 발의할 시', 그리고 '교무위원회의 승인 없이 공식 문서를 작성할 시' 등이다.

16) Héctor Rodríguez, "Milicias estudiantiles," en *CCSinfo*, s./f. <www.ciudadccs.info/?p=58920>

17) 베네수엘라 중앙대학의 학생선거에서 60% 이하로 떨어지지 않는 기권율이 이를 보여주는 예이다. <www.ucv.ve/organizacion/consejo-universitario/comision-electoral- ucv/elecciones/resultados-electorales/estudiantes.html>

정치적인 이유로 재허용하지 않은 것이 학생운동이 공적인 행위자로서 다시 나서게 된 요인이 되었다.[18] 이에 반발한 이들은 '자유를 향한 학생'이라는 유서 깊은 이름 아래 묶였고, 공립대 학생뿐 아니라 사립학교 학생들을 포함했다. '자유를 향한 학생'은 표현의 자유와 베네수엘라 헌법 내에서 참여의 권리를 요구하는 자신의 논의를 주장하는 '반대에 충실한' 이들이었으며 정부기구를 무너뜨리려 하기보다는, 전략적으로 차베스 정부의 적법성과 정당성을 인정했다.[19] 학생들의 행위는 언론의 과도한 주목을 받았는데, 이에 대해 정부는 거리의 분쟁을 반대파 학생과 볼리바르 지지자들 사이의 제도화된 논쟁으로 전환시키려고 했다.[20] RCTV에 대한 논의가 사라지면서 학생운동은 국민투표를 제안하는 대통령에 반대하는 것으로 옮겨갔는데, 이 국민투표는 2007년 12월 2일 선거에서 거부되었다. 이들은 학교에서 벗어나 2008년에서 2010년 사이, 의회 진출을 위해 '새로운 시간당(Un Nuevo Tiempo)'과 (학생들을 끌어들여 내부에 산소의 공급과도 같은 동력을 얻은) '포데모스(Podemos)당'에 결합했지만 운동의 유기적 지속성을 담보하기 위해 목소리를 쇄신하는 데까지는 나가지 못했다.[21] 두 번째 요소는 '학생 계급'으로서의 정체성

---

18) 정부는 재허용을 하지 않은 이유가 2002년 4월 정부에 대한 쿠데타를 지원한 결과였다고 밝혔다. 그러나 당시 노선을 같이 했던 다른 채널들은 이후에 정부와 교섭을 통해서 이전과 같이 활동할 수 있었다.

19) 2007년에 야당의 다수가 "헌법과 대학생들의 자유를 위해 대통령을 탄핵하려"는 목표를 지지한 반면, "자유를 외치는 학생들"은 그의 퇴임이나 사임을 계획하지 않았다(García Guadilla, María Pilar y Ann Mallén, 2010).

20) 이리나 푸요사(Iria Puyosa)는 대학 교수이자 사회 네트워크 전문가이다. 저자와의 대화에서 발췌. 5/4/2014.

21) 욘 고이코데체아(Yon Goicoechea)를 제외하고 미겔 피사로(Miguel Pizarro), 프레디 게바라(Freddy Geuvara), 스탈린 곤잘레스(Stalin González)와 리카르도 산체

에도 불구하고 대학생들은 다른 행위 주체와 구별되는 자신들만의 독특한 정체성을 부여하는 운동의 아젠다를 구축하는 내부의 동력을 확보하지 못했다. 마리아 필라르 가르시아 과도야(María Pilar García Guadolla)나 아나 마옌(Ana Mallén)과 같은 연구자들이 보기에 이들은 국민적 화해를 기획하는 데 있어 분쟁의 메커니즘과는 달리 반대파가 지닌 담론의 한계를 확장시켰다. 그럼에도 불구하고, 양극화된 동력을 분쇄하거나 대안적인 대중을 구성하는 데에는 실패한다(García Guadilla, María Pilar y Ann Mallén, 2010).

2013년까지 네트워크 이론의 측면에서 볼리바르 운동은 주요한 중심점으로서 차베스에 집중된 네트워크로 기능했는데, 이는 반대파에게도 적용되었다. 하나의 가설로서 우리는 볼리바르 기획의 반대파들의 구조가 세 가지 상황 속에서 탈중심화된 네트워크로 변화하고 있다고 생각할 수 있다. ① 차베스의 퇴장 ② 반대파의 등장을 가능하게 했던 대표성에 발생한 위기, ③ 볼리바르 정부에 연계된 기업체가 소유한 주요한 대중매체가 중요한 정보를 차단하고 사회적 망이 긴밀하게 이용되지 못하도록 분열시키고 있다는 점이다.

2014년 2월 4일 산크리스토발의 국경도시에 위치한 타치라 국립대학의 학생들은 한 여학생이 당한 성희롱과 치안 불안으로 인해 시위에 나섰다. 여섯 명의 학생을 징계한 것은 다른 시위의 도화선이 되었고 이 과정에서 구속당하고 상해를 입은 학생 명단은 늘어갔다. 같은 달 12일에는 국가에 새로운 상황이 발생했다. 열여섯 개 주에서 시위가 동시에 발생하면서 수도 카라카스가 국민적 저항의 대명사라는 말은 과거가 되어버렸다. 그럼에도 불구하고 그날 밤 세 사람이 시위 중에

스(Ricardo Sánchez)의 경우가 여기에 해당한다.

수도에서 살해되었다. 마두로 대통령은 시위를 주도한 파시스트들(Agencia Venezolana de. Noticias, 12/2/20)에게 책임을 돌리면서 죽음[22]에 대해 시위대 당사자들을 비난하고 반대파들의 새로운 행동을 방해할 것이라고 선언했다. 한편 반대파 연합인 민주통합회의(Mesa de la Unidad Democrática)는 '공식적 행동 없는' 삼일 간의 투쟁을 선언한다. 다음 날인 2월 13일, 마데로 대통령과 레오폴도 로페스(Leopoldo López), 마리아 코리나 마차도(María Corina Machado), 안토니오 레데세마(Antonio Ledezma)가 대표하는 계파를 제외하고 반대파 당 다수가 중단을 요청했음에도 시위는 전국적으로 계속되었다.

마누엘 카스텔스(Manuel Castells)는 현재 사회운동의 성격은 본질적으로 자발적이라고 판단하는데, 왜냐하면 구체적인 사건에 연루된 분노가 점화되면서 이 운동이 발생했기 때문이다(Castells, 2012). 2013년 말에는 공식 지표에 따르면 56%나 되는 높은 인플레이션에 시달렸고, 기본 서비스의 누적된 부족과 대중의 소비를 위한 식량과 다른 생필품의 부족으로 인해 도시의 내부가 심각한 위기에 직면하게 되었다. 산크리스토발은 베네수엘라에서 물가가 두 번째로 비싼 도시가 되었다. 상황은 악화되어 결국 문제는 2014년 1월 12일 여배우 모니카 스피어(Mónica Spear)와 그의 남편이 여행 중 강도를 당해 숨지게 되자 폭발했다.

비중앙집중적이고 네트워크로 연결된 현재의 갈등에 대하여 베네수엘라 연구자 이리아 푸요사의 논문을 살펴보자. 그녀는 무엇보다도 2월 이후로 학생운동 세력이 주도한 시위가 사회불안, 범죄와 정치 폭력이

---

22) 며칠 후, 정부는 사건에 관해 유포된 사진과 비디오를 통해서 볼리바리안정보기관(SEBIN)이 두 암살 사건에 대해 책임이 있다는 것, 그리고 세 번째는 민병대 조직의 일원이 저질렀다는 것을 인정해야 했다.

심화되면서 이에 대한 거부로 인해 감정적으로 흘러갔다는 의견을 내놓는다. 시위가 우파 당에 의해 조종된 것이 아니냐는 사회 관계망과 공개적 논쟁을 둘러싼 질문에 대해 푸요사는 대답한다.

여기서 우파가 소수파라는 사실을 명백히 해야 한다. 기본적으로 베네수엘라 프로젝트(Proyecto Venezolano)와 같은 작은 당이나 마리아 코리나 마챠도(María Corina Machado)와 연계된 작은 당에조차 다가가지 못하는 그룹들로 제한되어 있다. 마이애미에 근거지를 둔 우파 담론 그룹의 경우에는 국내 정치조직과의 유기적 연계가 부족하고 실제 사건과 큰 관련이 없다. 즉, 우파는 거리의 시위 현장에서 혹은 선거에 존재하지 않으며 오직 매체로만 존재한다. 통합회의의 주요한 세력은 공식적으로는 중도나 중도좌파들이다.

그렇다면 누가 시위를 주도하는가? 푸요사는 비록 초기에는 레오폴도 로페스와 같은 정치가나 베네수엘라 중앙대학의 후안 레케센스(Juan Reqiesens)와 같은 학생운동 리더들에게 운동이 집중되었지만 공식적이고 조직적인 지도부는 존재하지 않는다.

학생운동과 직접적으로 관련된 시위는 학생 대표나 주요 자치대학23) 의 공동정부 그리고 몇몇의 유명 사립대에서 선출된 대표들이 주도한 것이었다. 그러나 카라카스뿐 아니라 전국적으로 학생운동이 이끌지 않는 대규모 대중시위나 유사한 상황이 존재한다. 일반적으로 시위가

---

23) 학생운동 내부에 애국학생동맹과 같은 경향도 존재한다. 선출된 학생 대표의 선언은 "베네수엘라 학생운동 선언(Manifesto del Movimiento Estudiantil Venezolano)"에서 볼 수 있다. <http://cdn.diariorepublica.com/cms/wp-content/uploads/2014/03/manifesto-del-movimiento-estu.pdf>(2014.3.9)

일어나고 열흘 정도가 지나면 이들은 통합조직으로부터 점점 더 이탈하게 된다. 시위는 반대파인 것은 분명하나 당원들이 아니다. 사실 당의 운동가들인 학생 지도자들이 시위에서 행한 연설에서도 반당(反黨)적 성격이 드러난다.

(공공건물 방화로 인한 피해, 범죄의 선동과 결부된 혐의로 기소된) 반대파 지도자 레오폴도 로페스가 2014년 2월 18일에 출두한 것은 그를 저항 세력의 중심축으로 위치시키려는 일종의 퍼포먼스로 파악할 수 있다. 시위를 통해 학생들은 그가 풀려나기를 요구했지만 그 자체의 복합성과 탈중심성으로 인해 그는 이 운동의 네트워크에서 하나의 매개 이상은 아니었다. 그 증거로 로페스가 감옥에 갇힌 지 한 달째 되는 3월 18일에 라모 베르데 감옥 주위에 집결하기로 했는데, 이 시위의 상징적인 중요성에도 불구하고 카라카스에서 발생했던 다른 시위보다도 적은 수가 집결했다.

푸요사에게 현재의 갈등을 보여주는 다른 요소는 뉴스 채널인 글로보비시온(Globovisión)과 여당과 연계된 회사가 주요한 신문사를 사들임으로써 벌어진 자유 언론과 표현에 방해가 되는 요소가 증가한 것이다. 이런 방식으로 시위 알림, 시위의 결과, 억압 등의 정보는 핸드폰의 메시지나 시위대가 자리한 도시 공간에서 대면을 통한 방식 즉, 주로 사회적 망을 통해 전파되었다. 대중매체에는 믿을 만한 정보가 거의 없었다.

학계와 마찬가지로 학생 시위의 구체적인 요구는 협상의 여지가 적었지만, 탄압 중지, 무장 정부지지파와 군대 경찰에 의한 인권탄압 수사, 정부권력 혁신을 위한 협상을 성사시키기에 집중했다. 국민선거위원회, 정부 감사원, 제헌의회의 소집이라는 주제는 학생들이 요구했던 의제에서 사라졌고, 다른 시위에서는 여전히 존재하기는 해도 마두로 사임이라는 요구도 잦아들었다. 이 논문이 집필되는 동안에도 시위와 이에 대한 정부의 대응은 계속해서 심각한 정치적 긴장감을 유지하고 있다.

Agencia Venezolana de. Noticias, 12/2/20. "Maduro alerta que corriente fascista intenta generar violencia en Venezuela." *AVN*. <www.avn.info.ve/contenido/maduro-alerta-que-corriente-fascista-intenta-generar-violencia-venezuela>

Castells, Manuel. 2012. *Redes de indignación y esperanza*, Madrid: Alianza.

García Guadilla, María Pilar y Ann Mallén. 2010. "El movimiento estudiantil venezolano: narrativas, polarización social y públicas antagónicos." *Cuadernos del Cendes*, No. 73, 2010.1-4. <www.scielo.org.ve/pdf/cdc/v27n73/art04.pdf>

López Maya, Margarita. 2002. *Protesta y cultura en Venezuela: los marcos de acción colectiva en 1999*. Buenos Aires: Clacso. <http://biblioteca.clacso.edu.ar/clacso/becas/201101236085903/2cap1.pdf>

Méndez, Nelson. 1995. "La Renovación en la Universidad Central de Venezuela (1968-1969): Erase una vez el futuro." <www.analitica.com/bitblio/nelson_mendez/renovacion.asp>

Morales, Victor, Eduardo Medina Rubio y Neptalí Alvarez Bedoya. 2003. *La educación superior en Venezuela, Informe 2002 a IESALC-Unesco*. Caracas. <http://unesdoc.unesco.org/images/0013/001315/131594s.pdf>

Reimers, Fernando. 1993. "Educación y democracia. El caso de Venezuela, en la educación." *Revista Latinoamericana de Desarrollo Educativo*, No. 166.

제10장

차베스 없는 차베스주의

카리스마가 사라진 포퓰리즘의 표류

넬리 아레나스 _박정원 옮김

2013년 3월 차베스는 사망 전, 니콜라스 마두로를 그의 후임자이자 자신의 정치적 유산의 계승자로 임명하였다. 그렇지만 가난한 집안 출신으로 과거 조합장이자 의장을 지냈던 마두로는 끝내 전임 사령관의 카리스마적인 리더십을 얻는 데 실패했다. 그리고 국제 석유가가 하락하는 국제적 환경 속에서 볼리바르 기획은 상당한 정도로 퇴보하게 되었다. 이러한 쇠락은 2015년 12월 6일 선거에서 여당이 야당인 민주통합원탁회의에 대패한 결과, 야당이 국회의 다수당을 점하게 되면서 결정적 상황을 맞이하게 된다.

넬리 아레나스 Nelly Arenas 넬리 아레나스는 베네수엘라의 사회학자로 현대 아메리카 역사로 석사를, 그리고 사회과학 분야에서 박사과정을 수료했다. 현재 베네수엘라 중앙대학교(Universidad Central de Venezuela)의 발전연구소에서 사회정치발전 분야를 연구하고 있다.

* 이 글은 *Nueva Sociedad*, No.261(2016.1-2)에 실린 글을 옮긴 것이다.

카리스마를 지닌 모든 지도자가 포퓰리스트일 필요는 없지만, 포퓰리즘 성격을 지닌 리더십은 거의 언제나 카리스마를 지닌다. 대중에게 구원을 약속하고 대중에게 호소하는 방식으로 인해 포퓰리즘은 뛰어난 리더의 능력을 필요로 한다. 비록 포퓰리즘과 카리스마 사이의 관계에 대한 연구가 충분히 진행되지 않았지만, 일반적으로 카리스마를 포퓰리즘의 본질적 성격으로 포함하고 있다. 이 두 가지 현상의 관련성은 포퓰리즘이 바탕으로 하는 정치적 질서는 이성적-법적인 조합의 결과가 아니라, 일종의 '계시적 질서'로부터 그 유래를 찾아야 한다는 주장을 통해 더 잘 이해할 수 있다. 이 가설을 제기한 로리 자나타(Loris Zanatta)는 포퓰리즘과 종교적 열망 사이의 연관성을 규명하려고 하였다(Zanatta, 2008: 29~44). 막스 베버(Mas Weber)에 따르면 신비한 측면이 내재한 카리스마를 지닌 리더는 신에 의해 보내졌다는 생각을 갖게 만들며, 이를 통해 포퓰리즘의 공간에 생명력을 부여한다(Weber, 1992). 베네수엘라에서 특별한 카리스마를 가진 우고 차베스는 이 공간을 활용한다. 볼리바르 혁명의 시작과 진행 과정은 그의 카리스마에 의존한 측면이 크다. 하지만 카리스마의 담지자가 사라지자 죽기 전 차베스가 임명한 후계자의 손으로 프로젝트를 지속해야 할 필요성에 직면하였다. 자리에 오른 니콜라스 마두로는 카리스마 넘치는 권력에 정당성을 부여한 지지자들이 인정한 은총을 실현하는 것과는 거리가 멀었다. 이 글은 베버의 이론이 기여한 측면을 받아들이면서 베네수엘라 대통령이 보여주는 포퓰리즘의 형태와 방식을 살펴볼 것이다. 또한, 대중에 대한 영향력이 적은 정치적 방향이 볼리바르 혁명에 가져올 대가에 관해서도 논의하겠다. 여기에서 핵심 질문은 마두로를 통해 드러나는 카리스마 없는 포퓰리즘이 차베스가 구축한 사회주의 기획의 기반을 사상적으로 그리고 실제로 지속시킬 수 있는가의 여부가 되겠다.

1. 차베스: 포퓰리즘과 카리스마

　최근 삼십년 간 카리스마와 결합된 포퓰리즘의 모델을 가장 정확하게 실현한 라틴아메리카의 지도자는 바로 차베스다. 그는 매우 감성적인 연설을 통해 정치적 포퓰리즘을 되살려 놓았다. 카를로스 데 라 토레 (Carlos de la Torre)는 포퓰리즘을 "사회를 서로가 반대하는 두 개의 영역, 즉 과두층과 이에 대항한 민중으로 극단적으로 분리하는 이분법적인 담론에 기초하여 권력에 도달하고 통치하는 전략"으로 정의한다(Torre, 2013). 에르네스토 라클라우가 설명하듯이, '포퓰리즘의 공간'이 형성되기 위해서는 충족되지 않은 다양한 사회적 요구들의 연쇄의 총합을 표현할 수 있는 '기표'를 거쳐 '균형적 지점'에 도달하는 것이 필요하다 (Laclau, 2009). 차베스 현상은 개념상의 공식이 실제로 존재한다는 것을 정확히 보여주었다. 경이적인 카리스마와 절합된 차베스의 이름은 베네수엘라 사회에 존재하는 다양한 열망을 응축시켰다. 베버가 상기시켜준 것처럼 이런 종류의 권위가 정당성을 얻기 위해서는 그의 지지자들로부터 지원과 협력을 필요로 한다. 이러한 이유로 만약 은총이 다음 주자에게까지 도달하지 못한다면 후계의 구도에는 문제가 발생한다. 왜냐하면 이런 형태의 지배는 연속성이라는 관점에서 제도화를 필요로 하기 때문이다. 차베스가 사라지게 될 경우 혁명의 지속성을 보장할 수 있는 정부 형태가 필요한 상황에 직면하는 위험에 처하는 것이다. 문제는 대통령 자신에 의해 해결되었다. 2011년 중반 국무장관은 차베스의 건강에 이상이 있음을 공표한다. 그리고 일 년 반이 지나고 나서 권력승계에 대한 차베스의 결정이 발표되었다. 2012년 12월 8일 차베스의 마지막 공개석상에서 지지자들에게 "만약에 예상치 못한 상황이 발생하여 대통령선거를 다시 해야 할 경우에는 니콜라스 마두로를 대통령으로 선출해주십시오. 내 마음으로부터 여러분들에게 부탁드리는 것입니다"라고 말한다.

이 연설은 모두를 놀라게 했다. 당 핵심부에서 어떠한 논의도 없었던 상태에서 대통령은 그의 권력을 후계자에게 이양하는 상황이 벌어진 것이다. 그럼에도 불구하고, 베버에 의하면 카리스마에 의한 지배구도에서는 누가 승계할 것이냐를 두고 '자유선거'에 대해 논하기보다는, "대통령이 후계자에게 이양하는 과정에서 카리스마가 여전히 존재하느냐에 대해 말해야 한다(Weber, 1992)." 이번 경우에 있어 차베스에 의한 후계자의 선택에는 앞서 언급된 요구사항에 대한 고려가 없다. 마두로는 카리스마가 있는 모든 인물에 해당하는 신의 은총이 부재하다. 차베스의 결정은 그의 결격 사항을 간과한 것이다.

2. 의심받지 않는 돌고래

차베스가 선택한 사람이 마두로라고 했을 때, 나는 엄청나게 울었다. 우리를 왜 이렇게 어려운 시험에 들게 했는지. …… 하지만 장군이 마두로라고 했다면 그가 맞을 것이고 나는 차베스의 병사로서 따를 것이다 (Briceño, Héctor, José Luis Hernández. et al., 2015).

떠난 지도자를 향한 무조건적인 충성심과 불만의 뒤섞임을 이 여당 운동가의 증언에서 볼 수 있다. 그가 임명되기 전 마두로는 많은 시민들에게 차베스의 신임을 받은 사람 중의 하나로 알려져 있었다. 그는 시작부터 약점을 안고 있었다. 1992년 2월의 군사 행동을 주도했던 핵심 그룹에 속하지 못했다. 그럼에도 대형 버스 운전사였던 마두로는 정부 내에서 중요한 위치로 올라갔다. 로저 산토도밍고(Roger Santo-domingo)에 따르면, 그는 대통령이라는 타동사에서 일종의 수혜자라고 할 수 있다. "마두로는 말하기보다는 청취하는 사람이었다. '차베스'는 그의 세계였고, '차베스'를 제외하고는 기억하고 상상할 다른 베네수엘라는 존재하지 않았다(Santodomingo, 2013: 22)." 그러나 대통령에게 순종하고 그의 목소리를 경청하는 성격은 시간이 경과하면서 이 견습생에 대한 대통령의 애호를 확인하는 요소 중의 한 가지일 뿐으로 드러났다. 마두로는 차베스가 좋아할 만한 다른 미덕을 보여주었다. 외교적 역할을 잘 수행하는 리더가 되려는 마두로의 욕망은 주요한 볼리바르 이상이자, 라틴아메리카 민중의 통합에 필요한 요소였다. 가장 중요한 점은 마두로가 '강력한' 사회주의자라는 점이다. 그는 사회주의자 리그(Liga Socialista)라는 작은 급진당의 운동가로 쿠바 공산당에서 훈련을 받았으며, 그리고 무엇보다 카스트로 형제, 특히 차베스에게는 진정한 우상인 피델에게 신망을 받고 있었다(Castellanos, 2013.1.4).

3. '내 마음으로부터' 대통령을 향하여

엄밀하게 말한다면 지식이나, 카리스마, 역사적 정당성 면에서 나는 차베스와 비교할 수 없다. 우선 나는 차베스를 위해 살고 죽는 차베스주의자이고, …… 또 다른 한 가지는 사람들은 니콜라스 마두로가 차베스가 되기를 희망할 수 있지만, 그럴 수는 없다.[1]

---

1) "Nicolás Maduro reconoce no tener carisma de Chávez ni su fortaleza histórica," en *La Tercera*(2013.3.10).

현실을 인정하는 마두로의 태도로 인해 정부는 차베스에 대한 홍보를 지속해야 했다. 비록 차베스는 사망했지만 여전히 큰 존재감을 지니고 있었다. 그 결과로 마두로의 캠페인은 죽은 리더에 대해서, 즉 카리스마를 가진 차베스가 사망한 후에 일어난 정치적 폭발력에 기대게 되었다. 이런 과정을 통해 카리스마가 부재한 리더에게 정당성을 부여하게 된다. 이와 유사한 상황은 다른 곳에서도 나타났다. 캐롤 스트롱(Karol Strong)과 매트 킬링스워드(Matt Killingsworth)는 러시아 혁명을 정당화하기 위해 레닌의 영광스러운 초상화를 반복적으로 사용하는 스탈린 시대로부터 시작된 전략에 대한 흥미로운 선례를 보여준다(Strong y Killingsworth, 2011). 이들은 스탈린 개인에 대한 인물 숭배가 그가 표상하는 소비에트 국가를 정당화하려는 목적이 있었다고 분석한다. 순수하게 카리스마가 넘치는 지배에는 '변덕스럽고'이고 '불안정한' 측면이 있다는 베버의 이론을 고려해볼 필요가 있다. 왜냐하면 리더와 그의 추종자들과 상호적 관계에 의존할 경우 '진정한' 카리스마를 기반으로 나타난 국가를 지속시키기 위해서는 좀 더 안정적인 권위를 구축하는 것이 필수적이기 때문이다. 즉, 볼셰비키의 유산을 지속하기 위해 스탈린의 카리스마를 가공해야 할 필요성을 설명하고 있다. 이를 위해 스탈린 자신은 레닌을 신봉하는 전략을 채택한다. 그는 공산당의 도움을 받아 관료라는 모호한 이미지에서 역동적인 리더로 거듭났으며, 그 결과 소비에트 민중의 존경을 받게 되었다.

마두로 또한 유사한 시도를 한다. 시간적 거리와 역사적 조건의 차이에도 불구하고 시간이 지남에 따라 권력의 안정을 꾀하고 정권의 연속성을 창출하기 위해, 두 경우 모두 '은총'이 부족한 인물에게 정당성을 부여해야 하는 긴급한 요구에 직면한다는 공통점을 지닌다.

이렇게 마두로 후보의 선거 캠페인은 차베스 자신의 육체는 부재한 상태이지만 그가 한 번 더 선거에 참여한 것과 마찬가지였다.[2] "차베스를 잃은 상실감과 그럼에도 불구하고 그가 영원할 것이라는 감정을 대중에게 유발하고" 이를 이용하여 선거에서 승리하고자 했다.[3] 즉, 죽은 리더가 참여한 캠페인의 연장인 셈이다. 이런 결정이 내려지면서 선거의 슬로건은 죽은 자에 대한 충성의 서약으로 변한다. "차베스, 맹세컨대, 나는 마두로에게 투표하겠어요." 정치선전의 아이콘으로 '마음'이 사용된다. 이런 맥락 속에서 다음의 발언을 이해할 수 있을 것이다. "내 마음 속으로부터 마두로 지지를, 차베스여 영원하라."

4. 포퓰리즘의 유산

베버에 의하면 많은 경우 탄생한 순간에는 혁명적이던 카리스마가 권력을 획득한 후에는 제도화되는 방향으로 나아간다. 차베스가 대통령이 되자 볼리바르 혁명은 '일상적이고 지속적인 방식으로 권력을 행사'하는 상태를 유지하기 위해 '자신을 구축하는 법을 만드는 방법'을 모색한다. 그 노력의 증거는 무엇보다 볼리바르 헌법의 디자인으로 나타난다. 볼리바르 헌법은 차베스주의의 정치사회적 열망을 정당화하는 한

---

2) 차베스는 자신의 병에 신경 쓰지 않고 2012년 10월 새로운 임기를 위한 선거를 요구했다. 비록 승리를 거두었지만 건강이 악화되면서 해당하는 임기를 채우지 못했다. 2013년 3월 5일 그가 사망하면서 선거를 다시 해야 했고, 그 결과 베네수엘라는 매우 짧은 기간 내에 두 번의 대통령선거운동을 치르게 되었다.

3) "Canción eletoral de Nicolás Maduro. Un remix de los éxitos de Chávez," en *Jingle Electoral*(2016.3.22). <http://jingleelectoral.com/2013/03/22/cancion-electoral-de-nicolas-maduro-un-remix-de-los-exitos-de-chavez/>

편, 동시에 대통령에게 집중된 대중의 권력을 제도화하는 데 도움을 주었다. 특히, 헌법의 마지막 조항은 차베스에게 '위임받은 대통령' 역할을 부여했다. 그리고 그의 '지지자'들은 '초대한 사람들'이자, '특별한 권리를 가진 중요 인물들'이며, '카리스마를 지닌 인물과 운동을 함께 하기 원하며' '국가와 당에 봉사하는 사람들'로 규정한다(Weber, 1992: 857~858). 권력을 차베스에게 집중시키는 것, 그리고 혁명의 논리로 여러 가지 공적인 요구를 제도화한 것은 차베스가 실천한 놀라운 일에 매료된 그의 지지자들로부터 정당성을 인정받았다.

마두로가 최고 위치에 올랐을 때는 이미 볼리바르 혁신이 일상이 되었는데, 이제는 카리스마를 가진 진정한 권위의 부재 속에서 지속시킬 필요성에 직면하게 되었다. 자신에게 은총이 부재하다는 사실을 자각한 마두로는 자신의 멘토가 이룩한 포퓰리즘 담론을 대대적으로 복제했으며, 이를 통해 "민중과 그 반대파 사이의 정치적 경계"를 재생산했다(Panizza, 2010). 라클라우는 이에 대해 "정적을 만들지 않는 포퓰리즘 담론은 존재하지 않는다"고 지적한 바 있다(Laclau, 2009: 59). 이것이 바로 마이크를 쥘 때마다 후계자가 행동하는 방식이었다.

"민중을 경멸하는 보수주의자들에 대항하여 투쟁해야 한다" 혹은 "이곳은 결코 제국주의자들이 발 딛을 수 없는 신성한 대지이다"는 대통령이 내부와 외부의 적에 대해 반복적으로 활용한 구절이다. 정치사회 영역에서 이러한 이분법적 방식의 운용은 차베스에 대한 종교적 숭배에 의해 강제되었다. 도시든 시골이든 사라진 리더의 사진이나 이미지가 발견되지 않는 곳은 없었다. 베네수엘라의 어느 장소에나 감시하는 시선을 존재하게 되었다. 정부가 지은 주택 건물에는 고인의 서명을 크게 새겨 놓았다. 마찬가지로 차베스의 이름이 새겨진 옷과 물건을 진열한 공간을 만들었다. 마치 그리스도에 대해 말하는 것처럼 마두로는 주거를 위한 위대한 임무(Misión Vivienda)를 '차베스가 지상에 행한 기적'으로 소개했다. 그에게 차베스는 "시몬 볼리바르 이후 앞으로 도래할 수 세기 동안 조국의 가장 위대한 운동가이자 지도자"인 것이다.[4]

마두로는 이분법적 담론과 죽은 '국부'를 되살리는 정치를 구축한다. 하지만 또한 예상치 못한 선물을 주는 방식으로 민중에 더 가까이 다가가고자 노력한다. 한 여성은 대통령 소유의 트럭을 선물 받았는데, 그것은 그녀가 대통령 일행을 고속도로에서 우연히 만난 '행운'에 기인한다. 마침 그날 그녀는 고속도로에서 낡은 차가 고장이 나버려 난감해하고 있던 상황이었다. "차에서 나와서 이 (대통령의) 차에 타세요. 내가 내일 똑같은 것을 하나 드리겠습니다."[5] 그녀는 망고 하나를 그에게 내밀었고 그에 대한 답례로 마두로는 집 한 채를 선물했다. 이것이 선전용이건 그렇지 않든 그의 전략은 차베스와 마찬가지로 기적을 행하는 것이다. 그럼에도 불구하고 이러한 기적들은 그가 권력에 오른 이후 표류하는 나라가 처한 어려움의 바다에서 희석되어 버린다.

5. 어려움을 극복하는가?

권력에 오른 첫해에 대중에게 다가서려는 마두로의 홍보 캠페인이 시작되었다. 차베스의 이미지를 정부의 행사에서 이용했지만 국민 생활의 악화를 막을 수는 없었다. 그래서 그는 '마두로는 민중이다'라는

---

4) "Maduro: Chávez siempre buscó completar la obra del Libertador," en *El Universal* (2015.7.5).

5) "Maduro sorprende a familia, al bajarla de su 'cantante' y la presta su camioneta," en *Venezolana de Televisión*(2015.7.5).

구호를 통해 자신이 과거에 운전사였다는 사실을 알리면서 노동자로서의 소박하고 친근한 모습을 보여주기 위해 노력했다.

하지만 통치 기간 중 그에 대한 베네수엘라 국민들의 호응은 줄어들었다. 국내에서 가장 신뢰도가 높은 통계와 자료 분석에 의하면, 84%가 상황이 좋지 않다는 의견을 밝혔다. 마두로가 대통령이 된 후 차베스주의에 대한 지지가 절반으로 감소했다.6) 차베스가 마지막으로 공식석상에 얼굴을 드러낸 날에 차베스주의자는 국민의 44%였다. 그러나 2015년 6월 이 수치는 22%로 하락한다.7)

정부에 대한 지지가 대폭 추락한 사실은 사회적 불안, 빈곤의 확대, 그리고 물가상승과 생필품의 부족으로 표현되는 베네수엘라 국민들의 삶의 질이 악화된 것과 관련이 있다. 유엔 산하 라틴아메리카카리브경제위원회(CEPAL)에 따르면 베네수엘라의 빈곤률이 2012년 25.4%에서 2013년 32.1%로 상승했다.8) 베네수엘라의 주요 대학 세 곳에서 공동수행한 조사에서 2015년 11월의 베네수엘라 국민들의 수입을 기준으로 76%가 빈곤에 처해 있다고 밝히고 있다.9)

전문가들은 누적된 연간 물가상승률을 236.3%로 계산하는데 이는 세계에서 가장 높은 동시에 베네수엘라 역사상 가장 높은 것이었다.10)

---

6) 차베스주의에 대한 득표율이 감소된 것은 마두로가 선출될 때 시작되었는데, 이때 상대편인 엔리케 카프릴레스(Henrique Capriles)와 겨우 1.59% 차이로 대통령에 당선되었다는 것을 기억할 필요가 있다.

7) "Datanálisis: Maduro bajó a la mitad el apoyo al chavismo," en *El Universal* (2015.7.4).

8) Cepal, "Pobreza en Venezuela aumentó a 32.1%," en *El Universal*(2015.1.26).

9) Victor Salmerón, "La pobreza mediada por ingresos se disparó hasta 76% en Venezuela, según Encovi," en *Prodavinci*(2015.11.20).

10) "Economistas concluyeron que la inflación anualizada en Venezuela alcanzó

안전 문제 또한 베네수엘라 사람들의 일상적으로 마주치는 고통스런 현실이다. 실제로 범죄가 상당히 증가했는데, 이는 약 90%에 달하는 범죄자가 처벌받지 않는 것에 기인한다.[11]

이와 같은 상황은 최근 수년간 상당한 정도로 증가한 사회적 저항과 불가피한 연관관계가 있다. 정부는 마두로의 이미지를 새롭게 구축하려고 했다. 이번에는 그를 모든 역경에 직면한 인간으로 묘사한다. 그럼에도 불구하고 앤 윌너(Anne Willner)가 지적하듯이 매스미디어는 기존의 카리스마를 홍보하기 위해서는 유효한 수단일 수 있지만, 당대에 기반이 약하거나 부재한 상황에서 카리스마를 만들어낼 수 있는 것은 아니다(Strong y M. Killingsworth, 2011: 400).

대통령의 위치를 강화하려는 홍보작업에도 불구하고 기층에서는 마두로의 정부가 허약하다는 의식이 퍼지고 있었다. 1992년 작전에 가담했던 장군 출신이자 이 기간 동안 국회의장을 역임한 디오스다도 카베요(Diosdado Cabello)는 체제의 전지전능한 인물로 변하면서 대통령보다 더 큰 세력과 공간을 장악하게 되었다. 아마도 군부 출신이 아닌 마두로의 약점을 카베요를 통하여 덮으면서 볼리바르 혁명의 아버지가 가졌던 군사적 성격을 유지하려고 한 것 같다. 따라서 마두로 정부에서 군부 출신의 행정부 소속 관료의 숫자가 차베스 당시와 비교하여 늘어났다는 사실은 이 주장을 설득력 있게 뒷받침한다.

236.3%," video en *El Universal*(2015.12.4).

11) "Inseguridad en Venezuela: el índice de impunidad alcanza el 90 por ciento," en *Infobae*(2014.1.9).

6. 마두로주의자 없는 차베스주의는 새로운 정치적 정체성을 의미하는가?

2015년 초 포커스 그룹은 카라카스에서 다음과 같은 증언을 수집했다.

나는 이 나라의 많은 것이 바뀌고 있으며 사람들이 미쳐가고 있는 것이 아닌가 생각한다. 이제 음식을 구할 수가 없다. …… 어린 아이가 있는 많은 여성들이 우유나 기저귀를 구하지 못한다. …… 지금 정부에 엄청난 반감이 존재한다. 마두로는 아무 것도 제대로 하고 있지 못하기 때문에 많은 사람들이 일어서고 있다. 나도 마두로에게 투표한 것을 후회한다 (Briceño, Hernández. et al. 2015).

엑토르 브리세뇨(Héctor Briceno)가 말한 것처럼 마두로가 2013년 4월에 대통령이 된 후 2015년 6월까지 재임한 기간은 "1998년에서 2013년 사이의 정치를 규정한 양 극 사이에서 새로운 정치적 정체성이 나타난 것을 의미한다. 그중 하나는 차베스주의자가 마두로 지지자를 의미하는 것은 아니라는 점이다. 이제 차베스주의의 커다란 군도에서 떨어져 나가게 되었다(Briceño, 2015.6.4)." 이러한 새로운 경향은 사망한 차베스가 요청했던 마두로에 대한 충성심이 점점 더 약화된다는 것을 보여주는데, 게다가 차베스 지지자들 간의 정서적 결합이 국가가 병들어감에 따라 해체되고 있는 것처럼 보인다. 베버에 따르면 카리스마를 가진 우두머리는 "그를 숭배하는 사람들이 그로 인해 **모든** 것이 잘되가고 있다고 믿을 수 있는 것에서 자신의 신성한 임무를 증명해야 한다. 그런 일이 벌어지지 않으면 신이 보낸 주인이라는 사실이 성립되지 않는다."(Weber, 1992: 850. 강조는 필자). 차베스는 절반은 신으로 추앙받았다.

마두로는 후계자임에도 불구하고 카리스마라는 재능을 부여받지 못한 데다가 덧붙여 지지자들을 **고생시키기 시작**한다. 정치와 이데올로기에 대한 절망이 차베스주의의 문을 두드리고 있는 것처럼 보이며, 그에 따라 당의 기반에서 대통령이 분리되었다.

자신들의 권리와 조국을 위해 싸우는 것을 포기한 탈정치화되고 탈이데올로기화된 민중들은 차베스가 남긴 유산의 파괴에 나서는 눈먼 도구로 변할 것이다. 그리고 혁명이 이룬 성과를 잃어버리거나 혁명 그 자체를 비난하는 상황을 맞이하게 될지도 모른다. 다시 민중의 혁신과 재정치화, 재이데올로기화, 재도덕화를 위해 나아갑시다.[12]

7. 혁명과 이별하는가?

이러한 상황을 고려하면 볼리바르 혁명 과정의 활기찬 에너지는 고갈되기 시작하고, 담론적 측면으로 축소되는 인상을 받게 된다. 라클라우는 이런 측면에서 우리에게 유용하다. 그는 이렇게 경고한다.

포퓰리즘의 공간으로 결정된 체제는 제도화되면서 분리주의 논리가 다시 우세해지기 시작한다. 그리고 이에 해당하는 대중적 정체성은 그 정치적 기능과 효과가 제대로 작동하지 않는 상투적인 선전구호로 바뀌게 된다. …… 이 경우, 구체적인 사회적 요구와 그에 상응하는 지배적 담론 사이에

---

12) "Presidente Maduro alerta sobre proceso de despolitización y desideologización de algunos sectores del pueblo," en *Maduro Pueblo Presidente*, blog(2015.6.2).

서 점점 더 멀어지는 거리감이 전자를 억누르는 결과를 가져오고 후자는 폭력적 강제와 압력으로 귀결되는 경우가 종종 벌어진다(Laclau, 2009: 67~68).

이 글에서 위대한 리더의 카리스마를 일상적 차원으로 안착시키려는 것과 관련하여 살펴본 볼리바르 기획의 제도화는 실제로는 차베스 대통령 당시에 시작되었다. 하지만 분리주의 논리가 악화된 경제로 인한 민중의 불만과 그 결과 이들의 요구가 분출되면서 과도하게 표출되기 시작한다. 이 상황에 직면하여 모든 대중의 요구를 응축시켜 민중을 중심으로 구축된 수사학은 라클라우가 지적하듯이 상투적인 선전구호로 바뀌게 되었다. 대중의 힘을 위협하고 제거하려는 반대파인 적들을 공격하기 위해서 속이 텅 비어 있고 반복적인 언술 속에서 만들어진 논리가 끝없이 재생산된다.

혁명이 실패할지도 모른다는 가능성이 제기되면서 마두로는 '학살과 죽음의 시대'를 알렸다. 입법권을 잃게 되는 상황을 두고 대통령은 다음과 같이 지적한다. "우파가 의회를 장악한다면 심각한 상황이 벌어질 것이고 …… 거리에서 이에 반발하는 저항이 발생할 것이다. 나는 가장 먼저 거리로 나와 민중과 함께 혁명을 방어할 것이다."[13]

이러한 위협과 선거 과정에서 여당으로서의 엄청난 이점을 가지고 있었지만 2015년 12월 6일 치러진 선거에서 민주통합원탁회의(la Mesa de la Unidad Democrátcia, MUD)는 정부보다 두 배가 많은 112석을 얻으면서 승리를 자축했다. 이 결과는 야당을 승인하는 것이었으며 국가의 권력 구도의 균형추가 바뀌게 되었다.[14] 또한 혁명에 대해 대중 주체가

---

13) *El Nacional*(2015.6.22).

갖고 있던 정치적이고 정서적인 신뢰에 타격을 가져오게 된다. 대통령은 공식적으로 패배를 인정하면서도 이후 "새로운 4-F(92년 쿠데타의 날)가 도래하고 혁명의 대중적 에너지를 창조하기 위한 혁명적 전략"을 마련해야 할 필요성이 있음을 주장한다.[15]

석유 가격의 폭락으로 인해 대통령이 포퓰리즘의 분배를 심화하고 확대할 수 있는 공간이 축소되었다. 이는 혁명이 겪는 여러 가지 어려움을 넘어서는 것을 방해한다. 차베스 자신이 혁명에 연속성을 가져오기 위해 선택한 후계자가 역설적으로 혁명을 위험에 빠뜨려 버린 상황이 되었다. 그럼에도 불구하고 권위적인 행정부 틀은 지배적인 힘을 유지하기 위해 최선의 노력을 하고 있다. 이는 통치력에 심각한 문제를 유발할 수 있다.

8. 결론

니콜라스 마두로가 공화국의 대통령 자리에 오른 것은 역설적으로 볼리바르 혁명의 시간이 경과하면서 우고 차베스가 소유했던 거대한 카리스마 무게를 더욱 강조하고 있다. 이 조건이 부족한 후계자는 미디어를 이용한 전략을 통해 이를 만회하고자 했으나 포퓰리즘적 담론을 무의미하게 반복하고 말았다. 거기에 덧붙여 베네수엘라 국민들이 겪는

---

14) 예를 들어 이런 수준의 결과는 제헌의회를 소집하는 데 있어 주도권을 쥐고, 관련된 법을 수정하고, 헌법 재판소의 판사를 해임하고, 시민들의 조직에 이름을 제정하는 것을 허용한다.

15) "Maduro de pueblo acompañó a Maduro en asamblea popular," en *Aporrea*, blog(2015.12.10).

삶의 질의 심각한 악화는 볼리바르 혁명의 지속성에 위기를 가져온다. 의회에서 야당의 대승은 이 점을 더욱 부각시킨다. 마두로가 보여주는 카리스마가 사라진 정부의 포퓰리즘 전략은 차베스가 구축한 혁명적 틀을 유지하는 데 기여할 수 없는 것처럼 보인다. 게다가 석유의 수입이 급감하고 있는 지금과 같은 상황에서는 더욱 그렇다.

참고문헌

Briceño, H. 2015.6.4. "Chavistas no maduristas. Los nuevos actores políticos, parte I." *Política UCAB.*

Briceño, Héctor, José Luis Hernández. et al. 2015. *Informe de grupos focales. Expectativas de los ciudadanos.* Caracas: mimeo.

Castellanos, José Emilio. 2013.1.4. "¿Por qué Nicolás Maduro es el hombre de los hermanos Castro?" *Análisis Libre.*

Laclau, Ernesto. 2009. "Populismo: ¿que nos dice el nombre?" en Francisco Panizza(comp.). *El populismo como espejo de la democracia.* Buenos Aires: FCE.

Karol, Strong and Matt Killingsworth. 2011. "Stalin the Charismatic Leader?: Explaining the 'Cult of Personality' as a Lgitimation Technique." in *Politics, Religion, Ideology,* vol. 12 No. 4.

Panizza, F. 2010. "Introducción." en F. Panizza(comp.). *El populismo como espejo de la democracia.* Buenos Aires: FCE.

Santodomingo, Roger. 2013. *De Verde a Maduro, Debate.* Caracas.

Torre, C. de la. 2013. "El populismo latinoamericano: entre la democratización y el autoritarismo." *Nueva Sociedad,* No 247, 2013.9-10. <www.nuso.org>

Weber, M. 1992. *Economía y sociedad.* México, DF: FCE.

Zanatta, L. 2008. "El populismo entre religión y política. Sobre las raíces históricas del antiliberalismo en América Latina." en *Estudios Interdisciplinarios de América Latina y el Caribe* vol. 19, No. 2, pp.29~44.

제11장

포스트신자유주의의 이해와 우고 차베스의 유산

앤서니 페트로스 스파나코스 · 디미트리스 판툴라스 _서민교 옮김

우고 차베스는 대통령 재임 중 헌법, 낡은 정당 주도 정치, 베네수엘라의 '제4공화국', 미주자유무역지대(FTAA) 등 많은 것들의 죽음을 선언했다. 2013년 그가 죽은 이후 학자, 활동가, 시민들에 의해 그가 남긴 유산에 대한 풍부한 논의가 이루어져왔다. 그가 남긴 유산 가운데 하나는 포스트신자유주의를 이해하는 방식인데, 포스트신자유주의는 대립·모순되는 방식으로 이해된다. 일부 요소들은 신자유주의 정책을 보완, 개선, 번복하려 하거나 신자유주의 논리를 극복하고자 하며, 다른 요소들은 신자유주의의 싱딩 부분을 계승한다. 이 글에서는 신자유주의와 포스트신자유주의의 용어에 대한 논의 후, 구체적으로 포스트신자유주의의 대립·모순되는 네 가지 모습을 차베스 집권하의 베네수엘라를 통해 살펴볼 것이다.

앤서니 페트로스 스파나코스 Anthony Petros Spanakos 몬트클레어 주립 대학교 (Montclair State University) 정치학과 교수로 『비교정치학을 개념화하기 (Conceptualising Comparative Politics)』의 공동 편집자이다.
디미트리스 판툴라스 Dimitris Pantoulas 카라카스의 최고 경영학 연구소 (Instituto de Estudios Superiores de Administración)의 객원 연구원이자 정치분석가로 활동하고 있다.

* 이 글은 *Latin American Perspectives*, Issue 212, Vol. 44, No. 1(2017)에 실린 글을 옮긴 것이다.

1999년 우고 차베스는 대통령으로 취임하면서 '죽어가는 헌법'을 땅에 묻고 새로운 헌법을 통하여 베네수엘라가 다시 태어날 것임을 선언했다(Krauss, 1999). 대통령 재임 기간 14년 동안 그는 1961년 제정 헌법, 낡은 '정당 주도 정치', 베네수엘라의 '제4공화국', 미주자유무역지대(FTAA) 등에 종말을 선언했다. 2013년 그가 사망한 이후 학자, 활동가, 시민들은 차베스가 남긴 유산에 대한 다양한 논의를 진행했다. 이 글 또한 차베스가 선호했던 주제인 신자유주의를 지난 20년 동안의 베네수엘라 정치라는 프리즘을 통해 살펴보면서 논의에 기여할 것이다. 신자유주의에 대한 차베스의 독설을 고려할 때 이 문제에 대한 그의 유산은 명확하다고 생각할지 모르지만,[1] 차베스나 신자유주의 모두 단순한 분석을 통해 이해할 수 있는 대상이 아니다. 실제로, 라틴아메리카 좌파 -차베스는 상당히 중요한 인물이었다-의 발흥은 포스트신자유주의적 가치에 대한 합의와 포스트신자유주의가 어떤 성격을 가져야 하는가에 대한 불일치를 드러내고 있다.

이 글에서는 신자유주의와 마찬가지로 포스트신자유주의 또한 분석적이기보다는 수사적인 가치를 가지는 개방적이고 논쟁적인 의미 영역으로 이해한다. 그리고 중첩되기도 하는 포스트신자유주의의 네 가지 영역을 강조할 것이다. 포스트신자유주의는 다음과 같은 점들에서 '포스트(post)'일 수 있다. ① 신자유주의를 일시적으로 따르지만 수정하고, 또는 수정하거나 확장하고자 한다. ② 정치와 국가를 사유하는 방식에서 신자유주의를 극복하고자 한다. ③ 완전히 새로운 존재론적이고, 혹은 존재론적이거나 이념적인 기획을 만들어내고자 한다. ④ 지배적이

---

1) 벅스턴(Buxton, 2009)은 차베스 정부 정책의 대다수가 특별히 반신자유주의적인 것은 아니었지만, 그의 캠페인과 수사는 그러했다고 지적한다(Gates, 2010 참조).

지는 않더라도 신자유주의가 여전히 중요한 영역을 포함한다. 이 같은 유형 분류가 지향하는 목표는 라틴아메리카 전역에 걸친 포스트신자유주의적 정치행위자들이 다양한 방식으로 스스로의 위치를 규정하는 노력을 존중하면서 그들의 견해와 발언, 행동을 분류하는 것이다 (Schaffer, 1998).

1. 신자유주의/포스트신자유주의란 무엇인가?

데이비드 하비(David Harvey, 2005)의 신자유주의 비판으로 인해 학자들은 신자유주의가 내포하는 복잡다단한 문제들을 고려하게 되었다. 세계 선진 각국이 맞이한 신자유주의의 명백한 위기는 라틴아메리카에서 가장 먼저 일어났던 정치적 논쟁에 관심을 갖도록 한 것으로 보인다 (Coronil, 2011 참조). '포스트신자유주의'에 대한 질문이 점점 더 많은 주복을 받고 있지만(Arditi, 2008; Grugel and Riggirozzi, 2012; Yates and Bakker, 2013), 이 주제에 대한 초기 연구 대부분은 신흥 좌파와 그들이 집권 기간 동안 무엇을 실행했는가에 초점을 맞추고 있다(Ellner, 2012).

'포스트신자유주의'를 정의하기란 쉽지 않다. 파니자(Panizza, 2009)는 포스트-워싱턴 콘센서스에 기여한 여러 견해, 행위자 및 구조들을 논의하지만 그것을 정의내리는 것은 주저한다. 실바(Silva, 2009)는 토지, 노동, 자본이 상품화되는 경향을 포착하고 교정하고자 했던 논쟁적인 정치 체제를 연구하면서 포스트신자유주의뿐만 아니라 신자유주의 자체를 정의하는 것조차 피한다. 코로닐(Coronil, 2011)은 2008년 금융위기와 라틴아메리카의 가능한 미래상을 연결하는 논문에서 신자유주의를 오직 그 결과들(복지국가의 축소, 불평등 심화, 사회적 양극화 심화)로만 정의한다. 코로닐에게 포스트신자유주의는 신자유주의에 반대할 명백한 필요성과 사회가 어떤 방향으로 나아가야 할지에 대한 불명확성이 혼재된 개념인 것이다(Lomnitz, 2006 참조). 펙, 테오도르, 브레너(Peck, Theodore, and Brenner, 2012)는 포스트신자유주의를 언급하는 것을 불편해한다. 대신에 이들은 혼종적 양태를 갖는다고 가정하면서, 공간적으로 균질하지 않은 상태로 분포되어 나타나는 '신자유주의화'를 연구하는 것을 선호한다.

즉, 포스트신자유주의를 정의하는 것을 회피할 만한 여러 가지 이유가 존재한다. 가장 명백한 이유는 신자유주의를 정의하는 것이 어렵기 때문이다. 보샌드 갠스-모스(Boasand Gans-Morse, 2009)는 1990년도부터 2004년도 사이에 출판되었고 신자유주의에 대한 논의를 담고 있는 학술지 148개를 검토했는데, 그중 70%에 육박하는 연구에서 신자유주의에 대한 간단한 정의조차 담고 있지 않았다고 지적한다. 게다가 문헌에서 신자유주의라는 용어는 불균질적으로 사용되면서 일반적으로 서로 다른 현상들(경제 개혁 정책, 총체적 발전 모델, 이념, 또는 심지어 학문적 패러다임 등)에 적용되었다.

현상에 관한 정의는 사회과학의 고질적 문제이며 대부분의 주요 개념들이 '흐릿한(fuzzy)' 것이 사실이다(Schmitter, 2009). 학자와 정치행위자들이 자주 언급하는 민주주의, 신자유주의, 포퓰리즘, 정당성(legitimacy) 등의 용어는 다양한 방식으로 원용된다. 학자들은 두 가지 가능성에 놓이게 된다. 애매함을 제거하기 위해 가능한 적은 요소들을 가지고 개념을 제조하는 것이 하나의 가능성이다(Schedler, 2010). 또 다른 경우는 일관성을 결여한 개념이 실제 세계의 현상을 묘사하고 정치 행위에 동기를 부여하는 데 있어 본질적이라는 점을 인정하는 것이다(Freeden, 2004). 이 글에서는 두 번째 접근법을 취하며, 행위자들이 의사소통과 행위에 있어 다양한 방식으로 포스트신자유주의라는 개념의 상이한 요소들을 사용하는 현상을 존중할 것이다.

다른 주요 정치학 개념과 마찬가지로 '신자유주의'는 순수한 형태로 존재하는 경우가 드물며 경제적·정치적 제도 속에 내포된 다른 담론들과 공존한다. 따라서 이 개념은 국가와 시간을 가로질러 확산된 관념들의 닫힌 총체성으로가 아니라 "그것이 발생한 구체적인 담론적·정치적 맥락에 따라, 표현되는 과정에서 의미를 획득하면서 특정한 방식으로 굳어진 느슨하게 연결된 개념·구별·주장들의 집합"(Panizza, 2009: 9)으로 이해해야 한다. 이 개념은 야심 찬 비전을 가진 유토피아적 기획인 동시에, 현실에서 나타난 점진적이고 단편적인(piecemeal) 정치 과정이었다. 그렇기 때문에 신자유주의와 포스트신자유주의를 맥락 속에 위치시키는 것이 중요한 것이다. 실제로, 파니자는 신자유주의를 정책 집합으로뿐만 아니라 "자유방임적 자본주의와 연관된 신념들의 느슨한 집합 속의 …… 관념적 틀"로 사고하고 있다.

포스트신자유주의 그리고/또는 반-신자유주의를 표방하는 신자유주의에 대한 도전은 지역적으로 의미 있는 방식과 제도를 통해 저항을 표출하고 지방이나 국가의 시급한 문제에 한정된 저항 담론을 사용하기는 하지만, 공통점을 가지고 있다(Ellner, 2012; Silva, 2009). 사회주의를 표방하는 언어를 자주 사용하는 신구조주의 또는 자원추출주의(extractivist)로 분류되며(Burbach, Fox, and Fuentes, 2003), 반-신자유주의적이지만 여전히 자본주의적이다(French, 2009).

그루젤과 리지로지(Grugel and Riggirozzi, 2012)는 시민의식으로 간주되는 형태의 변화―민주주의의 심화와 시민-시장 관계의 사회화―를 이해하기 위하여 '포스트신자유주의'라는 용어가 가장 효과적이라고 판단한다. 예이츠와 바커(Yates and Bakker, 2013)는 라틴아메리카의 포스트신자유주의를 훌륭하게 분석한다. 이 글은 몇몇 중요한 지점에서 이들의 연구와 차이점을 지닌다. 첫째, 예이츠와 바커에게 포스트신자유주의는 신자유주의를 거부하는 것을 의미하지만, 우리는 '신자유주의의 포괄'(신자유주의를 개선하려는 노력)이 포스트신자유주의의 일부이며, 신자유주의를 제외하는 것은 칠레, 우루과이, 브라질, 그리고 다른 곳들에서 일어나는 요구와 변화를 설명하지 못한다고 생각한다. 둘째, 이들은 신자유주의가 존속함을 인정하지만 포스트신자유주의에 포함시키지는 않는다. 그러나 우리는 '포스트'신자유주의적 환경 속에서도 신자유주의가 여러 행위자들에게 의미 있는 논리를 지속적으로 제공한다고 믿는다. 예이츠와 바커는 노동당 집권하의 브라질을 설명하면서 이 지점을 인정하지만(Burbach, Fox, and Fuentes, 2013 참조), 그들이 개념화한 포스트신자유주의에는 여기에서 나타나는 잠재적인 모순적 갈등을 허용할 여지가 존재하지 않는다. 벱빙턴(Bebbington, 2011)은 상당히 많은 '포스트신자유주의' 정부가 천연자원 생산에 있어 여전히 신자유주의적 정책을 집행하고 있기 때문에 실제로 그렇게 불릴 수는 없다고 주장한다.

그루젤과 리지로지, 그리고 예이츠와 바커는 민주주의를 정의하면서 지역정치 그룹들과 국가가 갖는 보다 큰 역할과 사회적 경제(social economy)를 확립하려는 새로운 국가-사회-시장의 관계에 주목한다. 이러한 시도는 핵심적이다. 그렇지만 현재의 정치·제도체제 하에서 시민의 힘과 이들의 참여를 강화하고 혁신의 고취를 목표로 하는 — 보통 자원 수출, 그리고/또는 높은 가격을 통하여 뒷받침되는 — 전통적인 국가 주도적 시도와 정치적 존재론 자체를 재구성하려는 더욱 원대한 시도를 구별해내지 못한다. 예이츠와 바커는 수막 카우사이(sumak kawsay)[2])가 완전히

---

2) 케추아어로 '참살이'를 뜻하며 안데스 원주민들의 삶과 우주관을 지칭한다. 20세기

반-신자유주의적은 아니라고 언급했는데, 이는 두 시도 사이에 차이가 존재함을 암시한 것이다. 그렇다고 이것이 포스트신자유주의의 다른 형태라고 생각하지 않는 데 반해, 우리는 그렇다고 생각한다.

우리가 제시하는 새로운 분류에서 '포스트신자유주의'는 다음과 같은 점들에서 '포스트'라고 부를 수 있다. 첫째, 인식의 예리함과 자각의 정도는 상이하다고 해도 신자유주의를 기반으로 하는 정책들에 대한 장단점을 인지하고 있으며 신자유주의를 일부 받아들여 그것을 보완하고 교정하고자 한다. 신자유주의는 불완전하며 2~3세대 정도의 개혁(Krueger, 2000) 또는 혜택이 확대되어 보다 넓은 계층의 수혜자에게 돌아갈 필요가 있는 것(Stallingsand Peres, 2000)으로 보인다. 신자유주의에서 비롯된 가격 안정성과 수출 확대의 가치는 인정하지만 부의 집중, 무역 불균형, 자본 계정의 취약성 등은 교정의 대상이다(Ocampo, 2011). 이 포스트신자유주의는 신자유주의 정책들의 거친 모서리를 부드럽게 하여 행정 메커니즘을 제도화하고자 하며, 거시·미시경제적 측면에서 취약성을 감소시키고 성장을 촉진시키며 가격 안정성을 유지하는 것을 전반적인 목표로 한다. 정부와 시민 사이의 지속적인 분리와 전문성을 제고하는 행정으로서의 정치라는 개념을 바탕으로 한다.[3] 이러한 접근법은 칠레의 콘세르타시온(Concertación)[4] 정부에 대한 해석과 관련이

말과 21세기 에콰도르와 볼리비아에서 발전된 정치 이념으로 이들 나라의 새로운 헌법에 포함되었다. ─옮긴이

3) 이는 재정 건전성과 거시경제의 안정성을 중요시하는 신개발주의자와 신구조주의를 포괄할 수도 있다.

4) 1988년 피노체트 이후 민주화 과정에서 중도와 좌파 정치단체들이 결성한 연합으로 1990년 선거부터 2010년 보수 후보가 당선되기 전까지 칠레의 대통령선거에서 승리했다. ─옮긴이

있다(Castañeda 2006; Navia, 2010).

둘째, '포스트신자유주의'는 신자유주의를 넘어서는 정치를 일컬을 수 있다. 여기서 언급되는 '정치'는 단순한 행정이 아닌 아니라 대표성, 행동권, 자율성의 공간이다. 포스트신자유주의에 대한 이러한 접근은 신자유주의 시대의 정치 체제를 교정하거나 완성하고 보완하는 것을 목표로 삼지 않는다. 이 관점에서 신자유주의 정치 체제는 문제 해결에 집착하고, 공동체와 행동권의 건설에는 충분한 관심을 기울이지 않으며, 정부를 무력한 심판자의 지위로 축소시킨다. 이전의 접근 방식과는 달리 이 접근은 세계화로 인한 정부의 자율성 축소를 강조한다. 그루젤과 리지로지(Grugel and Riggirozzi, 2012: 4)는 "빠르게 변화하는 세계 정치 경제 속 '위치를 잡아가는' 국가 경제들의 요구에 반응하는 가운데 정부의 사회적 책임에 초점이 맞추어진 정치경제를 발전시키기 위해 진화하는 시도"라고 언급한다. 이 포스트신자유주의가 신자유주의와 맺는 관계는 논쟁적일 수 있으나, 여전히 국가 자본주의를 지지하는 공간 내에서 작동한다. 이 같은 포스트신자유주의 정치의 대표적인 예로는 신자유주의 시대에 상실한 주권을 회복하고, 사회·경제적으로 취약하고 소외된 계층을 보호하며, 보다 강력한 정부를 지지하여 사회 내 권력관계를 재정립하고, (국영화 혹은 공영화를 통해) 공공의 부를 창출하며, 사회 정의를 촉구하기 위하여 자원의 수출을 활용하는 프로젝트가 될 수 있다. 볼리비아 부통령 알바로 가르시아 리네라(Álvaro García Linera)가 밝히고 있듯이 "정부는 국가의 부를 창출하는 주 요소이다. 이 부는 자본화되지 않고 보너스, 지대, 주민에 대한 직접적인 사회보장, 공공요금과 기준 유가의 동결, 그리고 농업 생산에 대한 지원금을 통해 사회 전반에 재분배된다"(Burbach, Fox, and Fuentes, 2013: 83 재인용).

셋째, '포스트신자유주의'는 존재론적이거나 이념적일 수 있다. 여기서 정치는 공공재를 관리하거나 정부와 시민의 연결을 유지하는 것에 대한 것이 아니라 정치행위자들이 살고 있는 세계를 새로운 방식으로 사유하는 것에 관한 것이다. 이 관점에서 정치는 정치체제 자체를 바꾸는 과정이고, 통치자와 피통치자 간의 구분을 파괴하며, 공공재의 관리권을 전문가의 손에서 빼앗아서─제도의 존재 여부에 무관하게─대중의 손에 쥐어 줄 뿐만 아니라 '공공'과 '재화'의 개념을 재구성한다. 또한, 정치적 정당성의 공개적인 기반이 되는 제헌의회를 개최하고 헌법 제정권을 유지할 것을 제안한다(Azzellini and Sitrin, 2014; Negri, 2009). 거리를 ─어쩌면 유일한─정당한, 혹은 정당성을 부여하는 정치 공간으로 만들면서 제도를 재구성한다(Spanakos, 2015). 명확한 경제정책 처방을 제시하지는 않지만 새로운 도덕적 범주를 확립한다. 수막 카우사이의 측면에서 정치를 바라보는 것은 어느 정도 이 접근법을 보여준다고 할 수있다. 즉, 반드시 케추아어로 표현되어야 하며 스페인어로는 '번역'만 가능한 수막 카우사이는 정치와 공간 사이의 관계를 바라보는 완전히 새로운 방식을 요구한다는 점에서 그러하다. 단순히 정책 꾸러미가 아닌, 신자유주의와 대치되는 근본적으로 새로운 현실로서의 존재론적 기획을 제시한다. 그러한 "반-개발주의적이고 탈식민적인 논쟁은 베네수엘라 대중 사이에서 존재감이 크지 않지만" 부재하는 것은 아니다 (Azzellini and Sitrin, 2014; Escobar, 2010). 이것은 이전에 '배제된' 자들의 요구의 상당 부분을 정당화하는 중요한 논거가 된다. 또한 이미 제정된 헌법보다 헌법 제정권을 지지하는 제도의 가변성을 이바지하는 결과를 낳는다(Spanakos, 2013 참조).

마지막으로, '포스트신자유주의'에는─효율적 정부에 대한 선호, 국가기구에 대한 불신, 정치적 개입이 시장을 왜곡할 것이라는 염려, '가격 정상화'에 대한 관심 등─신자유주의가 내재하고 있다. 신자유주의에서 효율성은 사회적 공익을 최대화하는 것이라기보다는 시장화를 통하여 가능한 비용을 최소화하는 것으로 이해된다(Johnson, 1982 참조). 따라서 신자유주의에서 벗어나는 것은 특정 정책이나 체제, 사고방식을 제거한다는 의미가 아니다. 브라질의 룰라(Lula da Silva)는 두 번째 임기 이후로 주목할 만한 지지도를 이끌어냈지만, (두 번째까지는 아니더라도) 첫 번째 임기에서 신자유주의적 논리를 빈번하게 답습한 바 있다(Burbach, Fox, and Fuentes, 2013; Petras and Veltmeyer, 2005). 룰라 정부가 보다 급진적이고 신자유주의의 대안을 지지했던 주목할 만한 영역들이 있기는 했지만, 그의 정부는 '실현 가능한' 흑자재정 목표를 설정하면서 국제통화기금(IMF)에 의해 마땅한 칭찬을 받게 되었고, 덕분에 그의 정책개발팀은 브라질의 자본시장 투자자들로부터 신뢰를 얻었다(Sola 2006; Spanakos and Renno, 2009 참조). 오랫동안 활동해온 브라질의 활동가 에미르 사이더(Emir Sader, 2011: 43)는 룰라가 '신자유주의의 최고 관리자'였을 수도 있다는 점을 지적한다. 룰라가 1980년대나 1990년대 초반이 아닌 세계경제포럼과 세계사회포럼의 시기에 정권을 잡고 있었다는 사실은 중요하다. 포스트신자유주의는 이 두 세계를 포괄할 수 있다.

2. 베네수엘라가 보여준 포스트신자유주의의 다양한 얼굴

1) 신자유주의의 확장과 개선

1988년 대선 후보 캠페인 당시, 우고 차베스가 반-신자유주의적이지만 어느 정도 신개발주의적이고 참여적인 의제를 지지한 이래로 그는 '야만적 신자유주의'를 교정하고 길들이기 위한 수사적 측면과 실천적 측면에서 모두 분명한 노력을 기울였다. 차베스는 세계화의 결과에 대응하기 위해서는 "사회적·환경적 감수성을 갖춘 새로운 자본주의의 가능성"으로의 전환과 같은 "기업-경제 세계"에 있어서의 "심오한 변화"가 필요하다고 역설했다(Chávez, 2005). 그러나 차베스 정부 1기(1999~2000)는 급진적인 정치 담론에 걸맞은 정치경제적 계획을 내놓지 못했으며, 대신 그가 제기했던 의제(Gott, 2008: 1356)보다는 (미국 제국주의와 야만적 신자유주의와 같은) 반대한 사실로써 그 성격을 규정할 수 있다.

벅스톤(Buxton, 2003)은 차베스 정책의 원래 목표는-1958년 엘리트집단 중심으로 조직된 첫 번째 민주 정부로부터 시작된-푼토피호(Punto Fijo) 협약5) 이후의 정당 중심 정치 체계에 이의를 제기하는 것이었다고 한다. 그녀의 주장에 따르면 새 행정부는 급진적인 정치경제 의제를 따르기보다는 주로 **푼토피호주의**(puntofijismo)의 주연들(정치행위자, 기업가, 노조)이 새 정부에 대해 행사하는 조직적인 거부에 대응한 것이었다. 실제로, 차베스(1999)는 취임사에서 다음과 같이 말한다. "우리의 기획은 국가통제주의가 아닙니다. 극단적인 신자유주의도 아닙니다. 우리는 국가의 필요성과 시장의 가능성이 극대화되는 중간 지점을 찾고 있습니다." 차베스는 이러한 비전에서 출발하여 국가와 시장-특히 그가 받아들이기에 신자유주의적 구조조정이 지나치게 진행된 전략적 국가 부문(석유산업, 광산업, 천연자원, 중공업, 첨단 기술을 사용하는 군수업)-의 '균형'을 회복하기 위한 국가의 활동을 강조하는 혼합적 경제 모델을 주장했다.

정치적 갈등이 심화되고 있는 중에 추진된 2001~2007년의 국가 경제·

---

5) 1958년 마르코스 페레스 히메네스의 축출 이후 그 해 선거를 앞두고 대의제 민주주의를 확립하려는 목적으로 정당인들 간에 만들어진 협약. 약 40년간 베네수엘라 정치의 기본적인 틀로 기능했다. -옮긴이

사회 발전 계획은 과거와의 첫 번째 단절을 이루어냈지만, 순수하게 신자유주의적인 것도, 분명하게 반-신자유주의적인 것도 아니었다 (PDESN, 2001). 오히려 과다하다고 인지된 신자유주의를 교정하는 폴라니의 이중 운동(double movement)으로 쉽게 이해될 수 있었다(Silva, 2009). 과거의 구조적 문제, 특히 경제 영역에서 자원에서 창출되는 수입에 의존하는 특성을 고발했으며, 보다 생산성이 높고 수출지향적인 경제를 개발할 것을 제시했다. 이 프로그램은 거시경제의 안정성과 재정 건전성을 통해 국내외 투자를 유치하여 경제의 생산을 다양화하고 베네수엘라를 세계경제에 재통합시키고자 하는 내용을 담고 있었다(PDESN, 2001: 16~17). 또한 국가는 불공정한 경쟁에 직면할 경우 국가 산업 부문들과 농업을 보호할 권리를 가지고, 경제의 전략적 부문에 영향력을 행사할 것이었지만(PDESN, 2001: 13), 보다 높은 생산성과 효율성이 요구되었다(PDESN, 2001: 17). 한편, 이 프로그램은 생산 증대와 효율성 향상에 대한 요구에도 불구하고 사회 정의를 강조한다. 프로그램의 기본적인 윤곽은 "'정부의 지원을 받는 자유시장 전략' …… 즉, 라틴아메리카의 신구조주의에 의해 확립된 국가와 시장 간 균형"이라는 유엔 라틴아메리카카리브경제위원회(CEPAL)가 장려하던 계획과 일치했다(Sunkel, 1993: 394).

이러한 접근 방식이 가져온 가시적인 결과 중 하나는 정부 지출의 증가였다. 사회복지 지출의 GDP 대비 비중은 1998년 11.34%에서 2001년 16.7%로, 2004년에는 18.1%로 증가했다. 이 증가분은 대부분 공교육과 보건 분야에 해당하는데, 각각 1996년 공공지출의 2.9%와 1.5%를 차지하며 저점에 머물렀으나 2004년에는 각각 6%와 3.2%로 증가했다. 사회복지 지출의 증가에 따라 재정 균형은 우선순위에서 밀리게 되어 1999년에서 2004년까지는 - GDP의 -1.7%에서 -4.4% 사이의 - 재정 적자를 기록하게 된다. 사회복지 지출 증가의 두 가지 기본 관심사는 차베스의 지지 세력인 빈곤층의 여건 개선과 시민들에게 복지를 실현하는 국가 기능의 회복이었다. 이 두 목표가 혁명적인 것은 아니었다. 많은 점에 있어서 20세기 후반 베네수엘라 정치에서 전형적이었던 사회민주적·신구조주의적 접근법을 계승한 것이었다.

라틴아메리카 지역의 다른 많은 인물들과 마찬가지로 차베스는 정치적 소외와 경제적 소외가 연결되었다고 보았고, 포섭과 통합을 위해서 정부의 역할을 강조했다. 차베스 정부가 비록 시간이 흐르며 극단적으로 변했지만(Buxton, 2009; Ellner, 2008), 신구조주의적 접근법은 존속했다. 그 가운데 하나가 2007년 비공식 시장을 양성화하려는 시도였다. 푼토피호 정치 체제에서 무시되었던 비공식 행상인들(buhoneros)이 차베스의 지지자가 된 것은 당연한 일이었다. 신자유주의자들은 비공식 부문 노동자들을 비대한 정부가 가지는 비효율성의 증거로 비판했지만, 이 문제에 대한 차베스의 반응은 신자유주의 체계를 개선하려는 신구조주의적·사회민주주의적 노력의 전형이라고 볼 수 있다. 2001년 개발계획에서는 비공식 부문을 공식 부문으로 통합시켜 거래비용을 낮추기 위하여 낮은 세금과 직업 훈련을 통해 비공식 부문 노동자의 준법성을 촉진하는 방안이 논의되었다(PDESN, 2001: 71). 2007년 차베스는 매주 출연하는 텔레비전 프로그램 <안녕, 대통령!>에서 주요 교차로에서 행상인을 없애고 대신 그들을 쇼핑몰 단지에 입점시켜 공식적으로 상품을 팔 수 있도록 하는 내용의 행정규칙을 발표했다. 이 발상은 '소외'되었다고 간주된 집단들을 국가가 나서서 포섭하는 것으로서 전혀 새로운 것이 아니었다. 비공식 부문의 양성화는 이전의 정치인들과 정부에 의해 이미 제시된 바 있다. 2007년 행상인들이 저항한 이유는 차치하고, 여기서 중요한 것은 차베스의 접근법이 신자유주의의 문제를 시정하기 위한 시도들과 맥을 같이한다는 점이다. 이 전략은 반-신자유주의적이지 않았다. 오히려 차베스는 자본주의의 포용성을 늘림으로써 자본주의를 구원하고자 했던 것이다. 자본주의 자체가 아닌 비공식성이 문제였으며, 이 경우 정부 개입으로 인해 완화된 자본주의가 해결책이 될 것이었다.

비공식 행상인들의 공적 부문으로의 포섭은 차베스 시대 동안 존속했던 다른 경향인 소비주의를 뒷받침했다. 사회적 포섭과 연대, 평등 등의 가치에 입각한 사회라는 혁명적인 수사는 시장적 관계가 함의하는 수출과 무역에 기반한 경제와는 어느 정도 상충하는 측면을 가지고 있었다. 차베스가 행상인들을 공적 부문으로 포섭하겠다고 결심했을 때 교역과 소비는 몇 년 동안 연속으로 현저한 상승세를 보이고 있었다. 2008년 민간 최종 소비지출은 최대치를 경신했는데(BCV, 2011: 29), 이는 베네수엘라 국민들(특히 빈곤층)의 재화에 대한 접근성 확대와, 동시에 경제의 생산성 저하 및 수입을 위한 석유 지대에 대한 의존성 심화를 가리키는 것이다. 정부가 개발계획에 따라 행상인들을 공식 부문으로 포함시키기 위해 상업 부문에서 계속적으로 영업할 인센티브를 주는 것에 대해 가진 관심은 이러한 맥락에서 나온 것이다.

2) 신자유주의 넘어서기

그루겔과 리지로지(Grugel and Riggirozzi, 2012)는 포스트신자유주의에서 가장 특징적인 부분으로서 신자유주의가 강조하는 '사회 참여'(Ellner, 2012)를 넘어서려 하는 형태의 시민권을 제시한다. 아마도 가장 대표적인 시도로는 공동체위원회(communal council)를 꼽을 수 있을 것이다. 공적 영역에는 2002년, 지역에 기반을 둔 사회·정치 조직 형태로 최초로 등장했으며 2006년 4월 법안이 통과되면서 국가의 행정 체계로 통합되었다. 이 법률은 공동체위원회를 대통령직과 연결시켰지만, 기타 국가·시 단위의 행정 요소들과 맺는 관계는 명시하지 않았다.

비록 차베스 정부 전후에도 참여의 확대를 통해 '민주주의를 민주화' 하려는 시도는 많이 있었지만(Goldfrank, 2011), 차베스를 비롯한 여러 사람들에게 공동체위원회는 '주도적' 민주주의('protagonistic' democracy)[6])를 강화하는 방향으로 권력 지형을 재정립하고자 하는 신중한 노력으로 여겨졌다. 도시 지역 150~400가구로 이루어진 집단(시골 지역 20가구와 원주민 그룹 10개)은 공식적으로 인정받고 정부지원을 받을 자격을 얻기 전부터 ─ 서류 작업을 하고, 승인받기 위한 청원을 넣고, 위원회를 구성하고, 선거를 개최하는 등 ─ 위원회 기능을 수행했다. 위원회들은 지역사회 조직과 관련된 기획들을 결정·설계·집행하고, 중앙 정부의 사회복지 정책들(지역 내 재화의 가계 분배 감독, 교육 및 운동시설 설치, 상하수도 관리 등)과 지역사회를 연계시키는 역할을 맡았다. 공동체위원회의 1차적인 목표는 시민들에게 넓은 범위의 정치적·사회적 영역에서 지역사회의 의사 결정과 집행에 직접적으로 참여할 권리와 수단을 부여함으로써 그들이 자신의 삶의 주인공이 되게끔 하는 것이었다. 그러나 참여적 성격 때문에 공동체위원회와 정부 조직들 사이에서는 종종 갈등이 발생했다. 민주적, 참여적, 수평적인 위원회의 논리는 정부의 대의적 제도와 위계적 관료제 사이에 있는 조직 논리와 명백하게 대립했기 때문이다.

실패한 2007년 개헌은 시·주·중앙 정부와 헌법적으로 동일한 지위를

───────────────

6) 2007년에 제시된 혁명의 다섯 가지 원동력 가운데 네 번째 요소이다. 다른 요소들은 수권법, 개헌, 모랄레스 이 루세스(*Morales y Luces* 빛과 도덕)라는 명칭의 교육캠페인, 그리고 주민 권력의 폭발적 증대이다.

'민중 권력'에 부여하는 방안을 담고 있다. "민중은 주권의 원천이며 민중 권력을 통해 주권을 직접적으로 행사한다. 이는 참정권이나 선거가 아닌, 조직되어 국민의 기반이 되는 인간 집단들의 조건에서 비롯되는 것이다." 민중 권력은 여러 다른 지역·사회의 유효한 위원회를 통해 조직되고 표현될 것이었다(Wilpert, 2007). 몇몇 학자들은 이러한 점은 파리 코뮌의 권력의 조직과 직접 민주주의에 대한 마르크스주의적 비전과 맥락을 같이한다고 주장한다(Muhr, 2012).

차베스주의(Chavismo) 진영 내부의 급진적인 집단들(엘너는 이들을 무정부주의와 연관 짓는다)은 공동체위원회를 지역위원회(community council)의 힘과 대조되는 진정한 '헌법 제정권'의 공간으로 보지만, 이는 부분적으로 중앙정부 측의 인정과 자금 제공에 기인하는 것이다(Azzellini, 2010; Ciccariello-Maher, 2013 참조). 여기에 바탕을 둔 사고는 시민권의 확장(이전에는 탈정치화되었던 영역으로의 외연 확장을 통해서)과 심화(더 많은 시민들이 자신들의 삶에 영향을 미치는 행동에 직접적으로 참여하는 것을 통해서)이다. 정부의 역할은 이러한 시민권의 확장과 심화에 박차를 가하는 것이지만, 참여에는 정부와 선출된 행정부가 개입하지 않아야 한다.

이 단락의 의도는 공동체위원회가 언제나 목적을 달성한다고 주장하는 등 공동체위원회를 낭만화하려는 것이 아니다(García-Guadilla, 2007 참조). 다만, 공동체위원회가 기본적으로 탄탄한 형태의 지역적 시민권을 실현하기 위해 설계되었다는 점을 강조하고 싶다. 공동체위원회는 신자유주의적 시민권의 개선이나 외연 확장을 꾀하는 것이 아니라 넓은 의미의 정치적 참여, 지역 사회에의 깊숙한 참여, 그리고 정부 개입으로 그 성격이 규정되는 활발한 양태의 시민권-달리 말하자면, 신자유주의를 넘어서는 모습의 시민권-으로의 전환을 목표로 하고 있는 것이다.

3) 정치의 새로운 존재론

비판자들과 지지자들 모두 우고 차베스의 대통령 재임 기간 동안 정치의 실천과 경험이 상당한 변화를 겪었다는 사실에 동의한다. 이는 여태껏 주로 정치체제 변동 가능성이라는 차원에서 설명되었지만 (Corrales and Penfold, 2011; McCoy and Myers, 2004 참조), 시민권의 변화라는 차원으로 바라보는 것이 더 유익할 것이다. 실제로, "차베스의 가장 중요한 유산 가운데 하나는 그가 추구하는 새로운 형태의 시민권이 향후 몇 십 년 뒤 베네수엘라와 다른 국가 내에서 시민권이 이해되는 방식을 형성한다는 것일지도 모른다"(Spanakos, 2008: 522). 그가 내다본 주도적 시민권은 제4공화국의 신자유주의적 시민권에 대한 대응으로서 반복적으로 등장했다.[7] 신자유주의적 시민권의 특징은 시민권을 자발적 행동, 그리고 경제적·사회적 권리가 아닌 정치적 권리, 개인주의, 소비 차원에서 이해하려는 경향이다(Lechner, 2007; Yashar, 2007 참조). 그런데 차베스 정권하에서는 지지자들뿐만 아니라 반대자들도 시민권을 다르게 생각하기 시작했다. 이는 단순히 신자유주의를 개선하거나 보다 개발주의적이고 국가 중심적인 시민권의 개념으로 대체하는 문제에 불과한 것이 아니라 시민권과 정치를 새로운 방식으로 보려는 광범위한 노력인 것이다.

페르난데스(Fernandes, 2010)에 따르면 볼리바르 기획은 언제나 정치적·경제적인 문제뿐만 아니라 문화적인 요소들도 포함해왔다. 단순히 ―

---

7) 차베스는 베네수엘라 정치 체계를 놓고 수사적으로 시대를 구분하고 그 특징을 정의했는데, 이는 그가 구(舊)체제의 틀을 넘어서서 진행되고 있다고 판단한 시민권(과 민주주의)에 대한 기획을 구별하는 데 도움을 주었다.

아프로-베네수엘라인, 원주민 집단, 여성 등－특정 집단들의 포섭을 촉진하고자 하는 문제가 아닌, 새로운 시민권을 형성하고자 하는 넓은 노력의 일환이었다. 그 한 가지 예로서 차베스는 참가자들이 명시적으로 영웅으로 호명되는 투쟁의 집합인 "사회·민중 운동의 관점에서 본" 역사를 거듭 언급했다(Rein, 2012: 295). 기존에 주변부에 있던 시민들의 투쟁을 역사 속에 포함하려는 노력은 강력한 이익단체에 대항하는 거리의 정치와 투쟁에 매우 중요한 규범적 역할을 부여한다. 이러한 노력은 그동안 배제된 자들에 대한 공감을 이끌어내는 방식인 동시에 시민권을 (재)정치화하는 광범위한 기획의 일환이다. 실제로, 1998년 차베스의 첫 대선 승리 이래로 베네수엘라 인들은 공적 장소인 광장에서의 군중 행진에서든 계속되는 정치적 토론에서든 시민권을 마음대로 포기할 수 없는 활동으로 여기고 있다. 시민권은 정치적 의사결정 행위－반드시 차베스 지지자이거나 차베스 반대자일 필요는 없다－가 수반되었고, 그 결과는 협소하게 규정된 정치적 영역에만 국한되지 않았다.

시민권에 대한 일반적인 관념을 근본적으로 재형성하는 맥락에서는 [국가의] 활동이 강조된다. 신자유주의적 시민권을 심화하거나 교정하려는 노력은－법 집행의 강화와 옴부즈맨의 확대와 같은－시민권에 힘을 실어주는 활동에 국가를 직접적으로 관여시키거나 시장의 힘을 보완하는 프로그램들로 특징지어질 수 있다면, 차베스의 유산은 그러한 방안들에 국한되지 않는다. 시민권의 구(舊)양상을 보완하는 것이 아니라 기존의 시민권 개념에 부합하기보다는 오히려 반대된다. 1986년부터 1998년까지 정부 인사들은 공적 영역에 있어서 기술적 전문지식을 우대하였고, 1958년부터 1994년(또는 1998년)까지 의사 결정은 정당 내에서 정당에 의해 내려진 다음에야 대중에게 전달되었다. 1999년 이후 정치적 소통과 의사 결정은 더 많은 사람들과 더 많은 공적 공간을 아우르고 민중의 언어와 사고를 더욱 폭넓게 수용하면서 더욱 '공적'으로 바뀌었다. 물론, 많은 결정은 하향식이었지만, 주목할 만한 사실은 정치적 논의와 조직화가 '거리'와 공적 광장, 그리고 많은 다른 장소들에 확산되어, 대개 정치에서 소외되었던 사람들이 행위자가 되었다고 느꼈다는 점이다(Spanakos, 2008).

주로 기술적으로 훈련된 전문가에 의한 정치적 구상뿐만 아니라 도전받았을 때만 주장하는 권리 역시 신자유주의적 시민권의 특징이다. 합법적인 것은 보편적으로 적용 가능하다는 가정 하에 신자유주의적 시민권에 의하면 국가는 오직 헌법과 법령에 명시된 시민의 권리만을 보호할 필요가 있다고 상정된다. 차베스에게 시민권이란 자신들의 권리가 제한되었다고 느끼는 사람들에 의한 투쟁뿐만 아니라 그들이 권리의 존재를 주기적으로 환기하는 행위에 기인한다. 이전 정부(와 빈번하게는 제대로 관리되지 않은 차베스주의 정부기관이나 시 당국)에서 그러한 권리를 남용한 사례에 대한 개인적인 증언은 <안녕, 대통령!> 및 다른 친볼리바르 프로그램들에서 되풀이된 주제였다. 여기서 시민권은 권리가 위협받았을 때에야 그것을 환기하는 것이 아니다. 과거에 권리가 침해된 사례와 동시에, 권리의 존재가 헌법에 의해서 보장될 수 없다는 사실을 대중에게 상기시키는 것에 관한 것이다. 과거에 발생한 시민권의 제약을 기억하는 것은 시민권이 정치적으로 이슈화되는 데 핵심적이었다. <안녕, 대통령!>이 종종 희화화되기는 하지만, 차베스가 진행하여 매주 일요일마다 전파를 타고 전국에 방송된 이 프로그램과 그가 사용한 대중적 언어로 인해 정치는 불가피한 것이 되었다. 평소에 정치에 대해 이야기하는지 여부와 그 빈도가 어떻게 되는가에 대한 질문을 받은 시청자는 보통 답변 전에 웃음을 터뜨리며 '항상' 혹은 '정치 말고 다른 게 있나요?'라는 대답을 내놓았는데, 이처럼 정치가 '모든 것'이거나 적어도 일상에 항상 존재한다는 인식은 차베스의 지지자들이든 반대자들이든, 혹은 어느 편도 아니라고 하는 사람이든 모두가 공유하는 바였으며 15년 뒤에도 지속된다.

이러한 의미에서 정치는 몇몇을 위한 천직이나 선택된 생활양식이 아니라 모두에게 있어 생활의 일부였다. 어떤 사람이 정치에 참여하거나 정당 활동을 하거나 정치에 대해 토론하는 것을 거부할 수는 있겠지만, 타인의 참여, 시위, 토론에서 벗어날 수는 없다. 바르키시메토(Barquisimeto)[8]의 한 교사는 다음과 같이 표현한다.

이러한 프로세스는 보통 시민들에게 영향을 미쳤어요. 정치 과정에서 지금처럼 주체성이 두드러졌던 적은 없었습니다. 이곳의 사람들은 말이 없었고, 투표가 끝나면 집에 갔었죠. …… 지금은 정치의 관찰자일 뿐만 아니라 정치에 참여하고 있어요. …… 이제 (사람들은) "나는 나만의 과정에서 주인공이다"라고 생각해요(Spanakos, 2008: 528에서 인용).

반대 측 구성원들 또한 비슷한 느낌을 받았다. 사실, 거의 모든 인터뷰 대상자들이 – 정치 성향, 교육 수준, 계층, 또는 어떤 변수와도 상관없이 – 정치에 대해 '항상' 혹은 '매일' 이야기한다고 대답했다.

베네수엘라 인들이 시민권을 실천하는 방식뿐만 아니라 자신의 삶을 이해하는 방식에서도 정치가 중요해졌으며, 시민권은 또한 새로운 공간적 차원의 성격을 갖게 되었다. 차베스 정부는 권력 지형을 변화시키고자 하는 어렴풋한 욕망, 탈중심화를 위한 노력, 기관들과 맺은 폭넓은 관계 등으로 인해 크게 비판받기는 했지만(Corrales and Penfold, 2011;

---

8) 베네수엘라 라라주의 주도로 인구는 약 200만 명이다. — 옮긴이

Goldfrank, 2011 참고), 그동안 정치 공간은 가시적으로 변화했다. 카라카스와 다른 근교 지역에는 공식적·비공식적으로 의뢰에 따라 만들어진 수없이 많은 정치적 벽화들과 그래피티가 있다. 도시 안을 지나는 시민은 정치 개입을 요구하는 메시지들에서 벗어날 수 없다. 또한 지역 곳곳에 개설된 파견 사무소는 단순히 중립적인 국가기관이 아닌 지역 공동체와 정부 모두를 위해 구상된 공간이다. 페타레[9] 주민들에게 여러 정부 서비스들이 제공되던 한 행사에서 '동네 속으로 들어가는 위대한 임무(Misión Barrio Adentro)'[10]의 정부 관계자는 인터뷰 중 "이제 길거리에도 기관이 있습니다"라고 자랑스럽게 말했다(Spanakos, 2008: 528에서 인용). 흔히 언급되는 이 표현은 도시 지형을 새롭게 보는 방식, 즉 정치와 국가가 상존하며 시민은 둘 다에 대한 권리와 의무를 가진다는 인식을 대표한다. 이는 개선된 신자유주의적 시민이나 단순히 국가 중심적인 매트릭스로의 복귀를 의미하는 것이 아니라─당연히 문제와 모순이 있지만─무언가 새롭고 다른 것을 개발하려는 노력인 것이다.

3) 신자유주의적 사고의 지속

마지막으로, 포스트신자유주의는 신자유주의와 연관된 정치 및 사고와 공존한다. 특히 페르난데스(Fernandes, 2010: 25)가 이 지점을 예리하게 포착해내는데, "도시적 사회운동이 포스트신자유주의적 정부의 도구적 합리성과 충돌하면서 발생하는 권력의 복잡한 역학과 논쟁"을 검토한

---

9) 베네수엘라 미란다주의 도시. ─옮긴이
10) 공공 의료 시스템을 확립하려는 계획으로 2003년 시작되었다. 쿠바의 선진 의료 인력과 의료장비 등을 들여와 이 서비스를 정착시키려 했다. ─옮긴이

다. 또한, 그녀는 놀랍게도 그녀가 신자유주의의 통치성이라고 명명하는 것을 베네수엘라의 볼리바르주의에서도 발견하게 된다. 실제로 그녀는 저서에서 "장소에 기반한 의식과 역사적 기억, 구술적 서사를 통한 자원에 대한 접근과 공공장소에 대한 권리 정당화"를 특징으로 하는 사회 운동과 "도구적이고 질적인 접근법을 활용하여 지역 공동체에 기반한 프로그램과 조직들을 관리하는" 행정인들 사이에서 반복적으로 발생하는 투쟁을 식별해낸다(Fernandes, 2010: 233). 그녀에게 있어서 양측 모두가 차베스를 지지했다는 사실은 운동 내의 다원성뿐만 아니라, 반-신자유주의적 정치인들이 통제하는 정부 행정 내에서조차 존속하는 신자유주의적 합리성을 나타내는 표지이다. 비록 지지자들은 행정상의 보수주의를 '내부 반대파' 혹은 21세기 사회주의에 동의하지 않는 사람들의 반동적인 관료주의적 반응으로 치부하고, 비판자들은 이를 사실의 왜곡과 수사 외에는 변화가 별로 없었다는 증거로 삼지만, 볼리바르 베네수엘라 내에서 신자유주의적 통치성은 여전히 중요성을 가진다. 중요하고 변혁적으로 보이는 정치적 발전에 제약을 가하는 제도적 패턴의 '점착성(stickiness)'을 고려한다면 이는 새로운 사실이 아니다(Skocpol and Pierson, 2002; Thelen and Steinmo, 1992 참조).

차베스 대통령은 집권 1기의 초창기에 전임 대통령 라파엘 칼데라(Rafael Caldera)가 임명한 재무장관 마릿사 이사기레(Maritza Izaguirre)를 짧은 기간 유임시키며 신중하지는 않지만 비교적 온건한 거시경제적 접근을 택함으로써 많은 관찰자들에게 놀라움을 안겨주었다. 비록 (제헌의회나 광범위한 수권법 발동 등) 정치적 의제에서는 보다 급진적인 입장을 취하면서 거시경제영역에서 중도적 노선을 걸은 것은 전략적 행동이었고 민영화 계획은 결국 폐기되었지만, 이는 베네수엘라 원유가격 관련된 어려운 시기에 나타난 정책 제약과 트레이드오프 등 신자유주의적 가정들에 부합하는 행보였다. 재무차관 헤수에 베르무데스는 다음 설명에서 '대안이 없는' 시기에 신자유주의를 수용했다는 사실을 입증한다.

우리는 이미 시작된 민영화와 양허계약 계획을 통해 이것(경기 위축)을 통제하고 싶습니다. 국영석유회사(PDVSA)는 투자자들에게 석유·가스 양허계약을 제시하기 시작했습니다. 국영석유회사는 첫 계약에서는 지분 51%를 차지해야 할 것이지만, 이어지는 계약에서는 외국 기업을 포함한 민간 투자자들이 지분을 100% 다 가질 수 있는데, 외국 기업이 주요 투자자들이 될 것으로 예상합니다(Jesúe Bermúdez, 2002).

(나중에 부패 혐의로 기소된) 베르무데스의 이 선언이 2002년 당시 모든 지지자들이나 모든 정부 구성원들을 대표한 것은 아닌데, 바로 그것이 요점이다. 광범위한 포스트신자유주의 연립정부 내에서, 특히 위기 상황에서 정부 내부의 행위자들은 되풀이되는 문제들을 해결하기 위해 신자유주의적 수단으로 회귀하는 것이다. 신자유주의의 죽음이라는 대통령의 선언에도 불구하고 신자유주의는 정부 내 몇몇 요직을 맡은 행위자들을 통해 살아남게 된다.

세간의 이목을 끄는 지역 파견 사무소에 대한 지출이나 다른 사회정치적 방향의 기획들은 2002년 쿠데타 실패 및 2003년 원유의 발견, 그리고 결정적으로-전 세계적으로-유가 상승으로 인한 정책 자율성 실현 여건 조성 이후에야 본격적으로 시행되었다(Weyland, 2011 참조). 차베스 정부는 또한 재분배 악화와 핵심 지지층에 가해지는 즉각적 피해를 감수하고 볼리바르화 평가절하를 단행했는데, 당시는 '대안이 없던' 시기였다. 이 표현은 신자유주의적 통치성과 연관된 것으로서 발언자의 합리성을 유일하게 실행 가능한 것으로 제시한다(Panizza and

Philip, 2013 참고).

신자유주의적 행정기법 이외의 접근 방법으로 (석유가격 등) 물질적 조건이 가하는 제약을 설명할 수 있을지도 모르지만 정치적인 문제에 있어서는 그러기가 어렵다. 차베스주의에서 반복적으로 나타나는 요구 중 하나는 참여민주주의의 강화인데 비판자들은 이 지점에서, 특히 시간의 경과에 따른 정부의 모순적인 태도를 발견했다(Goldfrank, 2011; López and Lander, 2011 참조). 페르난데스(Fernandes, 2010)에 따르면 볼리바르 정부는 문화 지원을 늘리고 적극적으로 공공·지역매체를 지지했으며 사회의 주변으로 밀려난 분야들을 인정하고 신자유주의를 비판했지만(모두 광범위한 포스트신자유주의 의제의 요소이다), 반-신자유주의 프로그램을 운영할 때조차 신자유주의적 통치성을 계속하여 활용했다. 지역위원회는 권력 지형 변화와 민중에게 헌법적 권력을 부여하기 위한 핵심적 공간으로 인식되었지만 정부가 그것을 인정해주어야 했다. 즉, 활동가들이 흔히 관료주의적이고 통제주의적이며 신자유주의적이라 여기는 논리에 부응해야 했던 것이었다.

볼리바르 혁명의 뿌리는 치카리엘로-마이어(Ciccariello-Maher, 2013)의 정보 제공자 중 한 명이 "우리가 차베스를 만들었다"라고 말한 것처럼 정치가 운동이라는 믿음을 가진 지지자들이었다. 이들의 다수에게 위원회라는 개념은 그들의 정치를 특징짓는 자생적인 의회와 대치되는 것이었다. 실제로 주민 조직에서 오랫동안 일한 활동가들은 흔히 지역 위원회를 자율성과 민주적 가능성을 제한하는 또다른 하향식 정부 형태와 마찬가지라고 본다. 마찬가지로, 정부기관과 관료들은 어떤 문제에 대해 지역공동체의 견해와 상충하는 견해를 미리 결정해놓는 경우가 빈번했는데, 일례로 볼리바르 혁명 기간 동안의 문화 생산(cultural production)이 그렇다(Fernandes, 2010: 144~148). 많은 경우 사람들은 그들의 의사

결정 과정을 혁명적이고 유연하며 창의적이라고 보지만, 꽉 막혀 보수적이고 신자유주의적인 정부 요원들과는 계속하여 충돌하는 것으로 여긴다.

페르난데스는 중산층 정부 관료가 문화 생산을 논의하기 위해 지역 공동체 활동가들을 만난 전형적인 예시를 든다. 정부의 견해는 문화가 지역적으로 '민중'에 의해 생산된다는 것이었음에도, 실무자는 활동가들을 몇 개의 그룹으로 구분하고 그룹별 보고를 받은 뒤 그들의 의견을 미리 정해진 문화 생산 개념에 끼워 맞춰버렸다. 민중이 생산한 문화가 아래로부터의 활동의 소산이 아닌, 위로부터의 명령의 결과인 것처럼 된 것이다. 더욱 문제가 되는 지점은 생산자들이 인정받기 위해서는 - 이사회 등 - 행정부의 요구 조건을 충족해야 한다는 사실이다. 혁명적 예술의 자생적 생산을 찬양하는 바로 그 정부가 그것을 좌절시키는 주범이라는 모순은 의미심장하다.

볼리바르주의 내 신자유주의 존속에 대한 정치 활동가들의 우려는 차베스 사후 심화되었다. 지지층의 많은 활동가들은 포스트-차베스 베네수엘라 통합사회주의당(PSUV) 및 정부 지도부의 중앙 집권화와 제도화 경향이 심화되고 있는 것은 아닌지, 즉 기술적으로 훈련된 관료들과 선출직들의 손에 정치가 되돌아가고 있는 것은 아닌지 걱정하고 있다. 이는 창의성과 자유로운 흐름을 특징으로 하는 (존재론적 기획으로서의 포스트신자유주의인) 거리의 정치와 상충하는 결정적인 움직임이기 때문이며, 또한 핵심 지지집단들이 정부에 부여하는 정당성에 중대한 영향을 끼칠 수 있기 때문이다. 2013년 8월, 베네수엘라 통합사회주의당 지방자치 선거후보자들이 결정되었다. 베네수엘라 정치 기반을 오랜 기간 연구한 다리오 아젤리니(Dario Azzellini)는 다음과 같이 기술한다. "그들은 기층민에 의해 선출된 것이 아니다. 마두로와 베네수엘라 통합사회주의당 내 그의 친구들이 지명한 것이다. 비도덕적이다. 큰 실수이다"(Azzellini, 2013). 후보 선출 단계에서 실시하는 예비 선거를 베네수엘라 통합사회주의당이 자랑거리로 삼으며 홍보했다는 점을 고려한다면, 이는 지지 기반 다수가 정부가 보다 보수적인 이익단체들에 의해 접수되었다고 느낄 수 있는 매우 심각한 역행인 것이다.

3. 결론

신자유주의는 규정하기 힘든 대상이다. 라틴아메리카에서 가장 영향력이 강했던 시기에도 단일한 대상이 아니었다 ― 신자유주의를 하나의 실체로 규정지을 때는 [그 자체를 정의하는 것보다] 어떤 것의 반대 개념으로 설정하는 편이 언제나 더 쉬웠다(Peck, Theodore, and Brenner, 2012) ―. 이제 신자유주의가 전반적으로 부정되는 것처럼 보인다(Bresser-Pereira, 2013). 또한 라틴아메리카의 '분홍빛 물결'도 10년 가까이 지났기 때문에 포스트신자유주의가 무엇인가, 그리고 어떤 점에서 '포스트'인가를 생각해보기에 적절한 순간이 왔다. 라틴아메리카의 가장 공격적인 반-신자유주의자 가운데 한 사람이었던 우고 차베스가 남긴 유산은 그러한 작업에 있어 귀중한 자산이다. 우고 차베스 재임 중, 그리고 재임 이후의 포스트신자유주의 분석은 신중한 관찰자들이 주목한 바를 확인해주고 있다. 반-신자유주의 운동은 그것이 제시하는 것보다는 반대하는 대상이 더 명확하다는 것이다(Coronil, 2011; Lomnitz, 2006). 이 글에서는 포스트신자유주의적인 베네수엘라 내의 중첩되고 때로는 모순되는 다양한 경향을 가시적으로 드러내는 유형 분류를 통해 의미 영역으로서의 포스트신자유주의를 정의하려고 시도했다. 그동안 우고 차베스는 빈번히 ― 지지자,

반대자, 활동가, 장관, 우호적/비판적 학자들 등—특정 그룹의 차베스로 식별되어왔지만 이 연구가 학자들, 실천가들, 그리고 시민들이 그의 유산을 제대로 인식하는 계기가 되길 바란다. 또한, 포스트신자유주의적 정치를 확립하려는 노력이 저평가를 받고 있지만 학계에서 이 시도를 재평가하는 데 있어 이 논문이 통찰력을 제공하길 기대한다.

Arditi, Benjamin. 2008. "Arguments about the left turns in Latin America: a post-liberal politics?" *Latin American Research Review,* 43(3), pp.59~81.

Azzellini, Dario. 2010. "Constituent power in motion: ten years of transformation in Venezuela." *Socialism and Democracy,* 24(2), pp.8~31.

_____. 2013. "Elecciones, control obrero, conferencias." <http://www.azzellini.net> (accessed on 13 August 2013)

Azzellini, Dario and Marina Sitrin. 2014. *They Can't Represent Us! Reinventing Democracy from Greece to Occupy.* New York: Verso.

BCV(Banco Central de Venezuela). 2011. *Informe económico 2010.* Caracas: BCV.

Bebbington, Anthony and Denise Humphreys Bebbington. 2011. "An Andean avatar: post-neoliberal and neoliberal strategies for securing the unobtainable." *New Political Economy,* 16(1), pp.131~145.

Bermúdez, Jesús. 2002. "Tending both sides of the budget"(interview). Latin Finance. <https://business.high-beam.com/435591/article-1G1-89649768/tending-bot h-sides-budget-venezuelan-government-needs>(accessed June 22, 2016)

Boas, Taylor C. and Jordan Gans-Morse. 2009. "Neoliberalism: from new liberal philosophy to anti-liberal slogan." *Studies in Comparative International Development,* 44(2), pp.137~161.

Bresser-Pereira, Luis Carlos. 2013. "Five years later." Folha de São Paulo, October 21. <http://www.bresserpereira.org.br/view.asp?cod=5473>(accessed November 4, 2013)

Burbach, Roger, Michael Fox, and Federico Fuentes. 2013. *Latin America's Turbulent Transitions: The Future of Twenty-first Century Socialism.* London: Zed Books.

Buxton, Julia. 2003. "Economic policy and the rise of Hugo Chavez." in Steve Ellner and Daniel Hellinger(eds.). *Venezuelan Politics in the Chavez Era: Class, Polarization, and Conflict.* London: Lynne Rienner Publishers, pp.113~130.

_____. 2009. "The Bolivarian Revolution as Venezuela's post-crisis alternative."
in Jean Grugel and Pia Riggirozzi(eds.). *Governance after Neoliberalism
in Latin America*. London: Palgrave Macmillan, pp.147~173.

Castañeda, Jorge G. 2006. "Latin America's left turn." *Foreign Affairs*, 85(3),
pp.28~43.

Chávez Frías, Hugo. 1999. "Es el momento de oír a la nación." Speech presented
at Palacio Federal Legislativo, Caracas, February 2. <http://www.analitica.
com/bitblio/hchavez/toma.asp>(accessed September 10, 2012)

_____. 2005. "Cinco Ejes de Desarrollo. Plan de gobierno del ciudadano Hugo
Chávez Frías, para el período 2000~2006." in Asamblea Nacional de
Venezuela, Dirección de Investigación y Asesoría Histórica, 2005, Venezuela
1999~2005. Memoria de una Revolución, Caracas. Ediciones Asamblea
Nacional de Venezuela.

Ciccariello-Maher, George. 2013. *We Created Chávez: A People's History of the
Venezuelan Revolution*. Durham, NC: Duke University Press.

Coronil, Fernando. 2011. "The future in question: history and utopia in Latin America
(1989~2010)." in Craig Calhoun and Georgi Derlugian(eds.). *Business as
Usual: The Roots of Global Financial Meltdown*. New York: New York
University Press, pp.231~264.

Corrales, Javier and Michael Penfold. 2011. *Dragon in the Tropics: Hugo Chavez
and the Political Economy of Revolution in Venezuela*. Washington, DC:
Brookings Institution Press.

Ellner, Steve. 2008. *Rethinking Venezuelan Politics: Class, Conflict, and the Chávez
Phenomenon*. Boulder: Lynne Rienner Publications.

_____. 2012. "The distinguishing features of Latin America's new left in power:
the Chávez, Morales, and Correa governments." *Latin American Per-
spectives*, 39(1), pp.96~114.

Escobar, Arturo. 2010. "Latin America at a cross roads: alternative modernizations, post-liberalism, or post-development?" *Cultural Studies*, 24(1) pp.65~95.

Fernandes, Sujatha. 2010. *Who Can Stop the Drums? Urban Social Movements in Chávez's Venezuela*. Durham, NC: Duke University Press.

Freeden, Michael. 2004. "Editorial: Essential contestability and effective contestability." *Journal of Political Ideologies*, 9(1), pp.3~11.

French, John D. 2009. "Understanding the politics of Latin America's plural lefts (Chávez/Lula): social democracy, populism, and convergence on the path to a post-neoliberal world." *Third World Quarterly*, 30, pp.349~370.

García-Guadilla, Maria Pilar. 2007. "Democracia participativa y ciudadanía en una sociedad polarizada: la sociedad civil postconstituyente." in Gregorio Antonio Castro and Colette Capriles(eds.). *Debate por Venezuela*. Caracas: Alfar SA Ediciones.

Gates, Leslie C. 2010. *Electing Chávez: The Business of Anti-neoliberal Politics in Venezuela*. Pittsburgh: University of Pittsburgh Press.

Goldfrank, Benjamin. 2011. "The left and participatory democracy: Brazil, Uruguay, and Venezuela." in Steven Levitsky and Kenneth L. Roberts(eds.). *The Resurgence of the Latin American Left*. Baltimore: Johns Hopkins University Press, pp.162~183.

Gott, Richard. 2008. "Venezuela under Hugo Chávez: the originality of the 'Bolivarian' project." *New Political Economy*, 13, pp.475~490.

Grugel, Jean and Pía Riggirozzi. 2012. "Post-neoliberalism in Latin America: rebuilding and reclaiming the state after crisis." *Development and Change*, 43(1), pp.1~21.

Harvey, David. 2005. *A Brief History of Neoliberalism*. Oxford: Oxford University Press.

Johnson, Chalmers. 1982. *MITI and the Japanese Miracle*. Stanford, CA: Stanford University Press.

Krauss, Clifford. 1999. "New chief to battle Venezuela's 'cancer.'" *New York Times*. <http://www.nytimes.com/1999/02/03/world/new-chief-to-battle-venezuela-s

-cancer.html>(accessed August 10, 2013)

Krueger, Anne O. 2000. "Introduction." in Anne O. Krueger(ed.). *Economic Policy Reform: The Second Stage*. Chicago: University of Chicago Press.

Lechner, Norbert. 2007. *Obras escogidas*. Vol. 2. Santiago de Chile: LOM.

Lomnitz, Claudio. 2006. "Latin America's rebellion: Will the new left set a new agenda?" *Boston Review*. <http://bostonreview.net/claudio-lomnitz-latin-america-leftist-new-agenda(accessed November 13, 2013)

López Maya, Margarita and Luis E. Lander. 2011. "Participatory democracy in Venezuela: Origins, ideas, and implementation." in David Smilde and Daniel Hellinger(eds.), *Venezuela's Bolivarian Democracy: Participation, Politics, and Culture under Chavez*. Durham, NC: Duke University Press, pp.58~79.

McCoy, Jennifer L. and David J. Myers. 2004. "Introduction." in Jennifer L. McCoy and David J. Myers(eds.). *The Unraveling of Representative Democracy in Venezuela*. Baltimore: Johns Hopkins University Press, pp.1~8.

Muhr, Thomas. 2012. "(Re)constructing popular power in our America: Venezuela and the regionalisation of 'revolutionary democracy' in the ALBA~TCP space." *Third World Quarterly*, 33, pp.225~241.

Navia, Patricio. 2010. "Living in actually existing democracies: democracy to the extent possible in Chile." *Latin American Research Review*, 45(4), pp.298~328.

Negri, Antonio. 2009. *Insurgencies: Constituent Power and the Modern State*. Minneapolis: University of Minnesota Press.

Ocampo, José Antonio. 2011. "Latin American development after the global financial crisis." in Nancy Birdsall and Francis Fukuyama(eds.). *New Ideas on Development after the Financial Crisis*. Baltimore: Johns Hopkins University Press, pp.133~157.

Panizza, Francisco. 2009. *Contemporary Latin America: Development and Democracy beyond the Washington Consensus*. New York: Zed Books.

Panizza, Francisco and George Philip. 2013. *Moments of Truth: The Politics of*

Financial Crises in Comparative Perspective. New York: Routledge.

PDESN(Plan Nacional de Desarrollo Económico y Social). 2001. *Lineas generales del Plan de Desarrollo Económico y Social de la Nación, 2001~2007*. Caracas: Ministerio de Planificación y Desarrollo.

Peck, Jamie, Nik Theodore, and Neil Brenner. 2012. "Neoliberalism resurgent? Market rule after the Great Recession." *South Atlantic Quarterly*, 111, pp.265~288.

Petras, James and Henry Veltmeyer. 2005. *Social Movements and State Power: Argentina, Brazil, Bolivia, Ecuador*. London: Pluto Press.

Rein, Raanan. 2012. "From Juan Perón to Hugo Chávez and back: populism reconsidered." in Mario Sznajder, Luis Roniger, and Carlos Forment(eds.). *Shifting Frontiers of Citizenship: The Latin American Experience*. Leiden: Brill, pp.289~309.

Sader, Emir. 2011. *The New Mole: Paths of the Latin American Left*. London and New York: Verso.

Schaffer, Frederic. 1998. *Democracy in Translation: Understanding Politics in an Unfamiliar Culture*. Ithaca: Cornell University Press.

Schedler, Andreas. 2010. *Concept Formation in Political Science*. Documento de Trabajo del CIDE 219. Mexico City: CIDE.

Schmitter, Philippe C. 2009. "The nature and future of comparative politics." *European Political Science Review*, 1(1), pp.33~61.

Silva, Eduardo. 2009. *Challenging Neoliberalism in Latin America*. Cambridge: Cambridge University Press.

Skocpol, Theda and Paul Pierson. 2002. "Historical institutionalism in contemporary political science." in Ira Katznelson and Helen Milner(eds.). *Political Science: State of the Discipline*. New York: W. W. Norton. pp.693~721.

Sola, Lourdes. 2006. "Financial credibility, legitimacy and political discretion: The Lula da Silva government." in Lourdes Sola and Laurence Whitehead(eds.). *State crafting Monetary Authority: Democracy and Financial Order in*

Brazil. Oxford: Centre for Brazilian Studies, pp.237~268.

Spanakos, Anthony Petros. 2008. "New wine, old bottles, flamboyant sommelier: Chávez, citizenship, and populism." *New Political Science*, 30, pp.521~544.

_____. 2013. "Latin America's left: between demos and kratos." Public Books. <http://publicbooks.org/nonfiction/latin-americas-left-between-demos-and-kratos>(accessed on October 15, 2013)

_____. 2015. "Institutionalities and Political Change in Bolivarian Venezuela." in Anthony Petros Spanakos and Francisco Panizza(eds.). *Conceptualizing Comparative Politics*. Routledge.

Spanakos, Anthony Petros and Lucio R. Renno. 2009. "Speak clearly and carry a big stock of dollar reserves: sovereign risk, ideology, and presidential elections in Argentina, Brazil, Mexico, and Venezuela." *Comparative Political Studies*, 42, pp.1292~1316.

Stallings, Barbara and Wilson Peres. 2000. *Growth, Employment, and Equity: The Impact of the Economic Reforms in Latin America and the Caribbean*. Washington, DC: Brookings Institution Press.

Sunkel, Osvaldo. 1993. *Development from Within: Toward a Neostructuralist Approach for Latin America*. Boulder: Lynne Rienner Publishers.

Thelen, Kathleen and Sven Steinmo. 1992. "Historical institutionalism in comparative politics." in K. Thelen, S. Steinmo, and F. Longstreth(eds.). *Historical Institutionalism in Comparative Politics: State, Society, and Economy*. New York: Cambridge University Press, pp.1~32.

Weyland, Kurt. 2011. "The left: destroyer or savior of the market model?" in Steven Levitsky and Kenneth M. Roberts(eds.). *The Resurgence of the Latin American Left*. Baltimore: Johns Hopkins University Press, pp.124~139.

Wilpert, Gregory. 2007. "Venezuela's constitutional reform: an article-by-article summary." <http://www.venezuelanalysis.com. http://venezuelanalysis.com/analysis/2889>(accessed November 5, 2013).

Yashar, Deborah J. 2007. "Citizenship regimes, the state, and ethnic cleavages."

in Joseph S. Tulchin and Meg Ruthenburg(eds.). *Citizenship in Latin America*. Boulder: Lynne Rienner Publishers, pp.59~74.

Yates, Julian S. and Karen Bakker. 2013. "Debating the 'post-neoliberal turn' in Latin America." *Progress in Human Geography*, 38(1), pp.62~90.

1498	크리스토퍼 콜럼버스가 베네수엘라의 마르가리타(Margarita) 섬 도착.
1778.12.26.	베네수엘라 회화의 창시자이자 베네수엘라의 독립 기념 작품을 남긴 후안 로베라(Juan Lovera) 탄생.
1781	안드레스 베요(Andrés Bello) 출생. 베네수엘라의 정치가, 외교가, 국회의원, 교육자, 시인.
1783.7.24.	카라카스에서 시몬 볼리바르(Simón Bolívar) 출생. 에콰도르, 베네수엘라, 콜롬비아, 파나마, 페루, 볼리비아 등 남미 전역에서 해방군을 지휘한 군인이자 정치가. 남미의 독립을 이끈 볼리바르를 가리켜 '해방자'라고 부름. 1830년 결핵으로 사망.
1821	1810년부터 시작된 독립전쟁 끝에 카라보보(Carabobo) 전투를 승리로 스페인군을 카라카스에서 몰아내고 베네수엘라가 스페인으로부터 독립. 독립 이후 베네수엘라, 콜롬비아, 에콰도르, 파나마, 페루, 볼리비아와 더불어 그란 콜롬비아(Gran Colombia)를 구성, 정치적 갈등으로 1828년 분열.
1870	베네수엘라에 구스만(Antonid Guzmán) 정권 집권.
1914	마라시보(Maracibo) 호수 근처에서 베네수엘라 최초 유정 개발.
1908	베네수엘라에 고메스(Juan Vicente Gómez)의 장기독재(~1935년) 시작. 석유에 대한 모든 이권이 미국 자본에 넘겨짐.
1931	베네수엘라 공산당 창당.
1941	베네수엘라 메디나(Isaías Medina Angarita) 정권 집권. 베네수엘라 내 외국기업의 석유산업 수익 중 절반에 세금을 징수하는 석유법 제정.
1948	로물로 가예고스(Rómulo Gallegos)가 자유선거로 최초로 대통령에 당선. 정부 출범 10개월 만에 군부 쿠데타로 축출.

1952	마르코 페레스 히메네스(Marcos Pérez Jiménez) 장군이 군부를 등에 업고 10여 년간 장기집권.
1958.1.23	히메네스 정권이 민중의 힘으로 축출. 민주행동당(Acción Democrático), 일명 백색당(Partido Blanco)과 기독민주당(Partido Democrátio Cristiano)이 '푼토피호 협약(Pacto de Punto Fijo)'을 맺고 권력 분배 이행.
1960.9.14	이란, 이라크, 쿠웨이트, 사우디아라비아, 베네수엘라를 중심으로 석유수출국기구(OPEC) 결성.
1961	252개 조항의 베네수엘라 헌법이 통과.
1962	로물로 베탄쿠르(Rómulo Betancourt) 대통령, 사기업의 석유채굴 중지 선언. 베네수엘라 공산당의 주도로 군사반란 발생. 이후 베탄쿠르 정권에서 공산당이 불법화되고 지하운동화됨.
1969	사민당이 대선에서 패배했으나 국회 다수당의 위치는 유지함. 선거 결과를 사법부에서 결정하는 법안을 통과시킴. 사법부가 정치화되고 부패함. 민주행동당이 법을 변경하여 득표 비율에 따라 당이 선호하는 판사를 지명할 수 있도록 함. 사법부가 정치에 더욱 깊숙이 개입됨.
1970	베네수엘라 석유 생산량이 최고조에 달함.
1974	카를로스 안드레스 페레스 대통령이 석유산업과 중앙은행을 국유화.
1975.10	베네수엘라와 쿠바가 주도, 미국을 제외한 라틴아메리카경제기구(SELA) 창설.
1976.7	베네수엘라 '석유국유화법' 발표.
1980년대 후반	유가하락으로 베네수엘라에 경제위기 발생. 정치적·사회적 불안 야기.
1982	우고 차베스와 하급장교들이 비밀조직인 볼리바르 혁명운동-200 (MRB-200: Movimiento Revolucionario Bolivariano 200)을 결성, 베네수엘라 사회를 바꾸기로 결의. 1992년 첫 번째 쿠데타를 일으킴.
1983	루이스 에레라(Luis Herrera) 대통령이 볼리바르화의 평가절하를 단행. 2000년까지 볼리바르화는 16,185% 평가절하됨.
1988.12.4	전 대통령 카를로스 안드레스 페레스가 대선에서 승리.

1988.2	페레스 대통령 취임 후 IMF 금융지원을 중심으로 과감한 개혁정책을 실시. 금리자유화 및 공공요금 인상 등 긴축정책 도입. 유가 상승과 과도한 정책시행으로 시민들이 대규모 폭동을 일으킴. 이른바 '카라카소' 봉기가 발생, 더욱 많은 시위대가 결집하여 정부군의 발포로 수백 명이 사망.
1992.2.4	카라카스에서 쿠데타가 발생. 군부 내에 MBR-200을 조직했던 우고 차베스(Hugo Chávez) 대령이 페레스 정권을 전복하려는 쿠데타 시도. 그러나 대통령궁 장악에 실패하고 투항함. 체포 후 2년간 수감됨.
1992.11.27	다시 군부 쿠데타 발생. 우고 차베스 휘하에 있던 약 1만 5000명의 반군이 쿠데타를 일으켰지만 페레스 대통령을 실각시키지 못함. 이후 페레스는 1996년 부패사건으로 퇴진.
1994.2	기독사회당 소속 라파엘 칼데라(Rafael Caldera)가 대통령에 취임. 차베스를 포함한 쿠데타 주동자들을 석방.
1996.1	베네수엘라 정부는 해외 민간투자에 석유 분야를 다시 개방. 석유가격 인상.
1998.4.27	베네수엘라 5공화국운동(MVR)의 리더인 우고 차베스가 대선에 출마한다고 보도
1998.11.8	우고 차베스가 이끄는 좌파연합이 의회 다수당이 됨. 민주행동당과 기독사회당은 23명의 주지사를 당선시킴.
1998.12.6	우고 차베스가 중산층 및 저소득층의 절대적 지지를 등에 업고 압도적으로 대선에서 승리함. 그는 220억 달러의 외채를 해결해야 하는 상황에서 제헌의회를 소집하고 헌법을 개정하기로 계획.
1999.2.2	우고 차베스가 대통령에 취임. 즉시 군대를 동원하여 학교와 병원을 건설하는 볼리바르계획2000(Plan Bolivar 2000)을 시행.
1999.4.25	새로운 제헌의회를 선출하기 위한 국민투표 실시. 차베스의 애국파(Polo Patriótico)가 압승.
1999.8.12	법원, 의회, 기타 정부 기관에 비상상태 선포. 차베스가 공공기관의 권한을 대폭 제한시키고, 사법부에 대한 제헌의회의 권한을 확대함.
1999.9.10	정치권의 계속된 갈등으로 해외자본의 철수 및 투자 위축. 차베스 정부

는 10월 2일 의회개원에 합의.

1999.12.16   제헌의회가 입안한 헌법개정안이 국민투표에서 통과.

1999.12.22   베네수엘라가 국명을 '볼리바르 베네수엘라 공화국'으로 변경.

1999.12.23   새 헌법이 확정됨에 따라 기존 의회와 대법원이 공식적으로 해산.

2000.7   개정된 헌법에 따라 새로운 제헌의회 및 대통령선거 실시.

2000.8   차베스가 야당연합에 압승을 거두며 재선에 성공. 대통령에 취임.

2000.9   석유수출국기구(OPEC) 각료회의가 베네수엘라에서 열림. 석유수출기구대표들이 결의안 20개가 담긴 공동선언서에 서명하고 5년 후 다시 만나기로 합의.

2000.10   베네수엘라 석유노조 총파업. 임금인상 요구에 합의하면서 4일 만에 종결.

2000.11   베네수엘라 의회에서 대통령의 권한을 강화하는 '수권법'이 의회에서 통과. 이로써 차베스 대통령은 의회에서 입안절차를 거치지 않고 대통령령만으로 신속한 개혁정책을 수행할 수 있게 됨.

2000.12.3   새로운 노조를 선출하기 180일 전에 노조 지도자들의 권한을 정지시키는 국민투표가 가결. 이로써 정부가 주도하는 노동조합 설립을 위한 기초가 마련됨.

2001.12.10   차베스를 반대하는 모든 세력이 결집, 24시간 총파업을 전개.

2002.1   새로운 석유법이 발효. 석유산업에 대한 국가의 통제를 더욱 강화. 국내외 자본의 반발 심화.

2002.2   차베스 정권을 지지하는 3만 여명이 1989년 카라카스 봉기를 기념하고 반동 세력의 공세를 막고자 시위를 벌임.

2002.4.7   차베스의 석유 국유화에 반대하고 파업을 이끈 간부 7명 해고.

2002.4.11   석유 노조의 파업이 계속되는 가운데, 무력충돌이 발생. 9명이 사망하고 88명이 부상당하면서 이를 계기로 반차베스 군사 쿠데타 발생. 군부가 차베스 대통령을 축출함

2002.4.13	빈민층을 중심으로 차베스 지지자들이 대규모 시위를 벌임.
2002.4.15	라틴아메리카 정상들이 차베스 대통령의 축출을 비난함. 이틀 후 차베스가 대통령궁으로 복귀함.
2002.5.1~6.16	노동절 집회에서 친차베스 시위대와 반 차베스 시위대가 거리에서 격돌함
2002.6.19	차베스 대통령이 2003년에 대통령 소환 국민투표를 실시할 것을 제안함.
2002.10	수십만 명이 차베스 대통령의 사임을 요구하며 카라카스에서 대규모 거리시위를 펼침.
2002.11	미구기구로부터 사태진정을 권고 받은 차베스 정부는 카라카스 경찰력 권한을 위임하여 카라카스 시내에 무장군인과 무장차량 배치. 그러나 반정부 시위는 계속 이어짐.
2003.2	베네수엘라 비밀경찰(DISIP)이 반 차베스 진영의 최고지도자인 카를로스 페르난데스(Carlos Fernández) 경제인연합회장을 총파업과 관련하여 체포함.
2003.4	친정부파와 반정부파가 대통령소환 국민투표에 합의. 차베스는 선거에서 패하면 사임할 것을 약속.
2003.8	야권의 지도자들이 차베스 대통령의 나머지 임기를 인정할 수 없다는 대통령소환 국민투표를 요구하는 270만 명의 서명을 제출.
2003.9	경찰 내 친차베스 경찰과 반 차베스 경찰 간의 총격전 벌어짐.
2003.12	차베스 대통령과 카스트로 쿠바 국가평의회 의장이 비밀회동, 주요 현안 논의.
2004.2	경찰과 시위대 간의 충돌로 2명 사망. 수십 명 부상.
2004.3	대통령소환 국민투표를 요구하는 야권에 반대하는 선거위원회가 소집된 후, 격분한 시위대가 군인과 대치.
2004.6	차베스 대통령이 대통령소환 국민투표에 응할 것이라는 보도에 수십만 명의 반정부 시위대가 카라카스 거리를 행진함.
2004.7	차베스 대통령은 신속한 국민화정책의 일환으로 21만 6000명의 이민자

에게 시민권을 부여.

2004.8 차베스 대통령의 신임 여부를 묻는 국민소환투표를 마침내 실시. 사상 최대의 투표율을 기록, 차베스 대통령이 승리함.

2004.10 베네수엘라 지방 주지사선거에서 차베스 정부 측 후보들이 총 22개 주 중 20개 주에 당선되며 압승.

2004.12 라디오 및 텔레비전 방송규제법 시행

2005.4 차베스 대통령이 쿠바의 피델 카스트로 의장과 함께 미주 볼리바르 대안 (ALBA) 결성에 합의.

2005.5 차베스 대통령이 노동절 집회에서 "베네수엘라는 21세기 사회주의로 나 아가야 한다"고 선언.

2005.6 베네수엘라는 페트로카리브(Petrocaribe)를 설립, 카리브해 12개국에 양 질의 저렴한 석유를 제공.

2005.9 차베스 대통령은 UN의 동의 없는 미국의 이라크 전쟁 수행을 비난.

2005.10.12 차베스 대통령은 베네수엘라 원주민 부족 인근에서 활동하고 있는 미국 선교단체 '뉴 트라이브 미션' 축출을 선언. 이 단체를 미중앙정보국 (CIA)와 연계된 "제국적 침략" 단체로, 문화제국주의의 식민주의 전파지 로 지목.

2005.10.31 거대 방송매체 조직에 대한 대안으로 차베스 대통령이 후원하는 라틴아 메리카 텔레비전 방송국(Latin American TV station)이 방송을 시작.

2005.11 차베스 대통령은 네스토르 키르츠네르(Néstor Kirchner) 아르헨티나 대 통령과의 회담에서 베네수엘라와 아르헨티나를 연결하는 천연가스 송 수관 건설 지원을 약속.

2005.12 베네수엘라 총선에서 차베스의 제5공화국운동(MVR) 등 친정부 후보들 이 총득표 89%로 의회 의석 167개를 모조리 석권.

2006.1.1 32개 민영 유전 국영화.

2006.1.3 에보 모랄레스(Evo Morales) 볼리비아 대통령 당선자에게 연료 공급, 무 역특권, 그리고 미국정책에 반대하는 좌파적 연대에 대한 모랄레스의 사

회개혁에 재정적 지원 제공.

2006.1.20	베네수엘라, 아르헨티나, 브라질 대통령이 브라질에서 만나 지역안보기구 및 공동방위군 창설에 합의. 또한 3월에 베네수엘라와 아르헨티나를 연결하는 200억 달러 규모의 5000마일 송유관 건설의 사전조사에 합의. '중남미은행' 설립 역시 논의.
2006.12	차베스 대통령 3선에 성공. 베네수엘라 21세기 사회주의를 천명.
2007.1	대통령 취임식에서 '연임제한' 철폐를 위한 개헌 입장 표명.
2007.12	'연임제한' 철폐를 위한 국민투표에서 패배하면서 차베스 정권은 정치적인 위기를 맞음.
2009.2	재실시된 국민투표에서 승리하면서 4선 출마를 선언하면서 장기집권의 토대를 마련.
2011.6	쿠바 방문 시 종양제거 수술에 이어 암 수술을 받음. 쿠바에서 본격적인 암치료 시작.
2012.3	베네수엘라 국민에게 암 재발을 시인
2012.7	암에서 완전히 해방되었다고 선언.
2012.10	야권 통합후보 카프릴레스를 누르고 4선에 성공
2012.11	대통령 당선 두 달 만에 암 재발. 암 치료에 재돌입.
2012.12.8	공식 후계자로 니콜라스 마두로(Nicolas Maduro) 부통령을 지명.
2012.12.11	쿠바 수도 아바나에서 네 번째 암 수술
2013.1.10	집권 4기 취임식을 무기한 연기.
2013.1.15	차베스 정부는 차베스의 건강이 호전되었다고 공표.
2013.3	정부가 차베스의 사망을 공식적으로 확인. 차베스 베네수엘라 대통령 서거.
2013.4	베네수엘라 대통령 재선거에서 집권당 후보 마두로가 야권통합 후보 카프릴레스에 간만의 차로 승리. 베네수엘라 대통령에 당선. 야당은 결과에 반발.

2013.7	베네수엘라는 미국과의 완전한 외교관계를 복원하는 마지막 단계에 도달했다고 발표.
2013.8	최고법원은 야당 지도자가 엔리케 카프릴레스가 발의한 대통령선거 결과에 대한 항소를 기각함.
2013.9	대규모 전력 중단으로 인해 전기 등 카라카스의 일부지역을 비롯하여 전국 70%에서 발생함. 마두로는 이를 '우파의 태업'으로 간주하고 비난.
2013.10	베네수엘라는 3명의 미국 외교관을 경제 태업을 기획한 혐의로 추방.
2013.11	연간 인플레이션이 50% 이상 상승하면서, 의회는 마두로 대통령에게 1년 동안 긴급명령권을 부여했고 이는 야당의 즉각적인 시위를 일으킴. 대통령은 수익 이익을 제한하기 위해 권한을 사용함.
2013.12	지속되는 경제위기에 대한 정부의 대응에 대한 시험대라고 관측되었던 지방선거에서 여당인 사회주의당과 그 연합이 10% 이상의 차이로 승리함.
2014.2-3	타치라와 메리다 등의 서부지역 주들에서 발생한 치안문제로 야기된 시위가 카라카스로 확대됨. 카라카스에서는 이 시위가 야당의 지원을 받아 반정부 시위로 변화됨. 정부는 야당이 쿠데타를 조장한다고 비난하면서 시위를 진압함. 최소 28명이 폭력 상황에서 사망함.
2014.9	베네수엘라의 연간 인플레이션이 63.4%로 라틴아메리카에서 최고치를 기록. 2야당 지도자 중 한 명인 레오폴도 로페스가 법정에서 반정부 시위에서 폭력을 자극했다는 혐의를 받음. 정부는 높은 암살 비율을 낮추려는 목표달성에 실패한 후 군대를 동원에 진압하는 2013년 기획을 재개함. UN은 베네수엘라의 평화시기의 살인비율이 온두라스 다음으로 전 세계에서 두 번째로 높다고 발표. 정부는 식료품 부족과 밀수에 대응하기 위해 슈퍼마켓에서 의무적 지문 시스템을 시행할 것을 발표.
2014.11	정부는 석유가격이 4년 만에 가장 낮은 지점에 도달하자 공공지출의 삭감을 공표.

2014.12	베네수엘라 검찰총장은 야당 지도자인 마리아 코리나 마차도를 마두로 대통령 암살을 기도한 혐의로 공식적으로 기소 미국은 이 해에 일어났던 시위를 진압한 깃에 대해 전직, 현직 공무원에게 제재 도입. 경제가 연속 3분기를 거쳐 불황 돌입.
2015.2	정부는 통화가치를 절하하고 공공교통 요금 인상. 카라카스 시장인 야당의 안토니오 레데스마는 미국의 지원을 받아 쿠데타를 공모함 혐의를 받음. 그는 이를 부정하고 정부가 숨막힐 듯이 억압한다고 비판.
2015.3	미국과의 외교 마찰이 심각해짐. 베네수엘라는 미국 대사관의 인력 중 80명을 줄이라고 명령. 이유는 이들이 미국 대사관이 국내 문제에 개입하기 때문이라고 비난. 미국은 베네수엘라가 국가안전과 해외정책을 위협한다고 비판하면서 베네수엘라에 대해 '국가 비상' 상황을 선포하고 7명의 공무원들에게 제재를 가함.
2015.12	야당 민주통합원탁회의는 의회에서 의석 3분의 2를 차지하면서 16년간의 사회주의당 통치를 종식시킴.
2016.1	세 명의 민주연합 대표가 최고법원이 압력으로 국회에서 사임함. 민주연합은 마두로가 제기하는 입법을 거부할 수 있는 3/2다수 의석 지위를 빼앗김. 정부는 60일간의 경제 긴급상황을 선포
2016.2	마두로 대통령은 경제위기에 대처하기 위한 정책을 발표. 여기에는 화폐가치를 절하하고 20년 만에 석유 가격을 올림.
2016.4	심한 가뭄으로 인해 국가의 주요한 수력 댐의 수위가 드라마틱하게 낮아지자 정부는 공무원들에게 1주일에 이틀 심각한 에너지 위기를 극복하기 위해 노력할 것을 명령함.
2016.9	마두로가 경제위기를 야기하고 선거관리위원회가 마두로의 임기를 단축시킬 수 있는 국민투표 절차를 지연시키고 있다고 비난하면서, 수십만 명이 카라카스의 시위에 참여하여 마두로 대통령의 탄핵을 요구.

서울대학교 라틴아메리카연구소(SNUILAS)는 1989년 스페인중남미연구소로 발족하여 2008년 확대 재편된 국내 라틴아메리카 연구의 산실이다. 라틴아메리카의 33개 독립국과 1개 준독립국, 인구 약 5억 5000만 명의 광대한 지역을 연구대상으로 하는 서라연은 총서, 학술지, 웹진, 이슈 등을 발간하고 있으며, 다양한 분과학문 출신의 연구진이 학제적 연구를 통해 지식의 식민성 극복과 학문의 대중적 소통을 지향하고 있다.

엮은이

박정원

서울대학교를 졸업하고, 미국 피츠버그대학에서 라틴아메리카 문학과 문화이론으로 박사학위를 받았다. 미국 노던콜로라도 주립대학교(University of Northern Colorado) 교수를 역임했으며, 현재 경희대학교 스페인어학과 교수로 재직 중이다. 번역서로 『하위주체성과 재현: 라틴아메리카 문화이론 논쟁』이 있다.

옮긴이

박정원 경희대학교 스페인어학과 교수
서민교 서울대학교 서어서문학과 석사과정
성유진 서울대학교 서어서문학과 박사과정 수료

한울아카데미 2018
라틴아메리카 지정학 09

베네수엘라와 차베스
포스트신자유주의의 도전과 좌절

ⓒ 서울대학교 라틴아메리카연구소, 2017

기획 **서울대학교 라틴아메리카연구소** ｜ 엮은이 **박정원** ｜ 펴낸이 **김종수** ｜ 펴낸곳 **한울엠플러스(주)** ｜ 편집 **조수임**

초판 1쇄 인쇄 **2017년 8월 5일** ｜ 초판 1쇄 발행 **2017년 8월 20일**

주소 **10881 경기도 파주시 광인사길 153 한울시소빌딩 3층** ｜ 전화 **031-955-0655** ｜ 팩스 **031-955-0656**
홈페이지 **www.hanulmplus.kr** ｜ 등록번호 **제406-2015-000143호**

Printed in Korea.
ISBN 978-89-460-7018-9 93950
* 책값은 겉표지에 표시되어 있습니다.